ITAL IEN
LA GRAMMAIRE

Gérard Genot
Professeur émérite de linguistique italienne
à l'Université Paris X Nanterre

HATIER

@ Cet ouvrage de la collection Bescherelle
est associé à des **compléments numériques** :
un ensemble d'exercices interactifs
sur les principales difficultés de la grammaire italienne.
Pour y accéder, connectez-vous au site
www.bescherelle.com.
Inscrivez-vous en sélectionnant le titre de l'ouvrage.
Il vous suffira ensuite d'indiquer un mot clé issu
de l'ouvrage pour afficher le sommaire des exercices.

Vous pourrez également utiliser librement
les ressources liées aux autres ouvrages
de la collection Bescherelle en italien.

Ma reconnaissance va à mes amis, Martine Valentin-Castiglia,
Vittorio Coletti, Professeur à l'université de Gênes,
et François Livi, Professeur à l'université Paris IV-Sorbonne,
qui ont relu mon manuscrit et fait de fort utiles suggestions.
La collaboration attentive et avisée de Mery Martinelli
a permis d'améliorer la présentation, non seulement matérielle,
sur de nombreux points.

Édition : Mery Martinelli
Conception graphique : Marie-Astrid Bailly-Maître, Sterenn Heudiard, Sandrine Albanel & Nicolas Taffin
Adaptation maquette & mise en page : Studio Bosson

© **HATIER – Paris – juin 2009 –** ISSN 2101-1249 – ISBN 978-2-218-93314-1

→ **Pour les francophones**, la langue italienne est à la fois « facile » et « difficile ».

« Facile » à entendre et à lire, grâce aux ressemblances graphiques et phoniques des deux langues, qui ont une origine commune.

Mais « difficile » tout d'abord en raison de ces ressemblances mêmes qui masquent une multiplicité de petites chausse-trappes de détail (construction des verbes, emploi des prépositions, etc.), et ensuite en raison d'une histoire profondément différente. Dans la péninsule, jusqu'au milieu du siècle dernier, on employait de nombreux dialectes (principalement parlés) et la langue nationale officielle (exclusivement écrite et d'origine littéraire). Le centralisme culturel et linguistique qu'a connu la France depuis le XVIIᵉ siècle a été épargné à l'Italie, qui n'est devenue un pays unitaire (mais non complètement unifié) qu'à la fin du XIXᵉ.

→ **Grammaire de référence et de réflexion destinée à un large public – lycéens, étudiants, adultes –**, la *Grammaire italienne Bescherelle* décrit le fonctionnement de la langue italienne contemporaine dans son ensemble, à travers ses multiples emplois.

Rédigée avec un souci de clarté mais aussi de rigueur, dans un style où les notions et termes techniques indispensables sont toujours soigneusement définis, elle amène l'utilisateur à découvrir la logique de la langue italienne et à comprendre la cohérence de ses mécanismes, lui permettant ainsi de produire à son tour des énoncés corrects.

Les nombreux exemples traduits et commentés favorisent l'assimilation des règles de la langue vivante.

→ Chaque partie est associée à une couleur différente et les contenus sont organisés en **paragraphes numérotés**. Cette présentation facilite une circulation rapide et efficace à l'intérieur des parties ; elle permet **une lecture en continu** aussi bien qu'une **consultation ponctuelle**, à partir d'un **index** détaillé et des **renvois internes**.

→ L'objectif final est bien de fournir à l'utilisateur les moyens d'une réelle **maîtrise de la grammaire italienne**.

Sommaire

Les numéros renvoient aux paragraphes.

Glossaire

Voici quelques termes techniques employés dans cet ouvrage.

Les termes plus spécifiques (par exemple « proposition », « sujet », « prédicat ») seront définis au moment de leur premier usage.

allocuté   celui à qui l'on s'adresse

désinence   partie variable du mot, qui porte l'information logico-syntaxique (genre et nombre, personne, temps, mode)

locuteur   celui qui parle

marque   valeur partielle de la désinence : genre, nombre, etc.

morphologie   ensemble des formes fonctionnelles

phonème   unité d'articulation dépourvue de sens et formant avec d'autres un système d'oppositions (par exemple dentales/gutturales, sourdes/sonores)

radical   partie invariable du mot, qui porte l'information sémantique (le sens)

référent   la réalité, être, objet ou état de choses à quoi renvoie un signe, mot ou phrase

rhème   ce que l'on dit du thème

sémantique   ce qui concerne la signification (mots, phrases)

syntaxe   ensemble des constructions (« montages » de formes)

syntaxique   qui relève de la syntaxe

thème   ce dont on parle

Liste des abréviations et des symboles utilisés

C	consonne
CD	complément direct
CI	complément indirect
COD	complément d'objet direct
COI	complément d'objet indirect
O	objet
lat.	latin
litt.	littéralement
S	sujet
ss-ent.	sous-entendu
V	voyelle [dans *Oral et écrit*]
	verbe [dans *La phrase*]

◼	comparaison italien/français
<	provient étymologiquement de
→	se transforme morphologiquement ou syntaxiquement en
=	correspond à
≠	versus, s'oppose à, se distingue de
Ø	élément « zéro »

L'astérisque * précédant une étymologie signifie qu'elle n'est pas attestée par écrit, mais reconstruite par la méthode comparative.

Oral et écrit

ITALIEN

Les numéros renvoient aux paragraphes.

Phonèmes et graphèmes

Les Italiens sont persuadés que leur langue « s'écrit comme elle se prononce », et « se prononce comme elle s'écrit ». Il n'en est pas tout à fait ainsi, même si l'italien possède une graphie plus régulière et mieux adaptée que les systèmes du français ou de l'anglais.

1 L'alphabet italien

▶ L'alphabet italien comprend 21 lettres.

a, b, c, d, e, f, g, h, i, l, m, n, o, p, q, r, s, t, u, v, z

▶ Les lettres k, w, x, y sont surtout utilisées pour les mots d'origine latine, grecque ou étrangère, ainsi que la lettre j, qui se trouve parfois dans des graphies anciennes, à l'initiale, en position intervocalique, ou pour noter une suite de deux i : jato (*hiatus*, aujourd'hui iato), noja (*ennui*, aujourd'hui noia), vizj (*vices*, aujourd'hui vizi).

2 Des lettres aux sons

▶ Les lettres a, p, b, t, d, f, v, m, r correspondent respectivement aux sons /a/, /p/, /b/, /t/, /d/, /f/, /v/, /m/, /r/.

▶ Les autres lettres ont plusieurs valeurs.

- Le **e** et le **o**, qui correspondent respectivement aux sons /e/ ou /ɛ/ et /o/ ou /ɔ/, notent les deux degrés d'ouverture des phonèmes, les accents graphiques ne servant qu'à marquer l'accent tonique en position finale : perché /per'ke/ (*pourquoi, parce que*), cioè /tʃo'ɛ/ (*c'est-à-dire*), parlò /par'lɔ/ (*il/elle parla*). → L'ouverture des voyelles 8.

- Le **i** sert d'une part à transcrire /i/ et la semi-consonne /j/ : ironia /iro'nia/ (*ironie*), miele /'mjɛle/ (*miel*) ; mais il sert aussi à modifier le son de sc, c, g, gl et dans ce cas, sa prononciation est atténuée : scienza /'ʃɛntsa/ (*science*), cielo /'tʃɛlo/ (*ciel*), gioco /'dʒɔko/ (*jeu*), famiglia /fa'miʎʎa/ (*famille*).

- Le **u** sert à noter /u/ et la semi-consonne /w/ : culla /'kulla/ (*berceau*), quale /'kwale/ (*quel, quelle*).

- Le **c** sert à noter /k/ et figure dans la transcription de /ʃ/ et /tʃ/ : cuoco /'kwɔko/ (*cuisinier*), sciarpa /'ʃarpa/ (*écharpe*), cena /'tʃena/ (*dîner*).

- Le **g** transcrit /g/ et figure dans la notation de /dʒ/ ainsi que dans celle de /ʎ/ et /ɲ/ : gatto /ˈgatto/ (chat), gente /ˈdʒɛnte/ (gens), aglio /ˈaʎʎo/ (ail), agnello /aˈɲɛllo/ (agneau).

- Le **s** transcrit aussi bien /s/ que /z/, et figure dans la notation de /ʃ/ : sosia /ˈsɔzja/ (sosie), ascia /ˈaʃʃa/ (hache).

- Le **z** transcrit /ts/ et /dz/ : azione /atsˈtsjone/ (action), zanzara /dzanˈdzara/ (moustique).

- Le **n** sert à noter /n/ et figure dans la transcription de /ɲ/ : ponte /ˈponte/ (pont), gnocchi /ˈɲɔkki/ (gnocchis), castagna /kasˈtaɲɲa/ (châtaigne).

- Le **l** sert à noter /l/ et figure dans la transcription de /ʎ/ : letto /ˈlɛtto/ (lit), moglie /ˈmoʎʎe/ (épouse).

- Le **h** figure en combinaison avec c et g, et comme vestige graphique dans certaines formes du verbe avere (avoir) : occhi /ˈɔkki/ (yeux), ghiro /ˈgiro/ (loir), hai /ˈai/ (tu as).

▶ ATTENTION

- Le groupe **gl** suivi de i transcrit le phonème /ʎ/, mais dans les autres cas vaut /gl/ : gloria /ˈglɔrja/ (gloire), ganglio /ˈgangljo/ (ganglion).

- À l'exception du pronom personnel gli (lui), seul ou combiné, le groupe **gl**, suivi de **i**, se prononce /gl/ à l'initiale : il ne figure que dans une trentaine de mots, comme glicine (glycine), glissare (glisser), dans des mots savants comme glifo (glyphe), gliptoteca (glyptothèque) et dans les composés en glicero- et glico-.

LE SYSTÈME CONSONANTIQUE

3 ## L'articulation des consonnes

▶ Le système consonantique de l'italien comporte 23 phonèmes (contre 19 en français).

- Les labiales : /m/, /p/, /b/.
- Les labio-dentales : /f/, /v/.
- Les dentales : /t/, /d/, /s/, /z/, /ts/, /dz/, /n/, /r/, /l/.
- Les palatales : /ʃ/, /tʃ/, /dʒ/, /ɲ/, /ʎ/.
- Les gutturales ou vélaires : /k/, /g/.
- Les semi-consonnes : /w/, /j/.

▶ Les phonèmes /p/, /b/, /t/, /d/, /f/, /v/, /m/, /r/ représentent respectivement les graphèmes p, b, t, d, f, v, m, r.

▶ Pour les autres sons, le tableau des correspondances entre phonèmes et graphèmes est plus complexe.

SON	GRAPHIE	CONDITIONS	EXEMPLES
/k/	c	+ a, o, u	cane (*chien*), colle (*colline*), culla (*berceau*)
	ch	+ i, e	chi (*qui*), che (*que*), chiesa (*église*)
	q	+ u	quale (*quel*), quindici (*quinze*)
/g/	g	+ a, o, u	gabbia (*cage*), gola (*gorge*), gufo (*hibou*)
	gh	+ i, e	ghirlanda (*guirlande*), ghepardo (*guépard*)
/tʃ/	c	+ i, e	cibo (*nourriture*), cera (*cire*)
	ci	+ a, o, u	cianuro (*cyanure*), ciò (*ceci, cela*), ciuffo (*touffe, mèche*)
/dʒ/	g	+ i, e	giro (*tour*), gelo (*gel*)
	gi	+ a, o, u	giardino (*jardin*), giovane (*jeune*), giusto (*juste*)
/s/	s		solido (*solide*), rosso (*rouge*)
/z/	s		sbandare (*déraper*)
/ʃ/	sc	+ i, e	scivolare (*glisser*), scena (*scène*)
	sci	+ a, o, u	sciabola (*sabre*), sciogliere (*délier*), sciupare (*abîmer*)
/ts/	z		vizio (*vice*), pezzo (*morceau*)
/dz/	z		romanzo (*roman*), mezzogiorno (*midi*)
/ɲ/	gn		gnomo (*gnome*), degno (*digne*)
/ʎ/	gl	+ i	figli (*fils, enfants*)
	gli	+ a, e, o	figlia (*fille*), figlie (*filles*), figlio (*fils*)

→ La prononciation du s 4, La prononciation du z 5.

▶ ATTENTION En position intervocalique, la prononciation des sons /ʃ/, /ts/, /dz/, /ɲ/, /ʎ/ est souvent renforcée (presque doublée), même si la graphie ne le note pas : biscia /ˈbiʃʃa/ (*couleuvre*), stazione /statsˈtsjone/ (*gare*), azienda /adzˈdzjɛnda/ (*entreprise*), pigna /ˈpiɲɲa/ (*pomme de pain*), coniglio /koˈniʎʎo/ (*lapin*).

Certains phonèmes consonantiques n'existent pas en français.

- Le /r/ italien est une dentale vibrante, « roulée », qui se prononce un peu comme dans certaines régions de France (la Bourgogne par exemple). Certains Italiens le prononcent comme en français, c'est une prononciation régionale ou affectée.

- Le /ʎ/ est un l « mouillé » inconnu en français, qui se prononce approximativement comme dans *Falguière*.

4 La prononciation du s

Le s est **sourd** /s/ :
- en position initiale, suivi d'une voyelle : sapere (*savoir*) ;
- devant une consonne sourde ;

/k/	scale (*escalier*), ascolto (*écoute*), squadra (*équipe*)
/f/	sfarzo (*faste*), fosforo (*phosphore*)
/p/	specchio (*miroir*), aspetto (*aspect*)
/t/	staffa (*étrier*), gusto (*goût*)

- précédé d'une consonne quelconque : polso (*poignet*), borsa (*bourse*) ;
- quand il est doublé : rosso (*rouge*).

Le s est **sonore** /z/ devant une consonne sonore.

/b/	sbandare (*déraper*), risbagliare (*se tromper de nouveau*)
/d/	sdegno (*indignation, dédain*), disdire (*décommander*)
/m/	smantellare (*démanteler*), cosmo (*cosmos*)
/n/	snaturare (*dénaturer*)
/l/	slavato (*délavé*), trasloco (*déménagement*)
/r/	sradicare (*déraciner*)
/g/	sganciare (*décrocher*), disgregazione (*désagrégation*)

En position **intervocalique** :
- dans les mots savants, le s se prononce /z/ : causa (*cause*), esame (*examen*), stasi (*stase*), genesi (*genèse*), dialisi (*dialyse*), nevrosi (*névrose*) ;
- pour les mots courants, comme mese (*mois*), viso (*visage*), casa (*maison*), cosa (*chose*), naso (*nez*), la prononciation du s diffère selon les régions. La prononciation sonore gagne du terrain.

ORAL ET ÉCRIT

La prononciation du z

▶ Le **z** est généralement **sourd** /ts/ :
- quand il est suivi de -ia-, -ie-, -io- : mestizia (*tristesse*), grazie (*merci*), lezione (*leçon*) ;
- dans les finales -anza, -enza, -ezza : costanza (*constance*), frequenza (*fréquence*), bellezza (*beauté*).

▶ Le **z** est généralement **sonore** /dz/ :
- à l'initiale : zero (*zéro*), zeta (*z*), zaino (*sac à dos*) ;
- en position intervocalique : azalea (*azalée*), azoto (*azote*).

▶ Quand le **z** est (graphiquement) **doublé** :
- il se prononce soit /tsts/ soit /dzdz/ : pazzo /'patstso/ (*fou*), azzardo /adz'dzardo/ (*hasard*), mezzo /'metstso/ (*blet, trempé*), mezzo /'mɛdzdzo/ (*demi, moyen, milieu*) ;
- il se prononce /dzdz/ dans les suffixes -izzare et -izzazione /idzdzats'tsjone/ : nazionalizzare (*nationaliser*), nazionalizzazione (*nationalisation*).

REMARQUE

La prononciation du **z** peut généralement s'expliquer par l'origine du mot.
– La prononciation sonore remonte à **d + i** : razzo /'radzdzo/ (*fusée*) < lat. RADIUM.
– La prononciation sourde remonte à **t + i** : nazione /nats'tsjone/ (*nation*) < lat. NATIONEM.

La prononciation des consonnes doubles

L'italien possède des consonnes doubles (géminées) qui doivent être prononcées distinctement.

palla /palla/ (*balle*) ≠ pala /pala/ (*pelle*)

C'est une difficulté pour les francophones. En effet le français oral ne possède pas ce phénomène, sauf dans des constructions syntaxiques ; par exemple, les consonnes doubles dans quello se prononcent comme dans avale-la /aval'la/, et celles dans ammirare se prononcent comme dans il aime marcher /ilɛmmarʃe/.

LE SYSTÈME VOCALIQUE

7 ## Le « triangle » des voyelles

Le système vocalique de l'italien peut être représenté par un triangle qui reproduit approximativement **les points d'articulation** (de gauche à droite) et **l'ouverture** (de haut en bas) de la cavité buccale.

4			/a/			
3			/ɛ/		/ɔ/	
2		/e/			/o/	
1	/i/					/u/
0	/j/					/w/

REMARQUE
Les sons /j/ et /w/ sont des semi-consonnes.

8 ## L'ouverture des voyelles

▶ Il existe (en position tonique) **deux degrés moyens d'ouverture**, avec des timbres voisins allant par paires : /e/-/ɛ/ et /o/-/ɔ/.

pesca /'peska/	≠	pesca /'pɛska/
pêche [du poisson]		pêche [le fruit]
volto /'volto/	≠	volto /'vɔlto/
visage		tourné [participe passé]

▶ ATTENTION Cette différence d'ouverture n'est pas notée orthographiquement et constitue une difficulté ; mais c'est une distinction qui n'est ni connue ni respectée par tous les Italiens.

- L'italien ne connaît **pas les sons** /œ/ de *fleur*, /ə/ de *je*, /ø/ de *jeu* et /y/ de *pur*, antérieures prononcées en arrondissant les lèvres. C'est une difficulté du français pour les italophones, sauf s'ils sont originaires de l'Italie du Nord, où des dialectes possèdent ces sons.

- Il n'y a **pas de nasales** en italien : les suites -an-, -en-, -in-, -on-, -un- ont une prononciation identique à leur graphie. Par exemple, pan- dans *pandemonio* /pande'mɔnjo/ (*grande confusion*) se prononce comme *panne*.

9 Les diphtongues

▶ En italien, toutes les diphtongues sont composées d'**une semi-consonne atone suivie ou précédée d'une voyelle** tonique ou atone.

▶ Selon la position de la voyelle, les diphtongues **toniques** peuvent être accentuées sur le premier ou sur le deuxième élément. La prononciation des voyelles e et o accentuées est très souvent ouverte.

• **Diphtongues accentuées sur le deuxième élément**

ia		chiave (clé)	ua		quadro (tableau)
ie	/ˈjɛ/	piede (pied)	ue	/ˈwɛ/	duello (duel)
io	/ˈjɔ/	pioggia (pluie)	ui		anguilla (anguille)
iu		fiume (fleuve)	uo	/ˈwɔ/	luogo (lieu)

• **Diphtongues accentuées sur le premier élément**

ai		laico (laïque)	ui		lui (lui)
ei	/ˈɛj/	sei (six)	au		pausa (pause)
oi	/ˈɔj/	poi (puis)	eu	/ˈɛw/	euro (euro)

▶ D'autres diphtongues sont **atones** : corridoio (couloir), aiuto (aide), sangue (sang).

 Les groupes -ai-, -ei-, -eu-, assez rares, et -au-, plus fréquent, ne se prononcent jamais comme en français : les deux timbres sont **séparés**.

REMARQUE
Lorsque les sons vocaliques /i/ et /u/ sont **accentués** et précédés ou suivis d'une autre voyelle, on parle généralement d'un **hiatus** : **zio** /ˈdzio/ (oncle), **paura** /paˈura/ (peur).

→ Les règles du découpage syllabique 12.

10 Les triphtongues

Elles sont toujours constituées des semi-consonnes /j/ et/ou /w/, d'une voyelle plus ouverte accentuée et d'une autre voyelle : miei (miens), tuoi (tiens), buoi (bœufs), aiuola (parterre, plate-bande).

→ Les règles du découpage syllabique 12.

Les syllabes

Définition de « syllabe »

▶ Les phonèmes s'enchaînent en séquences. Il existe une unité moyenne intermédiaire entre une suite dotée de sens (un mot par exemple) et les phonèmes qui la composent : c'est la syllabe. Cette subdivision est spontanée dans toutes les langues : par exemple, lorsqu'une foule scande des slogans ou quand on crie quelque chose de loin.

▶ Une syllabe est dite :
- **libre** si elle se termine par une voyelle : a-la (aile), lu-na (lune) ;
- **entravée** si elle se termine par une consonne : at-to (acte), pet-to (poitrine).

REMARQUE
- Les syllabes commençant par plus d'une consonne sont fréquentes en italien : **spe-cia-le** (spécial), **stret-to** (étroit).
- Les syllabes se terminant par plus d'une consonne sont plus rares et généralement d'origine étrangère : **nord** (nord), **sport** (sport).

Les règles du découpage syllabique

▶ **Une consonne unique** forme une syllabe avec la voyelle suivante : **ma-re** (mer), **co-lo-re** (couleur), **ma-la-ge-vo-le** (malaisé).

▶ **Les groupes consonantiques ne représentant qu'un phonème** (ch, gh, sc, gn, gl) forment une syllabe avec la voyelle suivante : **chi-na** (encre de Chine), **dra-ghi** (dragons), **di-sce-sa** (descente), **ba-gna-re** (mouiller), **fa-mi-glia** (famille).

▶ **Deux consonnes identiques** (une consonne double) se répartissent entre les deux syllabes adjacentes : **col-lo** (cou), **gat-to** (chat).

▶ Les combinaisons **consonne + l, r** appartiennent à la même syllabe : **con-clu-sio-ne** (conclusion), **ca-pra** (chèvre).

▶ Les lettres **l, m, n, r suivies de consonne(s)** appartiennent à la syllabe précédente (implosives) : **al-be-ro** (arbre), **am-bi-re** (aspirer), **pun-ge-re** (piquer), **pe-ri-ar-tri-te** (périarthrite).

▶ **Dans les suites de voyelles**, on ne peut couper ni les diphtongues ni les triphtongues, mais on peut couper les hiatus (prononcés en deux syllabes) : **lai**-co *(laïque)*, **poi**-ché *(puisque)*, a-**iuo**-la *(parterre, plate-bande)*, mais po-**e**-ta *(poète)*, be-**a**-to *(heureux)*, li-ne-**et**-ta *(tiret)*.

La lettre **s**, suivie de consonne(s), fait partie de la syllabe suivante : fe-**sta** *(fête)*, e-**sclu**-de-re *(exclure)*, na-**stro** *(ruban)*.

▶ ATTENTION En ce qui concerne les groupes consonantiques, il faut affecter le plus de consonnes possible à la voyelle suivante, à condition que le groupe en début de syllabe figure à l'initiale de mots raisonnablement courants.

di-**spe**-**psi**-a *(dyspepsie)*
[car **sp**eranza *(espérance)*, **ps**icologia *(psychologie)*]

≠ di-**spep**-ti-co *(dyspeptique)*
[car il y a trop peu de mots commençant par pt-]

▶ ATTENTION Pour des groupes tels que dell'amico *(de l'ami)* (préposition + article, → 342) ou quell'amico *(cet ami-là)*, il faut éviter de couper juste après l'apostrophe : del-l'amico, quel-l'amico.

REMARQUE

La coupure graphique des mots est conventionnelle et partiellement arbitraire ; elle ne coïncide pas nécessairement avec la structure interne du mot. Par exemple, les suffixes commençant par une voyelle ne sont pas isolés : tenero + ezza → tenerezza *(tendresse)* se coupe obligatoirement te(-)ne-rezza ; une forme verbale comme cantavano *(ils/elles chantaient)* se coupe obligatoirement can-ta-va-no.

Cependant, il vaut mieux, si possible, tenir compte de la composition du mot, et couper par exemple super-mercato *(supermarché)*, strato-sferico *(stratosphérique)*, nazionalizza-zione *(nationalisation)*.

Accent et intonation

13 L'accent tonique : définition et constituants

▶ En italien, les suites de syllabes n'ont pas une intensité identique. Certaines syllabes sont marquées et reconnaissables à l'oreille. Ce sont **les syllabes accentuées**, et elles **portent un accent** dit **tonique**.

▶ Cet accent comprend trois **constituants**.

- **Intensité** : la syllabe tonique est émise **plus énergiquement**.
- **Hauteur** : la voyelle de la syllabe tonique est prononcée un peu **plus aiguë** que les voyelles de syllabes atones.
- **Durée** : si la syllabe accentuée est formée uniquement d'une voyelle ou d'une consonne + une voyelle, la voyelle est prononcée **plus longue** que dans une syllabe atone.

> ta-vo-lo   *table*
> [la prononciation de ta est plus énergique et plus longue que celle des autres syllabes]

> bel-lez-za   *beauté*
> [la prononciation de lez est plus énergique que celle des autres syllabes et le e accentué est plus aigu que le e atone]

▶ ATTENTION Les francophones ont tendance à exagérer soit l'intensité, soit la longueur, et ont peine à réaliser l'opposition de hauteur.

14 La place de l'accent

▶ **Tous les mots de deux syllabes ou plus** possèdent un accent tonique : o-ra (*heure*), a-mi-co (*ami*).

▶ L'accent tonique peut porter sur n'importe quelle syllabe.

SYLLABE TONIQUE		
+ Ø	città (*ville*)	*parola tronca mot oxyton*
+ 1 syllabe	vedere (*voir*)	*parola piana mot paroxyton*
+ 2 syllabes	piacevole (*agréable*)	*parola sdrucciola mot proparoxyton*
+ 3 syllabes	ordinano (*ils/elles ordonnent*)	*parola bisdrucciola*
+ 4 syllabes	ordinamelo (*ordonne-le-moi*)	*parola trisdrucciola*
+ 5 syllabes	ordinamicelo (*ordonne-le-moi là*)	*parola quadrisdrucciola*

▶ Les trois derniers cas sont le résultat de combinaisons de formes conjuguées et d'enclises, car en italien l'accent reste **toujours sur la même syllabe en cas d'adjonction d'éléments atones.**

REMARQUE

• Désormais, la voyelle portant l'accent tonique principal sera soulignée :
  – dans les mots qui ne sont ni oxytons ni paroxytons : cant**a**ssero *(qu'ils chantassent)*, pr**e**ndimelo *(prends-le-moi)* ;
  – dans les mots se terminant par un hiatus ou une diphtongue accentués : fonder**i**a *(fonderie).*
• Tous les mots ne comportant pas une voyelle soulignée ou un accent graphique sont paroxytons.

15 L'imprévisibilité de la place de l'accent

▶ L'accent tonique n'est qu'exceptionnellement noté en italien et sa place n'est **pas prévisible.** C'est une des difficultés majeures pour les francophones habitués à l'accentuation uniforme du français sur la dernière syllabe du mot. Il est bon de s'entraîner à retenir :

– les régularités des **formes verbales** ;

cant**a**vo *(je chantais)*   cant**a**vano *(ils/elles chantaient)*
[indicatif imparfait : toujours paroxyton au singulier et proparoxyton à la 3ᵉ personne du pluriel]

– les régularités des **suffixes** accentués ou atones.

EXEMPLES DE SUFFIXES ACCENTUÉS	EXEMPLES DE SUFFIXES ATONES
legger**e**zza *(légèreté)*	astr**o**logo *(astrologue)*
am**a**bile *(aimable)*	ge**o**grafo *(géographe)*
giust**i**zia *(justice)*	
lod**e**vole *(louable)*	

▶ L'accent permet de **distinguer des homographes.**

ancora *(ancre)*   ≠   anc**o**ra *(encore)*
pr**i**ncipi *(princes)*   ≠   princ**i**pi *(principes)*
p**a**ttino *(patin)*   ≠   patt**i**no *(pédalo)*

▶ Certains mots sont **prononcés de deux manières** différentes, dont l'une peut être plus courante que l'autre.

c**u**culo   =   cuc**u**lo *(coucou)*
micr**o**bi   =   m**i**crobi [plus courant] *(microbes)*

▶ ATTENTION Une difficulté particulière est l'accentuation des mots féminins en **-ia**, notamment pour des noms de pays.

EXEMPLES DE MOTS EN **-ia**	EXEMPLES DE MOTS EN **-ia**
legatoria (boutique de relieur)	gloria (gloire)
sinfonia (symphonie)	copia (abondance)
Tunisia (Tunisie)	Libia (Libye)
Ungheria (Hongrie)	Germania (Allemagne)

▶ ATTENTION Quelques séries, dont les finales **-eria**, **-grafia** et les mots désignant des disciplines intellectuelles, sont accentuées sur le **-i-** : tabaccheria (bureau de tabac), ortografia (orthographe), geometria (géométrie), poesia (poésie).

16 L'accent principal et les accents secondaires

▶ Un accent secondaire est possible avant ou après l'accent principal : caramella (bonbon), canticchiare (chantonner), scatola (boîte).

▶ Dans les **adverbes en -mente**, l'accent secondaire peut correspondre ou non à l'accent tonique du mot de dérivation.

> candido (ingénu) → candidamente (ingénument)
>
> finale (final) → finalmente (finalement)

▶ Dans une **suite de mots liés**, l'accent tonique d'un mot subordonné s'affaiblit, et l'accent tonique principal est celui du mot le plus important (en fait, généralement, du dernier) : la bella casa/la casa bella (la belle maison). Mais l'accent tonique reste une propriété du mot, et peut reprendre sa force en cas d'emphase : Che bella casa! (Quelle belle maison !)

17 La notation de l'accent tonique

▶ Pour les mots **oxytons**, l'accent tonique est obligatoirement noté par un **accent graphique**. Il s'agit partout d'un accent grave, sauf pour /e/.

> città ville
>
> virtù vertu
>
> cantò il/elle chanta
>
> così ainsi
>
> perché /per'ke/ (pourquoi, parce que) ≠ gilè /dʒi'lɛ/ (gilet)

ORAL ET ÉCRIT

La notation de l'accent est aussi obligatoire pour les mots de gauche des paires suivantes.

dà	il/elle donne	da	de, depuis
dì	jour	di	de
è	il/elle est	e	et
là	là [adverbe]	la	la [article, pronom complément]
lì	là [adverbe]	li	les [pronom complément]
né	ni	ne	en [particule pronominale]
sì	oui, certes	si	se
sé	soi	se	si [conjonction]

ATTENTION La graphie de se stesso (soi-même) est discutée, car se est atone. Il est recommandable d'employer l'accent pour éviter toute ambiguïté : **sé stesso**. Par exemple, pour eux-mêmes il vaut mieux écrire sé stessi, puisque se stessi peut signifier aussi si je restais.

Dans les autres cas, l'accent tonique n'est pas marqué. Toutefois, pour des paires homographes, il est possible de marquer l'accent s'il y a risque d'ambiguïté dans le contexte, surtout s'ils appartiennent à la même catégorie grammaticale.

prìncipi (princes)	≠	princìpi (principes)
àncora (ancre)	≠	ancóra (encore)
sùbito (aussitôt)	≠	subìto (subi)
càpitano (ils arrivent)	≠	capitàno (capitaine)

18 L'intonation de phrase : l'accent d'intensité

On peut marquer l'**emphase** par un accent d'intensité portant sur n'importe quel mot d'une phrase.

Soit l'énoncé : Giovanni ha comprato questo libro tascabile ieri.

En affectant successivement à chacun des mots cet accent d'intensité, on focalise **un sens ou un autre**.

Giovanni ha comprato questo libro tascabile ieri.
C'est Giovanni qui a acheté ce livre de poche hier.

Giovanni ha comprato questo libro tascabile **ieri**.
C'est hier que Giovanni a acheté ce livre de poche.

→ L'emphase 436.

La jonction

L'accent tonique est à l'origine de phénomènes de jonction entre mots, qui déterminent **l'apparition ou la disparition de voyelles ou de consonnes**.

19 Le renforcement ou la gémination

Ce phénomène se vérifie quand un mot est suivi d'un mot commençant par une consonne et celle-ci est renforcée. C'est le cas de :

- certaines **formes verbales oxytones**, en particulier au parfait et au futur ;

gridò forte	/gridɔfˈfɔrte/	il cria fort
può darsi	/pwɔdˈdarsi/	il se peut
verrò domani	/verrɔddoˈmani/	je viendrai demain

- certaines **prépositions et conjonctions**, parfois graphiquement liées ;

a (à)	a casa /akkasa/	à la maison
da (de)	davvero	vraiment
fra (entre, parmi)	frattanto	entre-temps
su (sur)	suvvia	allez
o (ou)	oppure	ou bien
e (et)	eppure	et pourtant
se (si)	sebbene	bien que

- quelques **bisyllabes**, parfois graphiquement liés.

come (comme)	come vuoi /komevˈvwɔi/	comme tu veux
contra- (contre)	contraddire	contredire
sopra (sur)	soprattutto	surtout
sovra (sur)	sovrapporre	superposer

Sous l'influence de la prononciation du Nord, ce redoublement est en régression.

La syncope (disparition de la voyelle finale)

▶ Lorsque le mot se termine par **-l-, -r-, -n-, -m-** + **voyelle**, cette dernière peut disparaître devant la consonne initiale du mot suivant.

terribil(e) fato	*terrible destin*
color(e) marrone	*couleur marron*
son(o) tanti	*ils sont nombreux*
siam(o) soli	*nous sommes seuls*

▶ ATTENTION

Cette syncope est fréquente :
– à l'infinitif de certains verbes : parlar forte (*parler fort*) ;
– avec bene : Ben detto! (*C'est bien dit !*)

L'élision (disparition d'une voyelle)

▶ Lorsqu'un mot se termine par consonne (C) + voyelle (V) et que le mot qui suit commence par une voyelle, la suite **-CV V-** peut devenir, sous certaines conditions, **-CØ V-**. Si ce phénomène est marqué graphiquement par une **apostrophe**, on parle d'élision.

una bella idea	una bell'idea	*une bonne idée*
questo anno	quest'anno	*cette année*

▶ ATTENTION La préposition **da** (*de*) n'est élidée que dans les expressions d'ora in poi/d'ora in avanti (*dorénavant*) et d'altronde/d'altra parte (*d'ailleurs*).

L'épenthèse (intercalation d'un phonème)

Dans des suites du type **-V V-**, au lieu d'une élision peut se produire l'intercalation d'une consonne, **-VC V-**, qui préserve un élément sémantiquement indispensable. Cette adjonction ne s'applique qu'aux **prépositions** et **conjonctions**, et seulement pour éviter une suite de voyelles identiques.

regole **ed** esercizi (*règles et exercices*)
≠ oro e argento (*or et argent*)

Vado **ad** Assisi. (*Je vais à Assise.*)
≠ Vado a Empoli. (*Je vais à Empoli.*)

REMARQUE

L'épenthèse se rencontre encore à l'écrit, mais est en voie de disparition dans l'usage oral.

Marques écrites particulières

L'usage des majuscules

Il est semblable à celui du français. On emploie notamment les majuscules :

– au début d'un texte et après une ponctuation forte (point, point d'interrogation, point d'exclamation) ;
– pour les prénoms, les patronymes ;
– pour les noms géographiques, pays, rues, et notamment noms de régions dérivés de celui d'une ville ;

> il Milanese (le Milanais) ≠ un milanese (un Milanais)

– pour les noms d'institutions définies ;

> il Parlamento italiano   le Parlement italien
> la Croce Rossa   la Croix-Rouge

– pour les charges officielles ;

> il Presidente della Repubblica   le président de la République

– pour les acronymes ;

> la NATO   l'OTAN

– pour les noms de fêtes religieuses ou civiles ;

> Pasqua   Pâques
> Ognissanti la Toussaint

– pour les noms de périodes historiques.

> il Rinascimento la Renaissance
> il Risorgimento le Risorgimento
> il Settecento   le dix-huitième siècle

ATTENTION À la différence du français, l'italien n'utilise **pas la majuscule** pour distinguer les noms des adjectifs d'appartenance géographique ou ethnique, comme i tedeschi (les Allemands), **sauf** pour i Romani et i Greci (les Romains et les Grecs de l'Antiquité).

La ponctuation

▶ Les signes de ponctuation sont :

.	punto fermo	*point*
,	virgola	*virgule*
;	punto e virgola	*point-virgule*
:	due punti	*deux points*
?	punto interrogativo	*point d'interrogation*
!	punto esclamativo	*point d'exclamation*
...	punti di sospensione	*points de suspension*
( )	parentesi	*parenthèses*
-	trattino	*trait d'union*
« » " "	virgolette	*guillemets*
—	lineetta	*tiret*
*	asterisco	*astérisque*

▶ Leur usage est analogue à celui du français.

REMARQUE

Les deux points [:] sont en italien d'un usage qui se rapproche parfois de la valeur du point-virgule en français, et n'introduisent pas nécessairement une explication, mais plutôt une succession (chronologique ou logique) plus serrée que ne le ferait le point-virgule.

Voleva andare a vedere la partita: e ci andò.
Il voulait aller voir le match ; et il y alla.

Le groupe nominal

Bescherelle

ITALIEN

Les numéros renvoient aux paragraphes.

Le nom

POUR COMMENCER

▶ Le nom sert à désigner
  - des **êtres** : gatto (*chat*), libro (*livre*) ;
  - des **états de choses** considérés comme unités stables et indépendantes du temps : produzione (*production*), passeggiata (*promenade*).

▶ En italien, le nom est généralement **marqué en genre et en nombre**. Une seule désinence indique les deux valeurs conjointes : masculin et singulier, masculin et pluriel, féminin et singulier, féminin et pluriel (→ 29-46).

▶ On peut classer les noms selon des critères morphologiques (→ 25) ou sémantiques fondés sur la réalité (→ 26-28).

CLASSIFICATION DES NOMS

Classification morphologique des noms

25 **Classification des noms par types de formation**

▶ **Nom primitif** : sole (*soleil*), bocca (*bouche*).

▶ **Nom dérivé** d'un nom, d'un adjectif ou d'un verbe (→ 358-383).

  libro (*livre*) → libreria (*librairie*)
  grande (*grand*) → grandezza (*grandeur*)
  leggere (*lire*) → lettura (*lecture*), lettore (*lecteur*)

▶ **Nom altéré** : un infixe en modifie le sens, et peut en modifier le genre, mais sans changer sa catégorie grammaticale (→ 99, → 384-393).

  casa (*maison*) → casetta (*maisonnette*), casone (*grande maison*)

Nom composé : le nom est formé d'une phrase réduite (→ 394-402).

> attaccapanni   *porte-manteau*
> capotreno   *chef de train*

Classification sémantique des noms

Selon la réalité à laquelle se réfère le nom, des catégories secondaires peuvent être reconnues.

26 Noms propres et noms communs

Les **noms propres** désignent un être unique en son genre : Boccaccio (*Boccace*), Firenze (*Florence*).

Les **noms communs** désignent une classe d'êtres ayant des propriétés communes : il cane (*le chien*) indique soit l'animal domestique en général, soit un chien identifié par le contexte.

27 Noms abstraits et noms concrets

Les noms d'états de choses, processus, actions ou qualités sont **abstraits** et désignent des faits non perçus, mais conçus : cattiveria (*méchanceté*), ignoranza (*ignorance*), lavoro (*travail*).

Les noms **concrets** sont ceux auxquels on peut appliquer un verbe de perception.

> Non vedo Giovanni, dov'è?
> *Je ne vois pas Giovanni, où est-il ?*
>
> Di chi è il cane che si sente di notte?
> *À qui est le chien qu'on entend la nuit ?*

La catégorie des noms concrets comprend des sous-catégories.

- **Animé/Non animé (vivant/non vivant)**. Un nom animé peut être sujet de verbes comme nascere (*naître*), crescere (*croître*), morire (*mourir*) pris au sens propre : par exemple, uomo (*homme*), pecora (*brebis*).
À l'opposé sont non animés sasso (*caillou*), zappa (*houe*), tavola (*table*).

- **Humain/Non humain**. Outre les noms propres de personnes, sont humains les noms animés qui désignent certains rôles dans un état de choses ou une action propre à l'homme : pianista (*pianiste*), professore (*professeur*). Sont non-humains tous les autres noms animés.

- **Mâle/Femelle**. Ce trait ne s'applique qu'aux noms animés, indépendamment de leur genre grammatical masculin ou féminin. Par exemple, dans les couples bue/vacca (*bœuf/vache*), gallo/gallina (*coq/poule*).

28 Noms dénombrables et noms indénombrables

▶ Les noms concrets peuvent être combinés avec un numéral ; ils sont **dénombrables** : un cane, due cani (*un chien, deux chiens*), uno studente, molti studenti (*un étudiant, beaucoup d'étudiants*).

▶ Les noms de qualités et de matières sont en principe **indénombrables** : grandezza (*grandeur*), ferro (*fer*), oro (*or*).

▶ ATTENTION Selon le contexte un nom de qualité ou de matière peut être dénombrable ou indénombrable.

INDÉNOMBRABLE	DÉNOMBRABLE
la bellezza	le bellezze di Firenze
la beauté	*les beautés ou les choses belles de Florence*

LE GENRE DU NOM

29 Notions de base

▶ L'italien, comme le français, possède deux valeurs de genre, **masculin** et **féminin**.

▶ L'attribution du genre n'est **automatique** (en principe) que pour marquer l'opposition sémantique mâle/femelle des noms animés. Pour les noms concrets non animés et les abstraits, l'assignation du genre est **arbitraire**.

▶ En outre, **le masculin n'est marqué qu'au singulier**. Au pluriel il peut désigner le masculin et le féminin. Le féminin, lui, désigne toujours un féminin.

Ho un figlio.   Ho due figli.
J'ai un fils.   *J'ai deux enfants.* [Il peut y avoir une fille.]

Ho una figlia.   Ho due figlie.
J'ai une fille.   *J'ai deux filles.*

30 Genre réel du nom

▶ C'est l'opposition effective de sexe pour des noms d'êtres ou de rôles animés ; elle est marquée de plusieurs façons.

MARQUE	MASCULIN	FÉMININ
-o/-a	il maestro (l'instituteur)	la maestra (l'institutrice)
	l'asino (l'âne)	l'asina (l'ânesse)
-o/-essa	l'avvocato (l'avocat)	l'avvocatessa (l'avocate)
-a/-essa	il poeta (le poète)	la poetessa (la poétesse)
-e/-essa	il principe (le prince)	la principessa (la princesse)
	il dottore (le médecin)	la dottoressa (le médecin)
-iere/-iera	l'infermiere (l'infirmier)	l'infermiera (l'infirmière)
-ore/-ora	il pastore (le berger)	la pastora (la bergère)
-tore/-trice	l'attore (l'acteur)	l'attrice (l'actrice)
-ssore/-ditrice	il trasgressore (le transgresseur)	la trasgreditrice (le transgresseur)
	l'aggressore (l'agresseur)	l'aggreditrice (l'agresseur)
Ø	il pianista (le pianiste)	la pianista (la pianiste)
	il nipote (le neveu)	la nipote (la nièce)
deux noms	il genero (le gendre)	la nuora (la bru)
	il bue (le bœuf)	la vacca (la vache)

▶ ATTENTION Le féminin de cacciatore (chasseur) est cacciatrice (chasseresse) ; la cacciatora est une veste de chasse, et il pollo alla cacciatora est le poulet chasseur.

REMARQUE La formation du féminin à partir du masculin est plus productive en italien qu'en français.

il professore (le professeur, homme)
la professoressa (le professeur, femme)

Genre arbitraire du nom

Le genre des noms **abstraits** et des **concrets non animés** est arbitraire et résulte de l'histoire de la langue (origine latine ou étrangère). On ne peut que signaler quelques tendances qui admettent de nombreuses exceptions.

▶ Les **noms géographiques** sont masculins ou féminins.

– Masculins s'ils sous-entendent un nom générique masculin.

il (monte) Cenisio   *le mont Cenis*

il (mare) Mediterraneo   *la (mer) Méditerranée*

il (fiume) Tevere   *le (fleuve) Tibre*

il (lago di) Garda   *le lac de Garde*

ATTENTION Il y a des exceptions.

le Alpi [sous-entendu montagne (montagnes)] : *les Alpes*

la Senna [genre imposé par l'emprunt] : *la Seine*

– Féminins s'ils sous-entendent un nom générique féminin. C'est le cas des noms de villes (città, féminin) et d'îles (isola, féminin) : la fredda Parigi (*le froid Paris*), la ricca Sicilia (*la riche Sicile*).

ATTENTION Le genre des **noms de pays** est strictement arbitraire : la Libia (*la Libye*), il Belgio (*la Belgique*).

▶ Les **noms de minéraux** et **éléments chimiques** sont ordinairement masculins : l'oro (*l'or*), lo smeraldo (*l'émeraude*), l'ossigeno (*l'oxygène*).

▶ Les **noms de sciences** (la scienza, la *science*) sont généralement féminins : l'astronomia (*l'astronomie*), la geometria (*la géométrie*).

▶ Les **noms d'arbres et de fruits** présentent une certaine régularité.

– Les arbres non fruitiers ont un genre arbitraire : il pioppo (*le peuplier*), la quercia (*le chêne*).

– Les arbres fruitiers ont généralement un nom masculin, mais leurs fruits un nom féminin : il melo (*le pommier*), la mela (*la pomme*).

– Certains noms d'arbres fruitiers sont féminins : la vite (*la vigne*), la palma da datteri (*le palmier-dattier*).

– À l'inverse, certains fruits exotiques sont masculins : il mango (*la mangue*), il dattero (*la datte*), il pompelmo (*le pamplemousse*).

REMARQUE Les deux formes arancia (féminin) et arancio (masculin) sont courantes pour *orange*, mais la première est préférable pour conserver la distinction avec le nom de l'arbre.

▶ Un certain nombre de **noms d'animaux non domestiques** ont un genre arbitraire, qui peut être différent du français : la scimmia (le singe, la guenon), la lince (le lynx).
Les noms d'oiseaux ont un genre imprévisible : il passero (le moineau), la cicogna (la cigogne), il rondone (le martinet), la rondine (l'hirondelle).

▶ Certains **noms humains féminins** désignent des rôles longtemps tenus exclusivement par des hommes : la sentinella (la sentinelle), la staffetta (l'estafette), la guida (le guide).

32 Genre des noms composés

▶ Le genre peut être **imposé par le(s) nom(s)** dans la formation.

il pesce nom	+	il cane nom	→	il pescecane (le requin)
basso adjectif	+	il rilievo nom	→	il bassorilievo (le bas-relief)
la cassa nom	+	forte adjectif	→	la cassaforte (le coffre-fort)
passare verbe	+	il porto nom	→	il passaporto (le passeport)
sotto préposition	+	il suolo nom	→	il sottosuolo (le sous-sol)

▶ Le genre des noms composés peut être **arbitrairement masculin**.

portare verbe	+	la cenere nom	→	il portacenere (le cendrier)
bagnare verbe	+	asciugare verbe	→	il bagnasciuga (le bord de mer)
dopo adverbe	+	la scuola nom	→	il doposcuola (la garderie)
bene adverbe	+	stare verbe	→	il benestare (le consentement)

▶ Le genre des noms composés peut dépendre de la **référence** : la squadra giallorossa (l'équipe de Rome), il sordomuto (le sourd-muet), la sordomuta (la sourde-muette).

→ La composition 394-402.

33 Couples particuliers masculin/féminin

▶ Voici quelques couples de mots où les désinences présentent une opposition masculin/féminin et dont le changement de genre est souvent accompagné d'un **changement de sens**.

il buco/la buca	le trou/la fosse
il cesto/la cesta	le panier/la panière
il masso/la massa	le bloc/la masse
il palo/la pala	le poteau/la pelle
il suolo/la suola	le sol/la semelle

▶ Le féminin suppose parfois une dimension plus grande, en profondeur (ex. buca), en volume (ex. massa) ou en contenance (ex. cesta).

34 Genre des noms d'origine étrangère

▶ Les noms d'origine étrangère sont généralement empruntés avec leur **genre d'origine** (avec ou sans adaptation graphique) : il camion (le camion), il chimono (le kimono), la brioche (la brioche).

REMARQUE Il purè (la purée) est plus répandu que la purea.

▶ Un problème particulier est celui des **anglicismes**, du genre neutre dans la langue d'origine.

• Lorsqu'ils désignent des **personnes**, leur genre peut dépendre du sexe du référent : il/la killer (le tueur/la tueuse).

• Lorsqu'ils désignent des **objets** ou des **notions abstraites**, la tendance générale est de les adopter avec le masculin : il film, lo sport.

• Dans certains cas, on peut supposer que le genre est en partie déterminé par l'**analogie avec un nom indigène** : il mouse (la souris d'ordinateur) doit sans doute son genre au fait que la souris au sens propre est du masculin en italien : il topo. De même la leadership équivaut dans certains contextes aux noms féminins l'egemonia (l'hégémonie) ou la direzione (la direction).

• Le féminin, beaucoup plus rare que le masculin pour les anglicismes, peut être aussi dû à des raisons formelles, comme la gincana, qui doit son genre à la finale **-a**.

MARQUAGE DU GENRE-NOMBRE

L'italien a deux nombres :

- le **singulier** pour les êtres ou états de choses considérés individuel-
lement, et pour les pluralités considérées comme ensembles (noms
collectifs) ;
- le **pluriel** pour les êtres ou états de choses considérés analytiquement
comme multiplicité.

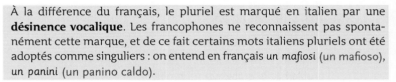

À la différence du français, le pluriel est marqué en italien par une
désinence vocalique. Les francophones ne reconnaissent pas sponta-
nément cette marque, et de ce fait certains mots italiens pluriels ont été
adoptés comme singuliers : on entend en français un *mafiosi* (un mafioso),
un *panini* (un panino caldo).

Les pluriels des noms simples

35 **Les noms singuliers en -*o***

▶ Les noms **masculins singuliers** en **-o** ont leur pluriel :

- généralement en **-i** ;

    il t<u>a</u>volo (*la table*) → i t<u>a</u>voli

    il capo (*le chef, la tête*) → i capi

- en **-a** s'ils désignent des quantités.

    il paio (*la paire*) → le paia

    il centinaio (*la centaine*) → le centinaia

    il migliaio (*le millier*) → le migliaia

    il miglio (*le mille*) → le miglia

ATTENTION

    il riso (*le rire*) → le risa

    l'uovo (*l'œuf*) → le uova [un objet qui va par ensembles : una
    dozzina di uova (*une douzaine d'œufs*)]

    l'uomo (*l'homme*) → gli u<u>o</u>mini [pluriel étymologique]

    il dio (*le dieu*) → gli dei [pluriel étymologique]

    il tempio (*le temple*) → i templi [pluriel étymologique]
                                    → i tempi [pluriel plus répandu]

→ Les noms singuliers en -io 40.

▶ Les noms **féminins singuliers** en **-o** sont presque tous **invariables**, car ce sont généralement des mots tronqués : la radio(fonia) (la radio), l'auto(mobile) (l'auto), la moto(cicletta) (la moto).

REMARQUE La biro (le stylo à bille) doit son nom à son inventeur, le Hongrois L. Biró.

ATTENTION

la mano (la main) → le mani

l'eco (l'écho) [féminin ou masculin au singulier] → le eco ou gli echi

36 Les noms singuliers en -a

▶ Les noms **masculins singuliers** en **-a** ont leur pluriel en **-i**.

il poeta (le poète) → i poeti

il problema (le problème) → i problemi

▶ Les noms **féminins singuliers** en **-a** ont leur pluriel en **-e**.

la rosa (la rose) → le rose

la casa (la maison) → le case

▶ ATTENTION

• Les **noms en -ista** peuvent avoir les deux genres au singulier : il/la pianista (le/la pianiste).

• Ils ont deux pluriels, masculin en **-i**, féminin en **-e** : i pianisti (les pianistes, hommes), le pianiste (les pianistes, femmes).

37 Les noms singuliers en -e

Ils sont **masculins** ou **féminins** et forment leur pluriel en **-i**.

il padre (le père) → i padri

la madre (la mère) → le madri

il piede (le pied) → i piedi

la legge (la loi) → le leggi

38 Les noms invariables

▶ **Noms monosyllabes**

il re (le roi) → i re
la gru (la ̓ grue) → le gru

▶ **Noms oxytons**

la virtù (la vertu) [-tù vient de l'ancienne forme -tude] → le virtù
la città (la ville) [-tà vient de l'ancienne forme -tade] → le città
il caffè (le café) [d'origine étrangère]→ i caffè
il gilè (le gilet) [d'origine étrangère] → i gilè

▶ **Noms terminés par une consonne**

il bar (le bar) [d'origine étrangère] → i bar
il lapis (le crayon) [du latin] → i lapis

▶ **Noms en -a masculins** : ils sont d'origines diverses.
– Origine analogique.

il boia (le bourreau) → i boia < du latin BOIAM (sangle)
il sosia (le sosie) → i sosia [du nom propre Sosie]

– Origine étrangère.

il paria (le paria) → i paria [du tamoul]

– Origine non nominale.

il vaglia (le mandat) → i vaglia [de valere (valoir), au subjonctif]

▶ **Noms en -i féminins** : ce sont des mots savants d'origine grecque.

l'analisi (l'analyse) → le analisi
la tesi (la thèse) → le tesi
la metropoli (la métropole) → le metropoli

▶ **Noms en -ie, tous féminins.**

la serie (la série) → le serie
la specie (l'espèce) → le specie

ATTENTION

la moglie (l'épouse) → le mogli
l'effigie (l'effigie) → le effigi ou effigie
la superficie (la surface) → le superfici [ou le superficie, moins
courant]

▶ **Noms abrégés**, ayant le même genre que celui du mot complet.

il cinema(tografo) (*le cinéma*) → i cinema
il caccia(tore) (*le chasseur, l'avion de chasse*) → i caccia
l'auto(mobile) (*l'auto*) → le auto
la moto(cicletta) (*la moto*) → le moto
la radio(fonia) (*la radio*) → le radio

REMARQUE Euro, mot international qui peut être senti comme tronqué, est invariable : un euro (*un euro*), dieci euro (*dix euros*).

39 Les noms singuliers en *-co, -ca/-go, -ga*

▶ Prennent un **-h- au pluriel** :

– les **féminins** singuliers en -ca/-ga dans leur ensemble ;

la barca (*la barque*) → le barche
l'alga (*l'algue*) → le alghe

– les **masculins** singuliers en -co/-go accentués sur l'avant-dernière syllabe.

il falco (*le faucon*) → i falchi
il drago (*le dragon*) → i draghi

ATTENTION Font exception les pluriels masculins amici (*amis*), nemici (*ennemis*), porci (*porcs*), greci (*Grecs*) et belgi (*Belges*).

▶ Ont le **pluriel en -ci** et **-gi** les nom masculins accentués sur l'avant-avant-dernière syllabe et en particulier les noms terminés par les suffixes atones **-ico** et **-logo**.

il critico (*le critique*) → i critici
il fisiologo (*le physiologiste*) → i fisiologi

Quelques-uns admettent les deux formes.

il filologo (*le philologue*) → i filologi ou filologhi

ATTENTION

il prologo (*le prologue*) → i prologhi
l'epilogo (*l'épilogue*) → gli epiloghi
il dialogo (*le dialogue*) → i dialoghi

40 **Les noms singuliers en -*io***

▶ Les noms singuliers en **-io** (**-i- non accentué**) ont leur pluriel en **-i**, mais la graphie **-ii** est préférable dans les cas d'homophonie.

lo studio (*l'étude*) → gli studi

l'omicidio (*le meurtre*) → gli omicidii
→ gli omicidi [aussi pluriel de l'omicida
(*le meurtrier*)]

ATTENTION

la sdraio (*la chaise longue*) → le sdraio

▶ Le pluriel des noms en **-io** (**-i- accentué**) se prononce /'ii/ et s'orthographie **-ii** (sans accent graphique).

il calpestio (*le piétinement*) → i calpestii

il lavorio (*le travail prolongé*) → i lavorii

il logorio (*l'usure*) → i logorii

il pendio (*la pente*) → i pendii

41 **Les noms féminins singuliers en -*cia/-gia***

▶ Le pluriel des noms féminins singuliers terminés par **c/g + i atone + a** peut avoir deux formes.

– Après une **consonne** : **-cia** → **-ce**, **-gia** → **-ge**.

la provincia (*la province*) → le province

la frangia (*la frange*) → le frange

– Après une **voyelle** : **-cia** → **-cie**, **-gia** → **-gie** (**-i- non accentué**).

la camicia (*la chemise*) → le camicie

la ciliegia (*la cerise*) → le ciliegie

▶ Les noms féminins singuliers terminés par **c/g + i tonique + a** ont leur pluriel en **-cie/-gie** (**-i- accentué**).

la farmacia (*la pharmacie*) → le farmacie

la bugia (*le mensonge*) → le bugie

Les pluriels particuliers

Les pluriels doubles

▶ Un certain nombre de noms **masculins singuliers en -o** possèdent deux pluriels entraînant une **distinction sémantique** :
- un pluriel plutôt analytique, distributif (pluralité) en **-i** ;
- un pluriel plutôt synthétique, collectif ou singularisant en **-a**.

il braccio (le bras)	→ i bracci [d'un fleuve, d'une grue]
	→ le braccia [du corps]
il budello (le boyau)	→ i budelli [passages]
	→ le budella [intestins]
il cervello (le cerveau)	→ i cervelli [personnes intelligentes]
	→ le cervella [matière cérébrale]
il ciglio (le cil, le rebord)	→ i cigli (les rebords)
	→ le ciglia (les cils)
il corno (la corne)	→ i corni [objets, instruments]
	→ le corna [des animaux]
il dito (le doigt, l'orteil)	→ i diti [dans une expression comme i diti pollici (les pouces)]
	→ le dita [l'ensemble]
il filo (le fil)	→ i fili (les fils, les brins)
	→ le fila (les ficelles) [d'une affaire]
il fondamento (le fondement)	→ i fondamenti (les fondements)
	→ le fondamenta (les fondations)
il gesto (le geste)	→ i gesti (les gestes)
	→ le gesta (les exploits)
il grido (le cri)	→ i gridi (les cris) [des animaux]
	→ le grida (la clameur)
il labbro (la lèvre)	→ i labbri [d'une blessure]
	→ le labbra [de la bouche]
il lenzuolo (le drap)	→ i lenzuoli [séparément]
	→ le lenzuola [la paire]

l'osso (l'os)   → gli ossi [de la viande]
                                   → le ossa [d'un être vivant]
l'urlo (le hurlement)   → gli urli [humains et animaux]
                                   → le urla [humains]

REMARQUE L'effet secondaire est quelquefois une opposition entre sens « propre » (matériel) et « figuré » (analogique). Il membro (le membre) a deux pluriels : i membri sont les membres d'un corps analogique (d'une assemblée, par exemple) ; le membra sont l'ensemble des membres du corps.

ATTENTION Pour **cuoio** (cuir), **fuso** (fuseau) et **calcagno** (talon), le pluriel en **-a** n'est guère employé que dans les expressions tirare le cuoia (casser sa pipe), fare le fusa (ronronner) et alle calcagna (à ses trousses).

▶ Certains noms **masculins singuliers en -o** possèdent deux pluriels n'entraînant **aucune distinction sémantique.**

    il ginocchio (le genou) → i ginocchi/le ginocchia

    il sopracciglio (le sourcil) → i sopraccigli/le sopracciglia

    il filamento (le filament) → i filamenti/le filamenta

    il vestigio (le vestige) → i vestigi/le vestigia

▶ Quelques noms ont **deux formes au singulier** et les pluriels correspondants.

    l'orecchio   → gli orecchi
    l'orecchia (l'oreille)   → le orecchie

    la strofa   → le strofe
    la strofe   (la strophe)

▶ Le singulier masculin **il frutto** (le fruit), au sens propre et analogique, a deux formes de pluriel.

    i frutti [sens analogique]
    Il nostro lavoro ha dato i suoi frutti.
    Notre travail a porté ses fruits.

    la frutta [sens propre, collectif, qui a supplanté il frutta]
    Il caffè va servito dopo la frutta.
    Le café doit être servi après les fruits.

Les noms uniquement pluriels

▶ **Noms d'origine latine**, comme gli annali (*les annales*), le nozze (*les noces*), le esequie (*les obsèques*), le tenebre (*les ténèbres*), le calende (*les calendes*).

▶ **Noms d'objets** allant par paires ou **formés de deux parties** : le forbici (*les ciseaux*), le mutande (*le caleçon, la culotte*), le tenaglie (*les tenailles*).

REMARQUE Certains de ces noms sont employés au singulier dans un sens analogique : i calzoni (*le pantalon*), un calzone (*une pizza en chausson*) ; le bretelle (*les bretelles*), la bretella Torino-Ivrea (*la bretelle d'autoroute Turin-Ivrea*).

▶ **Noms désignant un ensemble d'objets** du même genre : i viveri (*les vivres*), le viscere (*les viscères*).

Le pluriel des noms composés

Le pluriel des noms composés dépend de leur formation ; les **tendances générales** sont les suivantes.

PLURIEL MARQUÉ

nom + nom	la ferrovia (*le chemin de fer*) le ferrovie
nom + adjectif	la cassaforte (*le coffre-fort*) le casseforti
adjectif + nom masculin	il bassorilievo (*le bas-relief*) i bassorilievi
adjectif + nom féminin	la malalingua (*la mauvaise langue*) le malelingue
adjectif + adjectif	il sordomuto (*le sourd-muet*) i sordomuti
adverbe + adverbe	il pianoforte (*le piano*) i pianoforti
verbe + nom masculin singulier	il passaporto (*le passeport*) i passaporti

PLURIEL MARQUÉ OU NON MARQUÉ

préposition/adverbe + nom	il sottopassaggio (*le passage souterrain*) i sottopassaggi
	il retroscena (*les coulisses*) i retroscena

PLURIEL NON MARQUÉ

verbe + nom féminin singulier	il portacenere (le cendrier)
	i portacenere
verbe + nom pluriel	l'attaccapanni (le porte-manteaux)
	gli attaccapanni
verbe + verbe	il dormiveglia (le demi-sommeil)
	i dormiveglia
verbe + adverbe	il posapiano (le lambin)
	i posapiano
adverbe + adjectif	il sempreverde (le persistant)
	i sempreverde
adverbe + verbe	il benestare (le consentement)
	i benestare

ATTENTION Il existe dans chaque catégorie de nombreuses exceptions, le pluriel des mots composés relevant plus du lexique que de la grammaire.

→ La composition 394-402.

45 **Le pluriel des noms composés avec *capo-***

▶ Pour les noms composés de **capo** + **nom**, le pluriel dépend de la signification de capo (chef).

- Capo [chef d'une institution quelconque] : il prend seul la marque du pluriel.

   il capostazione (le chef de gare) → i capistazione

   il capofamiglia (le chef de famille) → i capifamiglia

   il capogruppo (le chef de groupe) → i capigruppo

   il caporeparto (le chef de rayon) → i capireparto

ATTENTION Les noms féminins sont invariables.

   la capoclasse (le chef de classe) → le capoclasse

REMARQUE Le masculin il **capotreno** (le chef de train) a les pluriels i capotreni, i capitreno et i capitreni.

LE GROUPE NOMINAL

- Capo [chef d'autres personnes de même qualification] : la marque du pluriel est finale et capo invariable.

> il capocuoco (*le cuisinier en chef*) → i capocuochi
>
> la caporedattrice (*la rédactrice en chef*) → le caporedattrici

La possibilité d'employer l'équivalent français *en chef* est caractéristique de ce groupe.

- Capo [qui est prééminent dans son genre] : la finale prend la marque du pluriel.

> il capoluogo (*le chef-lieu*) → i capoluoghi
>
> il capolavoro (*le chef-d'œuvre*) → i capolavori

▶ Les mots composés de **capo** + **adjectif** prennent la marque du pluriel pour les deux constituants.

> il caposaldo (*le point d'appui*) → i capisaldi

46 Le pluriel des noms d'origine étrangère

▶ Les noms d'origine étrangère **solidement implantés en italien** et se terminant par une consonne ou une voyelle tonique, comme sport, film, computer (*ordinateur*) ou purè (*purée*), sont invariables.

▶ Sont également invariables les mots **empruntés à des langues peu familières**, et dont la flexion n'est pas connue, comme ukase (du russe) et ayatollah (du persan).

▶ D'autres emprunts, **plus techniques**, comme Lied, qui sont en général employés par des usagers connaissant la langue d'origine, peuvent conserver leur marque de nombre.

Les déterminants du nom

L'ARTICLE

L'article défini

Les formes de l'article défini

▶ La forme de l'article est déterminée par le genre et l'initiale du mot qui le suit.

	DEVANT CONSONNE		DEVANT VOYELLE
MASCULIN SINGULIER	il	lo	l'
MASCULIN PLURIEL	i	gli	
FÉMININ SINGULIER	la		l'
FÉMININ PLURIEL	le		

▶ Le choix entre il/i et lo/gli dépend de la consonne qui suit.

- **il/i** précède un mot masculin commençant par **une consonne ou un groupe consonantique différents de s + consonne**, **gn, pn, ps, x, z.**

    il libro (le livre)/i libri   il primo libro (le premier livre)/i primi libri

- **lo/gli** se place :
  - devant **s + consonne** ;

    lo straccio (les chiffons)/gli stracci

    lo spettacolo (le spectacle)/gli spettacoli

    lo sciatore (le skieur)/gli sciatori

  - devant **gn, pn, ps** et quelques autres groupes rares ;

    lo gnomo (le gnome)/gli gnomi

    lo psicologo (le psychologue)/gli psicologi

    lo pterodattilo (le ptérodactyle)/gli pterodattili

    lo pneumatico (le pneu)/gli pneumatici

    ATTENTION On entend aussi il pneumatico (le pneu)/i pneumatici.

– devant **z** et **x** ;

> lo zio (*l'oncle*)/gli zii
> lo xilofono (*le xylophone*)/gli xilofoni

– devant la **semi-consonne** /j/.

> lo iato (*le hiatus*)/gli iati
> lo yogurt (*le yaourt*)/gli yogurt

REMARQUE La forme li se rencontre surtout dans le style bureaucratique pour les dates : Firenze, li 22 settembre (*Florence, le 22 septembre*) ; mais on peut toujours écrire **Firenze, il 22 settembre** ou Firenze, 22 settembre.

▶ La forme **l'** vient de l'élision de **lo** au masculin et de **la** au féminin. L'élision de **gli** et **le** a pratiquement disparu.

> l'animale (*l'animal*)/gli animali
> l'isola (*l'île*)/le isole

48 Les emplois de l'article défini

▶ L'article défini s'emploie avec les noms désignant :

– un **être unique en son genre** ;

> Il sole picchia forte.
> *Le soleil tape fort.*

– une **matière** ;

> Il piombo è pericoloso per la salute.
> *Le plomb est dangereux pour la santé.*

– une **espèce** ;

> Il cavallo è un quadrupede.
> *Le cheval est un quadrupède.*

– un **concept abstrait**.

> La modestia è una virtù.
> *La modestie est une vertu.*

▶ L'article défini s'emploie aussi pour les noms déterminés :

– par la **situation** ;

> Il televisore è guasto.
> *Le téléviseur est en panne.* [celui qui est là]

– par le **contexte**.

> C'era una volta un re. Il re aveva una figlia.
> *Il était une fois un roi. Le roi avait une fille.*

Non ho mai letto il libro che mi hai regalato.
Je n'ai jamais lu le livre que tu m'as offert.

49 Emploi ou non emploi de l'article défini

▶ Devant les **noms géographiques** :
- l'article s'emploie pour les montagnes, les pays, les fleuves, les lacs, comme le Alpi (*les Alpes*), la Grecia (*la Grèce*), il Tevere (*le Tibre*), il Garda (*le lac de Garde*) ;
- l'article ne s'emploie pas pour les villes, sauf celles qui le comportent déjà. Par exemple, Roma (*Rome*), L'Avana (*La Havane*), Il Cairo (*Le Caire*).

    ATTENTION Les mots **piazza** (*place*), **via** (*rue*) et **palazzo** (*palais*), suivis d'un nom propre, ne sont généralement pas précédés de l'article défini.

    Piazza Venezia era affollata.
    La place Venezia était pleine de monde.

▶ L'article défini s'emploie facultativement pour les noms patronymiques ou les surnoms passés dans l'usage **de personnages connus** : (il) Manzoni (*Manzoni*), (il) Tasso (*le Tasse*), (il) Guercino (*le Guerchin*). Pour les femmes, l'emploi de l'article avec le patronyme seul permet de comprendre qu'il ne s'agit pas d'un homme : la Maraini (*Mme Maraini*).

    ATTENTION L'article défini ne s'emploie pas avec le prénom, isolé ou suivi du patronyme : Ø Dante ou Ø Dante Alighieri.

▶ ATTENTION Avec **re** (*roi*) et **papa** (*pape*) :
- l'article défini n'est pas employé s'il désigne une personne ;

    Re Vittorio Emanuele II unificò l'Italia.
    Le roi Victor Emmanuel II unifia l'Italie.

    L'enciclica *Rerum novarum* fu promulgata da Papa Leone XIII.
    L'encyclique Rerum novarum fut promulguée par le pape Léon XIII.
- l'article défini est employé s'il s'agit de la charge.

    Fu il re Vittorio Emanuele II ad unificare l'Italia.
    C'est le roi Victor Emmanuel II qui a unifié l'Italie.

- L'italien emploie l'article défini dans de nombreux cas où le français emploie l'indéfini, lorsque le nom sera défini par l'énonciation à son achèvement.

> Abbiamo chiamato l'autoambulanza.
> *Nous avons appelé une ambulance.*

> Per venire, ho preso il taxi.
> *Pour venir, j'ai pris un taxi.*

- L'article défini s'emploie aussi, là où le français utilise le partitif, avec des noms indénombrables, notamment de matières.

> Come secondo, io prendo il pesce.
> *Comme plat, moi, je vais prendre du poisson.*

> Metti lo zucchero nel caffè?
> *Est-ce que tu mets du sucre dans ton café ?*

- L'article défini est couramment employé là où le français utilise le possessif, lorsque la situation ou le contexte s'y prêtent (→ 61-62).

> Purtroppo, non ho passato l'esame.
> *Malheureusement, je n'ai pas réussi mon examen.*

> Siccome c'era il sole, non ho preso l'ombrello.
> *Comme il y avait du soleil, je n'ai pas pris mon parapluie.*

L'article indéfini

50 Les formes de l'article indéfini

La forme de l'article est déterminée par le genre et l'initiale du mot qui le suit.

	DEVANT CONSONNE		DEVANT VOYELLE
MASCULIN SINGULIER	un	uno	un
FÉMININ SINGULIER	una		un'

Les formes **un** et **uno** suivent respectivement les mêmes conditions morphologiques que **il** et **lo** (→ 47).

ATTENTION

- L'élision de **una** est obligatoire devant **a-** et facultative devant les autres voyelles : un'amica (*une amie*), un'altra persona (*une autre personne*), una esigenza eccessiva (*une exigence excessive*).

• La forme **un** ne prend pas d'apostrophe devant une voyelle : un anno (un an), un altro ragazzo (un autre garçon).

REMARQUE L'article uno n'a pas de pluriel, mais **uni** et **une** existent comme pronoms indéfinis : gli uni e gli altri (les uns et les autres), le une e le altre (les unes et les autres).

51 Les emplois de l'article indéfini

L'article indéfini marque :

– une catégorie **générique** ;

> Un atleta deve allenarsi regolarmente.
> Un athlète doit s'entraîner régulièrement.

– une **approximation** (avec un terme de quantité).

> I lavori potrebbero durare un dieci mesi.
> Les travaux pourraient durer quelque dix mois.

> La casa gli sarà costata un dieci milioni di euro.
> Sa maison a dû lui coûter dans les dix millions d'euros.

L'article partitif

52 Les formes de l'article partitif

▸ L'article partitif est formé de l'union de la préposition **di** et de l'**article défini**.

	DEVANT CONSONNE		DEVANT VOYELLE
MASCULIN SINGULIER	del	dello	dell'
MASCULIN PLURIEL	dei	degli	
FÉMININ SINGULIER	della		dell'
FÉMININ PLURIEL	delle		

▸ Il suit les mêmes conditions morphologiques que l'article défini (→ 47).

Les emplois de l'article partitif

Il désigne une **partie indéterminée** d'un tout ou d'un ensemble et vaut *un peu de, certains, des.*

▶**Au singulier**, l'article partitif s'emploie **avec des noms** essentiellement **indénombrables**.

> Dammi del pane.
> *Donne-moi du pain.*
> Mi occorre della stoffa rossa.
> *Il me faut du tissu rouge.*

▶**Au pluriel**, l'article partitif peut s'employer **avec des noms dénombrables** (il sert de pluriel à l'article indéfini).

> Ho incontrato delle persone proprio simpatiche.
> *J'ai rencontré des gens vraiment sympathiques.*
> Mi sono comparse (delle) strane macchie sul naso.
> *Des taches bizarres sont apparues sur mon nez.*

▶ATTENTION Il est recommandé de **ne pas employer** l'article partitif :
− avec une préposition ;

> Possiede una biblioteca con bei libri antichi.
> *Il/Elle possède une bibliothèque avec de beaux livres anciens.*
> Abbiamo disegnato su fogli di carta velina.
> *Nous avons dessiné sur des feuilles de vélin.*

− avec une conjonction de coordination.

> Ho comprato libri e giornali in inglese.
> *J'ai acheté des livres et des journaux en anglais.*

L'article « zéro »

Pas d'article : analogies avec le français

▶ Certaines **locutions verbales figées** ne contiennent aucun article : avere fame/sete/freddo (*avoir faim/soif/froid*), prendere moglie (*prendre femme*), fare pietà (*faire pitié*), fare schifo (*dégoûter*).

▶ On n'emploie pas d'article avec une **préposition** introduisant la manière ou l'instrument : parlare con foga (*parler avec fougue*), andare a piedi (*aller à pied*), fare a pugni (*échanger des coups de poing*), giocare a carte (*jouer aux cartes*).

Quand le nom a valeur de **prédicat**, il n'est précédé d'aucun article.

> È stato eletto presidente.
> Il a été élu président.

55 Pas d'article : différences avec le français

L'article ne s'emploie pas habituellement dans des **expressions figées à valeur spatiale**, contenant une préposition : andare a teatro/in chiesa/a scuola (*aller au théâtre/à l'église/à l'école*), uscire di casa (*sortir de la maison*).

REMARQUE L'emploi de l'article reste possible, pour exclure implicitement une autre possibilité.

> Vengo dalla scuola di mia figlia.
> Je viens de l'école de ma fille. [non d'ailleurs ou d'une autre école]

ATTENTION Ni l'indéfini ni le partitif ne s'emploient dans les **constructions négatives**.

> Non voglio regali.
> Je ne veux pas de cadeaux.

> Non metto mai latte nel tè.
> Je ne mets jamais de lait dans mon thé.

L'ADJECTIF DÉMONSTRATIF

56 Les formes de l'adjectif démonstratif

Questo et **codesto**

	DEVANT CONSONNE	DEVANT VOYELLE
MASCULIN SINGULIER	questo, codesto	quest', codest'
MASCULIN PLURIEL	questi, codesti	
FÉMININ SINGULIER	questa, codesta	quest', codest'
FÉMININ PLURIEL	queste, codeste	

LE GROUPE NOMINAL

Quello

	DEVANT CONSONNE		DEVANT VOYELLE
MASCULIN SINGULIER	quel	quello	quell'
MASCULIN PLURIEL	quei	quegli	
FÉMININ SINGULIER	quella		quell'
FÉMININ PLURIEL	quelle		

Les formes de quello suivent les mêmes conditions morphologiques que **l'article défini** (→ 47).

57 Les emplois du démonstratif

L'adjectif démonstratif situe le groupe nominal relativement au locuteur, à l'allocuté et à l'espace de la communication.

▸ Ce qui est désigné par **questo** appartient à l'espace du **locuteur** (1re personne).

> Guarda questa cartolina.
> *Regarde cette carte postale.* [près de moi]

▸ Ce qui est désigné par **quello** appartient :
– soit à l'espace de l'**allocuté** (2e personne) ;

> Mi passi quel dizionario, per favore?
> *Tu me passes ce dictionnaire, s'il te plaît ?* [près de toi]

– soit à un espace **extérieur** au groupe locuteur-allocuté (3e personne).

> Vedi quel tizio?
> *Tu vois ce type là-bas ?*

▸ L'usage toscan utilise trois démonstratifs, questo pour l'espace de la 1re personne, **codesto** pour l'espace de la 2e personne, quello pour l'espace de la 3e personne.

REMARQUE Codesto survit dans la phraséologie bureaucratique (écrite) : codesto ufficio (*votre bureau*).

L'ADJECTIF POSSESSIF

58 ## Les formes de l'adjectif possessif

	MASCULIN SINGULIER	MASCULIN PLURIEL	FÉMININ SINGULIER	FÉMININ PLURIEL
	OBJET POSSÉDÉ			
POSSESSEUR SINGULIER				
1ʳᵉ personne	mio	miei	mia	mie
2ᵉ personne	tuo	tuoi	tua	tue
3ᵉ personne	suo	suoi	sua	sue
POSSESSEUR PLURIEL				
1ʳᵉ personne	nostro	nostri	nostra	nostre
2ᵉ personne	vostro	vostri	vostra	vostre
3ᵉ personne	loro	loro	loro	loro

Le possessif est un déterminant qui précise l'appartenance ou une relation analogue par rapport au locuteur (1ʳᵉ personne), à l'allocuté (2ᵉ personne) ou à un être extérieur (3ᵉ personne). La marque du nombre est déterminée par le « possesseur » et « l'objet possédé », celle du genre par « l'objet possédé ».

la	sua/loro	valigia	i	miei/nostri	genitori
	sa/leur	valise		mes/nos	parents

59 ## La construction de l'adjectif possessif

▶ L'adjectif possessif s'emploie généralement **avec un autre déterminant**, article, démonstratif ou indéfini.

Ho incontrato il mio insegnante di tedesco.
J'ai rencontré mon professeur d'allemand.

Questa tua idea è davvero brillante.
Cette idée qu'tu as eue est vraiment géniale.

▶ L'adjectif possessif est parfois placé **après le nom**.

Non è un problema tuo, ma suo.
Ce n'est pas ton problème mais le sien.

ATTENTION La postposition du possessif au nom est emphatique, mais ne doit pas être employée sans discernement ; elle peut être sentie comme un régionalisme.

➔ Le possessif sans déterminant 60.

Le possessif sans déterminant

▶ L'adjectif possessif s'emploie seul dans certaines expressions où il **est placé après le nom**, notamment dans les interpellations et dans les constructions avec préposition qui ont valeur de circonstanciel.

> Eravamo a casa mia.
> Nous étions chez moi.
>
> A mio parere, ou A parer mio, ha torto.
> À mon avis, il/elle a tort.

▶ Le possessif s'emploie seul avec les **noms de parenté proche** (au premier degré) **au singulier**.

> Mio fratello frequenta il liceo.
> Mon frère va au lycée.

ATTENTION Au pluriel on dira : **I miei fratelli** frequentano le medie. (*Mes frères vont au collège.*)

ATTENTION Si au singulier le nom de parenté est altéré par un infixe (→ 384-393) ou accompagné d'un autre adjectif, le possessif est précédé du déterminant.

> **Il mio fratellino** frequenta le elementari.
> Mon petit frère va à l'école primaire.
>
> **Il mio fratello maggiore** frequenta l'università.
> Mon frère aîné va à l'université.

REMARQUE Babbo (*papa*) et **mamma** (*maman*) s'emploient couramment aujourd'hui sans article devant le possessif, car ils ne sont plus considérés comme des formes altérées de **padre** et **madre**. Cet usage est à considérer comme acceptable, au moins oralement.

▶ Dans l'**usage toscan**, l'emploi du possessif sans déterminant est
– **obligatoire** pour :

padre (*père*)	figlio (*fils*)	fratello (*frère*)
madre (*mère*)	figlia (*fille*)	sorella (*sœur*)

– **facultatif** pour :

nonno (*grand-père*)	zio (*oncle*)	cugino (*cousin*)
nonna (*grand-mère*)	zia (*tante*)	cugina (*cousine*)
suocero (*beau-père*)	genero (*gendre*)	cognato (*beau-frère*)
suocera (*belle-mère*)	nuora (*bru*)	cognata (*belle-sœur*)
nipote (*neveu, nièce*)		

On peut donc dire mio nonno ou il mio nonno (*mon grand-père*).

Le possessif s'emploie seul dans les **phrases nominales**, où le nom a valeur de **prédicat**.

> Il parroco è mio amico.
> *Le curé est mon ami.*

> I dipendenti si sono fatti suoi complici.
> *Ses employés se sont faits ses complices.*

REMARQUE Avec un déterminant, le sens est différent.

> Mirko è un mio amico. *Mirko est un de mes amis.*

61 L'omission de l'adjectif possessif

Lorsque la relation de possession est évidente, ou clairement déductible du contexte, l'italien **omet couramment le possessif**.

> Mi presti la macchina?
> *Tu me prêtes ta voiture ?*

> È venuto con gli amici.
> *Il est venu avec ses amis.*

62 Le possessif et la construction pronominale

Comme en français, la possession est souvent exprimée par une construction pronominale, mais **à la différence du français**, l'italien ne l'emploie pas seulement pour les parties du corps et utilise aussi des constructions non réfléchies.

> Il cane **si** morde **la** coda.
> *Le chien se mord la queue.*

> **Si** toglie **la** giacca.
> *Il/Elle enlève sa veste.*

> Uno sconosciuto **gli** ha rubato **la** macchina.
> *Un inconnu lui a volé sa voiture.*

63 *Proprio, di lui/di lei, altrui*

Une phrase comme *Marta a demandé sa poupée à Rita* est ambiguë : ce peut être la poupée de Marta ou celle de Rita. L'italien emploie couramment **proprio** pour éviter ce type d'ambiguïté.

> Marta ha chiesto a Rita la propria bambola.
> *Marta a demandé sa poupée à Rita.* [la poupée de Marta]

> Marta ha chiesto a Rita la sua bambola.
> *Marta a demandé sa poupée à Rita.* [la poupée de Rita]

▸ **Proprio** est **obligatoire** avec les phrases impersonnelles ou à sujet indéfini.

> Bisogna fidarsi dei propri amici.
> *Il faut avoir confiance en ses amis.*
>
> Ciascuno è responsabile delle proprie azioni.
> *Chacun est responsable de ses actions.*

▸ Réciproquement, **di lui/di lei** peut aussi être employé pour éviter une ambiguïté.

> Maria si è sposata con Gino e ora vive nella sua casa.
> *Maria s'est mariée avec Gino et maintenant elle habite dans sa maison.* [à lui ? à elle ?]
>
> Gino si è sposato con Maria e ora vive nella casa **di lei**.
> *Gino s'est marié avec Maria et maintenant il habite chez elle.*

▸ **Altrui** (*d'autrui*) s'emploie surtout pour des notions abstraites.

> Non desiderare la roba altrui.
> *Ne convoite pas le bien d'autrui.*

LES ADJECTIFS ET NOMS NUMÉRAUX

Les déterminants numéraux précisent la **quantité** (numéraux cardinaux) ou la **place dans une série** (numéraux ordinaux).

64 Les formes des cardinaux

▸ **De 1 à 20**

uno	1	undici	11
due	2	dodici	12
tre	3	tredici	13
quattro	4	quattordici	14
cinque	5	quindici	15
sei	6	sedici	16
sette	7	diciassette	17
otto	8	diciotto	18
nove	9	diciannove	19
dieci	10	venti	20

REMARQUE **Uno** a les mêmes formes que l'article indéfini (c'est le même mot). Les autres cardinaux sont invariables.

▶ **Les dizaines**

venti, ventuno, ventidue, ...	20, 21, 22, ...
trenta, trentuno, trentadue, ...	30, 31, 32, ...
quaranta, quarantuno, quarantadue, ...	40, 41, 42, ...
cinquanta, cinquantuno, cinquantadue, ...	50, 51, 52, ...
sessanta, sessantuno, sessantadue, ...	60, 61, 62, ...
settanta, settantuno, settantadue, ...	70, 71, 72, ...
ottanta, ottantuno, ottantadue, ...	80, 81, 82, ...
novanta, novantuno, novantadue, ...	90, 91, 92, ...

ATTENTION La **voyelle finale** des dizaines disparaît devant **uno** et **otto**.

ventuno (vingt et un)	quarantotto (quarante-huit)
trentuno (trente et un)	settantotto (soixante-dix-huit)

▶ **Les centaines**

cento, centouno, centodue, ...	100, 101, 102, ...
duecento, duecentouno, duecentodue, ...	200, 201, 202, ...

ATTENTION Le **-o** final de **cento** est recommandé devant **uno** et facultatif devant **otto** : centouno (centuno est moins employé) ; centotto ou centootto.

▶ **Les milliers**

mille, milleuno, milledue, ...	1000, 1001, 1002, ...
duemila, duemilauno, duemiladue, ...	2000, 2001, 2002, ...
tremila, tremilauno, tremiladue, ...	3000, 3001, 3002, ...

▶ **Les millions et les milliards**

Milione (million) et **miliardo** (milliard) se construisent avec **di** : un milione/due milioni di abitanti (un million/deux millions d'habitants).

65 ## L'orthographe des cardinaux

▶ **Tre**, monosyllabe accentuable, s'orthographie **sans accent**, sauf **en composition** : ventitré (vingt-trois), centotrentatré (cent trente-trois).

◢ L'italien écrit les cardinaux en un seul mot : ventitré (vingt-trois), centosettantaquattro (cent soixante-quatorze). Si le premier élément est cento ou mille, on peut le faire suivre de e : cento e due (cent deux), duemila e quarantacinque (deux mille quarante-cinq).

LE GROUPE NOMINAL

Les composés avec uno perdent le -o final lorsque le nom pluriel qui suit commence par une voyelle : quarantun anni (quarante et un ans), mais trentuno donne (trente et une femmes).

66 Les noms d'ensembles : dizaines, centaines...

À part **paio** (paire) et **dozzina** (douzaine), ils sont dérivés du cardinal et ils n'existent que pour les dizaines, les centaines et les milliers entiers.

Ils sont féminins pour les **dizaines**.

quindici	→ quindicina	*quinzaine*
venti	→ ventina	*vingtaine*
trenta	→ trentina	*trentaine*
quaranta	→ quarantina	*quarantaine*
cinquanta	→ cinquantina	*cinquantaine*
sessanta	→ sessantina	*soixantaine*
settanta	→ settantina	–
ottanta	→ ottantina	–
novanta	→ novantina	–

Ils sont masculins au singulier et féminins au pluriel pour **cento** et **mille**.

il centinaio (la centaine)/le centinaia

il migliaio (le millier)/le migliaia

67 Les formes des ordinaux

Les dix premiers ordinaux ont une forme directement dérivée du latin. Ils portent la marque du genre et du nombre : **-o** (masculin singulier), **-a** (féminin singulier), **-i** (masculin pluriel), **-e** (féminin pluriel).

primo	*premier*	sesto	*sixième*
secondo	*deuxième*	settimo	*septième*
terzo	*troisième*	ottavo	*huitième*
quarto	*quatrième*	nono	*neuvième*
quinto	*cinquième*	decimo	*dixième*

Tous les autres ordinaux se forment en remplaçant la voyelle finale des cardinaux par le suffixe **-esimo** (**-a**, **-i**, **-e**) : undicesimo (onzième), ventesimo (vingtième), centesimo (centième), etc.

ATTENTION La voyelle finale du cardinal ne disparaît pas avec **tre** : ventitre<u>e</u>simo (vingt-troisième), centotre<u>e</u>simo (cent-troisième), etc.

REMARQUE Dans l'usage **écrit (littéraire)**, on rencontre des variantes :
– und<u>e</u>cimo (onzième), decimosecondo et duod<u>e</u>cimo (douzième), decimoterzo (treizième), etc. jusqu'à dix-neuf ;
– vig<u>e</u>simo (vingtième) et ses composés vigesimoprimo (vingt et unième), vigesimosecondo (vingt-deuxième), etc.

Ces emplois se rencontrent surtout avec des titres ou des noms de siècle.

Papa Pio undic<u>e</u>simo ou und<u>e</u>cimo	le pape Pie XI
Re Luigi quattordic<u>e</u>simo ou decimoquarto	le roi Louis XIV
il s<u>e</u>colo diciannov<u>e</u>simo ou decimonono	le dix-neuvième siècle

68 Les emplois des adjectifs cardinaux et ordinaux

▶ Les adjectifs **cardinaux** se placent généralement devant le nom : tre libri (trois livres), settantun anni (soixante et onze ans).

Pour les unités de temps (heures, années) ou les éléments d'une série, les cardinaux sont ordinairement placés après le nom.

Lo spett<u>a</u>colo inizierà alle ore ventuno.
Le spectacle commencera à vingt et une heures.

Vedi cap<u>i</u>tolo d<u>o</u>dici.
Voyez chapitre douze.

▶ Les adjectifs **ordinaux** se placent ordinairement devant le nom.

Ho prenotato una poltrona in prima fila.
J'ai réservé un fauteuil au premier rang.

• Les ordinaux sont placés après le nom dans des **formes figées** (titres, affichages), où le français emploie souvent le cardinal.

il canto trentadu<u>e</u>simo dell'*Inferno* : le chant XXXII de l'*Enfer*

Dott. Avv. Bianchi. Piano terzo.
Maître Bianchi, avocat. Troisième étage.

• L'ordre des ordinaux **primo** (premier) et **ultimo** (dernier) associés à un cardinal est l'inverse de celui du français.

Leggete i primi due e gli <u>u</u>ltimi dieci capitoli.
Lisez les deux premiers chapitres et les dix derniers.

LE GROUPE NOMINAL

▶ Pour **les noms des siècles**, l'italien emploie :
  – soit l'ordinal, qui précède ou suit (indifféremment) le nom secolo ;
  – soit (plus couramment) le cardinal seul avec majuscule.

il tredicesimo secolo	il Duecento	*le XIIIe siècle*
il quattordicesimo secolo	il Trecento	*le XIVe siècle*
il quindicesimo secolo	il Quattrocento	*le XVe siècle*
il sedicesimo secolo	il Cinquecento	*le XVIe siècle*
il diciasettesimo secolo	il Seicento	*le XVIIe siècle*
il diciottesimo secolo	il Settecento	*le XVIIIe siècle*
il diciannovesimo secolo	l'Ottocento	*le XIXe siècle*
il ventesimo secolo	il Novecento	*le XXe siècle*
il ventunesimo secolo	–	*le XXIe siècle*

REMARQUE Le décalage du français (ex. *le XIXe siècle = les années en 1800*) existe aussi en italien, mais l'usage du cardinal correspond directement au millésime : il diciannovesimo secolo = l'Ottocento.

→ Sens particulier des pronoms ordinaux 133.

69 Les multiplicatifs

▶ Les multiplicatifs indiquent une quantité deux/trois/quatre fois plus grande. On ne les emploie guère au-delà. Ils existent sous deux formes.

doppio, -a, -i, -e	duplice, i	*double*
triplo, -a, -i, -e	triplice, i	*triple*
quadruplo, -a, -i, -e	quadruplice, i	*quadruple*

▶ Comme **adjectif**, la première forme est plus employée.

Abbiamo ricevuto la fattura in doppia copia ou in duplice copia.
Nous avons reçu la facture en deux exemplaires.

▶ Comme **nom**, seule la première forme peut être utilisée.

Dodici è **il triplo** di quattro.
Douze est le triple de quatre.

70 ## Les fractions

▶ Les nombres fractionnaires, comme en français, se forment au moyen des ordinaux : un *terzo* (un *tiers*), un *ventesimo* (un *vingtième*).

▶ La **division en deux parties** est formulée par **mezzo**, accordé au nom. Dans ce cas, le déterminant est ordinairement absent. L'emploi de l'article indéfini est légèrement emphatique.

> Si è scolato mezza bottiglia di vino in mezz'ora.
> *Il a descendu une demi-bouteille de vin en une demi-heure.*

> Mi ci vorrà una mezza giornata.
> *Il me faudra une demi-journée.*

LES ADJECTIFS INDÉFINIS

Les adjectifs « indéfinis », dans leur majorité, situent le nom dans une relation plus ou moins précise de **quantité**, de **qualité** ou d'**identité**. Ils s'opposent aux adjectifs démonstratifs comme l'article indéfini à l'article défini. Ils forment un ensemble peu organisé, mais peuvent être classés selon leur sens.

71 ## Les propriétés formelles des indéfinis

▶ Les indéfinis sont exclusivement adjectifs, ou peuvent être pronominalisés sans changement.

▶ Les indéfinis sont invariables, ou prennent la marque du genre, celle du nombre ou les deux.

▶ Les indéfinis composés de **uno** présentent les mêmes formes que celui-ci selon l'initiale du mot qui suit : -un, -uno, -una, -un', -uni, -une (→ 50).

▶ Les indéfinis peuvent soit se combiner avec un déterminant, article ou démonstratif (placé avant ou après), soit l'exclure.

LE GROUPE NOMINAL

Totalité : *ogni, ciascuno, tutto, entrambi/ambedue*

▶ Les indéfinis de ce groupe visent une totalité de personnes ou de choses, et les désignent :

– de manière **distributive** (une par une) ;

ogni	tout/toute
ciascuno, ciascuna	*chaque*

– de manière **globale** (toutes ensemble).

tutto (-a, -i, -e)	tout
entrambi, entrambe	*les deux*

▶ **Ogni**, invariable et seulement adjectif, exclut l'article. Il est toujours suivi du singulier.

> Ogni albero nasce, cresce e muore.
> *Tout arbre naît, croît et meurt.*

> Ogni casa è stata controllata.
> *Toutes les maisons ont été contrôlées.*

▶ **Ciascuno**, uniquement singulier, a les mêmes variantes de forme que uno (→ 50).

> Ciascuna valigia va munita di etichetta.
> *Chaque valise doit être munie d'une étiquette.*

REMARQUE La variante archaïque **cadauno**, ou **caduno**, est utilisée sous forme abrégée dans les affichages de prix.

> Servizio di bicchieri, 5 euro cad. *Service de verres, 5 euros pièce.*

▶ **Tutto** est suivi de l'article (ou du démonstratif) et porte la marque du genre et du nombre. Au singulier, l'article indéfini est possible.

tutto il giorno	*tout le jour*
tutta la popolazione	*toute la population*
tutti i soci	*tous les associés*
tutte le notti	*toutes les nuits*
tutto un mese	*tout un mois*
tutta una città	*toute une ville*

▶ **Entrambi**, ne portant que la marque de genre, et **ambedue**, invariable, sont suivis de l'article (ou du démonstratif) et ont le même sens : *tous les deux*.

entrambi ou ambedue gli studenti   *les deux étudiants*

entrambe ou ambedue le studentesse   *les deux étudiantes*

REMARQUE Ces formes sont d'un registre légèrement soutenu, et on peut les remplacer par **tutti e due** au masculin et **tutt'e due** au féminin, toujours avant l'article.

tutti e due gli studenti   *les deux étudiants*

tutt'e due le studentesse   *les deux étudiantes*

Pour des nombres supérieurs à 2, c'est cette tournure qui est employée : **tutti e quattro i tennisti** (*les quatre joueurs de tennis*).

---

73 ## Quantité partielle : *altrettanto, tanto, molto, troppo, più*

▶ Ces indéfinis expriment une quantité ou une partie d'un tout, considérées comme égales ou supérieures à la normale ou à la moyenne.

▶ À la différence de leurs équivalents français qui sont invariables et se construisent avec *de*, ils portent la marque du genre et du nombre (sauf *più*) et se construisent directement avec le nom.

altrettanto (-a, -i, -e)   *autant de*

molto (-a, -i, -e)   *beaucoup de*

tanto (-a, -i, -e)   *beaucoup de*

troppo (-a, -i, -e)   *trop de*

più   *plusieurs*

Ci sono ancora tre pere e **altrettante** mele.
Il y a encore trois poires et autant de pommes.

Si sono presentati **molti** ou **tanti** volontari.
Beaucoup de volontaires se sont présentés.

Hai avuto **troppi** dispiaceri.
Tu as eu trop de contrariétés.

Sono rimasto per **più** giorni a casa.
Je suis resté pendant plusieurs jours à la maison.

Quantité partielle : *poco, alcuno, alquanto, parecchio*

▶ Ces indéfinis prennent la marque du genre et du nombre, et désignent une quantité inférieure à une norme ou une moyenne. Ils se construisent directement avec le nom.

alcun(o), alcuna	*aucun, aucune*
alcuni, alcune	*quelques*
poco (-a, -chi, -che)	*peu de*
parecchio (-a, -i, -e)	*pas mal de*

Non c'è **alcun** dubbio.
Il n'y a pas le moindre doute.

Ho cenato con **alcuni** amici.
J'ai dîné avec quelques amis.

Si vedeva **poca** gente e c'erano **poche** case.
On voyait peu de gens et il y avait peu de maisons.

È caduta **parecchia** pioggia stanotte.
Il est tombé pas mal de pluie cette nuit.

REMARQUE Alcuno employé positivement au singulier est littéraire.

Si fermò per alcun tempo in campagna.
Il est resté quelque temps à la campagne.

▶ **Alquanto (-a, -i, -e)** (quelque peu de), soutenu et emphatique au singulier, s'emploie au pluriel pour souligner le caractère dénombrable du nom.

Sono trascorsi alquanti anni.
Quelques années ont passé.

Quantité nulle : *nessuno*

▶ **Nessuno** (aucun), uniquement **singulier**, a les mêmes variantes de forme que uno (→ 50).

Non ho visto nessun turista.
Je n'ai vu aucun touriste.

Non c'è nessuna difficoltà.
Il n'y a aucune difficulté.

▶ ATTENTION Lorsque **nessuno** est en tête de phrase, celle-ci a la forme affirmative.

Nessun candidato si è presentato.
Aucun candidat ne s'est présenté.

76 Diversité et quantité : *diverso, vario*

▸ Uniquement adjectifs, ils prennent la marque du genre et du nombre, et indiquent soit une diversité, soit une quantité appréciable.

▸ Ils s'emploient avec des noms au pluriel ou des singuliers collectifs.

> diverso (-a, -i, -e)   *divers*
> vario (-a, -i, -e)   *divers*
>
> Oggi ci sono **diversi** ou **vari** articoli da leggere.
> *Aujourd'hui il y a un certain nombre d'articles à lire.*
>
> Dopo **diverso** ou **vario** tempo si è rifatto vivo.
> *Après pas mal de temps, il a donné de nouveau signe de vie.*

77 Identité et quantité : *certo, tale, taluni*

▸ Ces indéfinis ont un sens plutôt qualitatif au singulier, quantitatif au pluriel.

> certo (-a, -i, -e)   *certain*
> tale, tali   *tel(le), tel(le)s*
> taluni, talune   *certains, certaines*

▸ **Certo** est ordinairement précédé au singulier de l'article indéfini.

> Avevamo certe proprietà in campagna.
> *Nous avions certaines propriétés à la campagne.*
>
> Mi ha scritto un certo avvocato Bianchi.
> *Un certain maître Bianchi m'a écrit.*
>
> Luca mi ha mostrato un certo suo progetto.
> *Luca m'a montré un projet à lui.*

▸ **Tale** est généralement précédé au singulier de l'article indéfini. Il peut être placé après le nom.

> Non ho mai fatto una tale promessa.
> *Je n'ai jamais fait une telle promesse.*
>
> Bugie tali si smentiscono da sole.
> *Des mensonges pareils se démentent tout seuls.*
>
> Mi ha chiamato un tale avvocato Bianchi.
> *Un maître Bianchi m'a appelé.*

▸ **Taluni** est soutenu et exclusivement pluriel.

> Taluni scrittori moderni sono noiosi.
> *Certains écrivains modernes sont ennuyeux.*

LE GROUPE NOMINAL

78 Qualité indifférente : *qualche, qualunque, qualsiasi*

Uniquement adjectifs et invariables, ces indéfinis peuvent se combiner avec l'article.

qualche   quelques
qualunque n'importe quel(le)
qualsiasi   quel qu'il soit/quelle qu'elle soit

Qualche est toujours suivi du singulier, même lorsque le sens est pluriel.

La chiave sarà in qualche cassetto.
La clé doit être dans un tiroir. [valeur de singulier]

Trattieniti qualche giorno!
Reste quelques jours ! [quantité]

Sono gioielli di (un) qualche valore.
Ce sont des bijoux d'une certaine valeur.

Qualunque et **qualsiasi** se construisent avec le singulier. L'emploi avec article est légèrement emphatique, encore plus la postposition.

Se tu avessi una qualunque ou qualsiasi osservazione...
Si tu avais une quelconque observation...

Se tu avessi un'osservazione qualunque ou qualsiasi...
Si tu avais une observation quelle qu'elle soit...

REMARQUE Qualsisia est désuet, qualsivoglia soutenu et emphatique.

79 Identité et altérité : *altro, stesso, medesimo*

Ils indiquent la relation du nom avec un autre, généralement mentionné dans le contexte.

altro (-a, -i, -e)   *autre*
stesso (-a, -i, -e)   *même*
medesimo (-a, -i, -e) *même*

Altro indique une relation d'altérité.

Tornerò un altro giorno.
Je reviendrai un autre jour.

Gli altri giocatori hanno abbandonato.
Les autres joueurs ont abandonné.

▶ **Stesso** et **medesimo** sont synonymes et indiquent une relation d'identité.
Ils peuvent être placés après le nom, et combinés par emphase.

> Ripeteva sempre **la stessa** cosa.
> *Il répétait toujours la même chose.*

> Sono arrivati **il** giorno **medesimo**.
> *Ils sont arrivés le jour même.*

> Abbiamo **gli stessi medesimi** gusti.
> *Nous avons en tous points les mêmes goûts.*

LES ADJECTIFS INTERROGATIFS ET EXCLAMATIFS

80 Les adjectifs interrogatifs

Ils portent sur l'identité, la qualité ou la quantité d'un nom.

che	quel(s)/quelle(s)
quale, quali	quel(le), quel(le)s
quanto (-a, -i, -e)	combien de

> **Che** libri leggi?
> *Quels livres lis-tu ?*

> **Quale** birra preferisci?
> *Quelle bière préfères-tu ?*

> **Quanto** tempo ti fermerai?
> *Combien de temps vas-tu rester ?*

REMARQUE Che, invariable, tend à s'imposer en face de quale, car la nuance entre identité et qualité est mince.

81 Les adjectifs exclamatifs

Les adjectifs interrogatifs servent aussi d'exclamatifs.

> **Che/Quale** sfacciataggine!
> *Quel culot !*

> **Che** bella (ragazza)!
> *Qu'elle est belle (cette fille) !*

> **Quanti** soldi!
> *Que d'argent !*

L'adjectif qualificatif

LES VALEURS DE L'ADJECTIF QUALIFICATIF

82 **L'adjectif et le nom : valeur logique**

L'adjectif (= « placé auprès ») définit logiquement le nom par rapport :
- à un **autre nom** : stradale *(routier)* = della strada *(de la route)*, italiano *(italien)* = dell'Italia *(de l'Italie)* ;
- au **trait commun d'un ensemble** sous-entendu : verde *(vert)* est le trait commun de tous les objets verts ;
- à une **norme** ou **moyenne** d'un tel ensemble : largo *(large)* est matériellement différent s'il s'agit d'une route (quelques mètres) ou d'un ruban (quelques centimètres) ;
- à une **action** ou **son résultat** : cortese *(poli)* renvoie à un ensemble de comportements ; buono *(bon)* renvoie à la qualité de comportement, comme dans un buon artigiano *(un habile artisan)*.

83 **L'adjectif dans la phrase : fonctions syntaxiques**

▶ La fonction d'**attribut** (c'est-à-dire **prédicat** d'une proposition) : l'adjectif est lié au nom par un verbe d'état (copule).

> La strada è larga.
> *La route est large.*

> Il fiume diventa torrenziale.
> *Le fleuve devient torrentiel.*

> Tuo fratello sembra felice.
> *Ton frère semble heureux.*

▶ La fonction d'**épithète** : l'adjectif fait corps avec le nom pour former un groupe qui se comporte comme le nom isolé.

> La casa si vede dalla strada. → La casa bianca si vede dalla strada.
> *La maison se voit de la route.* → *La maison blanche se voit de la route.*

ATTENTION En italien, *épithète* se dit attributo, et *attribut* predicato.

84 Les adjectifs qualificatifs à complément

▶ Certains adjectifs qualificatifs se construisent avec un **complément**, lorsqu'ils expriment une relation entre le nom auquel ils sont subordonnés et un autre nom.

La strada è **parallela al fiume**.
La route est parallèle au fleuve.

▶ **Les adjectifs relationnels « purs »**

• Leur complément est un nom.

parallelo a	parallèle à
analogo a	analogue à
simile a	semblable à
uguale a	égal à
identico a	identique à
diverso da	différent de
esterno a	extérieur à

• Les adjectifs relationnels « purs » peuvent s'employer sans complément dans les cas suivants seulement :

– avec un sujet pluriel (le sens est réciproque) ;

Le due strade sono parallele.
Les deux routes sont parallèles. [l'une à l'autre]

Le due soluzioni sono uguali/analoghe/diverse.
Les deux solutions sont égales/analogues/différentes.

– dans des phrases coordonnées, ou lorsque le contexte permet de reconstituer sans ambiguïté le sous-entendu.

Questo vestito è simile al mio, ma l'altro è diverso.
Ce vêtement est semblable au mien, mais l'autre est différent.

▶ **Les adjectifs « modaux »**

• Ils expriment la capacité, la volonté, la croyance.

capace di	capable de
incapace di	incapable de
sicuro di	sûr de
disposto a	disposé à
pronto a	prêt à

- Certains adjectifs modaux peuvent s'employer sans complément, d'autres non, sauf éventuellement en coordination.

> Nessuno è stato disposto ad aiutarmi.
> *Personne n'a été disposé à m'aider.*

Les participes présents ou passés

- Il s'agit :
  - de verbes qui indiquent une relation ;

dipendente da	dépendant de
composto di	composé de
convinto di	convaincu de
convertito a	converti à

  - de formes devenues indépendantes du verbe correspondant, qui peut avoir disparu.

ignorante di	ignorant de < ignorare (ignorer)
esperto di	expert en < esperire (expérimenter)
impotente a	impuissant à < Ø [potere (pouvoir)]
reticente a	réticent à < Ø [lat. RETICERE (taire)]
insofferente di	intolérant à < Ø [soff(e)rire (supporter)]

- Les participes présents et passés de verbes indiquant une relation s'emploient sans complément uniquement quand le sous-entendu est évident, notamment avec une valeur terminologique propre à une spécialité.

> « Sordomuto » è un aggettivo composto.
> *« Sourd-muet » est un adjectif composé.* [de deux adjectifs]

> La nostra amica si è convertita.
> *Notre amie s'est convertie.* [à une religion]

- Les participes présents et passés indépendants s'emploient sans complément s'ils peuvent être substantivés.

> La segretaria è esperta di informatica.
> *La secrétaire est experte en informatique.*

> Bisogna chiedere il parere di un esperto.
> *Il faut demander l'avis d'un expert.*

LES FORMES DE L'ADJECTIF QUALIFICATIF

85 **La formation de l'adjectif qualificatif**

On peut distinguer les adjectifs d'après leur formation.

▶ Les adjectifs **primaires**, c'est-à-dire sans aucune modification du radical : alto (*grand*), triste (*triste*), vecchio (*vieux*).

▶ Les adjectifs **dérivés**, c'est-à-dire formés sur un nom ou un verbe.
  artista (*artiste*) → artistico (*artistique*)
  durare (*durer*) → durevole (*durable*)

▶ Les adjectifs **composés**.
  agro + dolce (*aigre + doux*) → agrodolce (*aigre-doux*)
  per + bene (*par/pour + bien*) → perbene (*comme il faut*)

À la différence du français, les adjectifs composés italiens sont généralement écrits **en un seul mot** : sordomuto (*sourd-muet*), sacrosanto (*sacro-saint*).

---

86 **Les adjectifs variables**

▶ **Les adjectifs en -o/-i et -a/-e**

	SINGULIER	PLURIEL
MASCULIN	nuov-**o**	nuov-**i**
FÉMININ	nuov-**a**	nuov-**e**

REMARQUE Les adjectifs composés variables ne prennent la marque du pluriel qu'au second élément (→ 394-402).

  ragaz**zo** sordomu**to**   *garçon sourd-muet*
  ragaz**zi** sordomu**ti**   *garçons sourds-muets*
  ragaz**za** sordomu**ta**   *fille sourde-muette*
  ragaz**ze** sordomu**te**   *filles sourdes-muettes*

▶ **Les adjectifs en -e/-i**

	SINGULIER	PLURIEL
MASCULIN	fort-**e**	fort-**i**
FÉMININ		

▶ **Les adjectifs en** -ista

	SINGULIER	PLURIEL
MASCULIN	ego-**ista**	ego-**isti**
FÉMININ		ego-**iste**

Les adjectifs invariables

▶ **Pari** (pair) et **dispari** (impair)

un numero pari/dispari	un nombre pair/impair
i numeri pari/dispari	les nombres pairs/impairs
saltare a piè pari	sauter à pieds joints

▶ **Les adjectifs composés**

una donna dappoco	une femme de rien
uomini dappoco	des hommes de rien
gente perbene	des gens comme il faut
ragazze perbene	des filles comme il faut
dispositivi antifurto	des dispositifs anti-vol

▶ **Formations diverses**

carne arrosto	de la viande rôtie
salsicce arrosto	des saucisses rôties
gli anni avvenire	les années à venir

Les adjectifs de couleur

▶ Ils sont normalement variables et s'accordent au nom.

giallo (-a, -i, -e)	jaune
verde (-i)	vert/verte

▶ Un certain nombre sont des noms devenus adjectifs et sous-entendent
couleur de : rosa = color di rosa (rose = couleur de rose). Ils sont invariables.

un cappello marrone	un chapeau marron
cappelli marrone	des chapeaux marron

REMARQUE Ces noms-adjectifs ont généralement des synonymes dérivés variables.

rosa → roseo	rose
cenere → cenerino	cendré
viola → violaceo, violetto	violet

▶ Comme en français, un adjectif variable de couleur, associé à un autre qui qualifie et précise la couleur de référence, ne prend pas de marque.

	rosso scuro
un abito/abiti	rouge sombre
un habit/des habits	azzurro pallido
una gonna/gonne	bleu pâle
une jupe/des jupes	verde bottiglia
	vert bouteille

89 Prononciations et graphies particulières

Certaines finales déterminent des formes particulières.

▶ **Finale -co/-ca** d'adjectifs accentués sur l'avant-dernière syllabe : pluriel **-chi/-che**.

bianco (blanc) → bianchi

bianca (blanche) → bianche

ATTENTION Font exception les pluriels amici (amis), nemici (ennemis), greci (grecs) et belgi (belges).

▶ **Finale -co/-ca** d'adjectifs accentués sur l'antépénultième : pluriel **-ci/-che**.

comico (comique, masculin) → comici

comica (comique, féminin) → comiche

ATTENTION Font exception les pluriels carichi (chargés), dimentichi (oublieux), intrinsechi ou intrinseci (intrinsèques), estrinsechi ou estrinseci (extrinsèques).

▶ **Finale -go/-ga** : pluriel **-ghi/-ghe**.

vago (vague, masculin) → vaghi

vaga (vague, féminin) → vaghe

analogo (analogue, masculin) → analoghi

analoga (analogue, féminin) → analoghe

ATTENTION Les adjectifs masculins sdruccioli en **-fago** ont le pluriel en **-fagi** : popoli antropofagi (des peuples anthropophages).

Finale -io/-ia atone : pluriel **-i/-ie**.

va̲rio (*varié*) → va̲ri

va̲ria (*variée*) → va̲rie

Finale -io/-ia avec /i/ **tonique** : pluriel **-ii/-ie**.

pi̲o (*pieux*) → pi̲i

pi̲a (*pieuse*) → pi̲e

Finales féminines -cia et **-gia atones** :

– pluriel en **-cie, -gie** après voyelle ;

su̲dicia (*sale*) → su̲dicie

fra̲dicia (*trempée*) → fra̲dicie

malva̲gia (*mauvaise*) → malva̲gie

REMARQUE randagia (*errante*) → randagie ou randage

– pluriel en **-ce, -ge** après consonne.

li̲scia (*lisse*) → li̲sce

sa̲ggia (*sage*) → sa̲gge

selva̲ggia (*sauvage*) → selva̲gge

90 *Bello, buono*

Placés avant le nom, ils varient selon l'initiale du mot suivant, **bello** comme le démonstratif quello et **buono** comme l'article indéfini uno.

	DEVANT CONSONNE		DEVANT VOYELLE
MASCULIN SINGULIER	bel	bello	bell'
MASCULIN PLURIEL	bei		begli
FÉMININ SINGULIER	bella		bell'
FÉMININ PLURIEL	belle		

	DEVANT CONSONNE		DEVANT VOYELLE
MASCULIN SINGULIER	buon	buono	buon
MASCULIN PLURIEL	buoni		
FÉMININ SINGULIER	buona		buon'
FÉMININ PLURIEL	buone		

▶ En fonction d'**attribut**, placés **après le nom**, ou **séparés** de celui-ci, ces adjectifs ont leur forme pleine.

> Questi guanti sono belli.
> *Ces gants sont beaux.*
>
> Ho messo il vestito buono/i vestiti buoni.
> *J'ai mis mon bel habit/mes beaux habits.*
>
> Belli, i libri che possiedi.
> *Ils sont beaux, les livres que tu possèdes.*

91 *Grande, santo*

▶ **Grande** présente facultativement les formes **grand'** (devant voyelle) et **gran** (devant consonne sauf **s** + consonne, gn, ps, x et z). Les formes tronquées sont plutôt emphatiques et peuvent avoir valeur adverbiale.

> Ecco davvero un grand'artista.
> *Voilà vraiment un grand artiste.*
>
> Questi due sono dei gran farabutti.
> *Ces deux-là sont de sacrées fripouilles.*
>
> È una gran bella donna.
> *C'est une bien belle femme.*

▶ **Santo**, devant un nom propre, est tronqué en **Sant'** (devant voyelle) et au masculin en **San** (devant consonne sauf s + consonne, gn, ps, x et z).

Sant'Antonio	*Saint Antoine*
San Carlo	*Saint Charles*
Santo Stefano	*Saint Étienne*
Sant'Orsola	*Sainte Ursule*
Santa Teresa	*Sainte Thérèse*
Santa Stefania	*Sainte Stéphanie*

Dans les autres cas, il garde sa forme pleine, et d'ailleurs est souvent placé après le nom.

il Santo Sepolcro	*le Saint-Sépulcre*
il Santo Padre	*le Saint-Père*
lo Spirito Santo	*le Saint-Esprit*
i luoghi santi	*les lieux saints*

LE GROUPE NOMINAL

L'accord de l'adjectif qualificatif

▶ L'adjectif qualificatif s'accorde **en genre et en nombre** avec le nom qu'il qualifie.

un buon consiglio	→	buoni consigli
un bon conseil		de bons conseils
una bella casa	→	belle case
une belle maison		de belles maisons

▶ Avec des noms de genres différents, l'accord de l'adjectif qualificatif dépend de la fonction de ce dernier.

• En fonction d'**attribut**, l'adjectif est au masculin pluriel.

Il cappotto e la giacca sono neri.
Le manteau et la veste sont noirs.

Laura e Pietro sembrano stanchi.
Laura et Pietro semblent fatigués.

• En fonction d'**épithète**, l'adjectif peut être au masculin pluriel ou s'accorder au nom le plus proche. Comparez :

Ho comprato guanti e scarpe neri.
J'ai acheté des gants et des chaussures noirs.

Ho comprato guanti, e scarpe nere.
J'ai acheté des gants, et des chaussures noires.

LES EMPLOIS DE L'ADJECTIF QUALIFICATIF

Place et signification de l'adjectif épithète

Comme en français, la place de l'épithète par rapport au nom n'est pas rigoureusement réglée par la grammaire, mais n'est pas non plus indifférente.

L'épithète avant ou après le nom

▶ Certains adjectifs épithètes peuvent se placer avant ou après le nom.

• Placé **avant le nom**, l'adjectif a une valeur **descriptive** qui peut être subjective.

Diego si è comprato una nuova macchina.
Diego s'est acheté une nouvelle voiture.

- Placé **après le nom,** l'adjectif a une valeur **distinctive** et **restrictive** (objective).

> Diego si è comprato una macchina nuova.
> *Diego s'est acheté une voiture neuve.*

▶ Voici d'autres adjectifs qui, comme nuovo, ont **deux sens distincts** selon leur place.

un tipo curioso	≠	un curioso tipo
un individu curieux		*un curieux bonhomme*
una domanda semplice	≠	una semplice domanda
une question simple		*une simple question*
il nome proprio	≠	il proprio nome
le nom propre		*son propre nom*
un uomo grande	≠	un grand'uomo
un homme grand		*un grand homme*
un ragazzo povero	≠	un povero ragazzo
un garçon pauvre		*un malheureux garçon*

▶ ATTENTION En italien, l'épithète se place plus aisément qu'en français avant le nom, notamment avec une valeur emphatique.

> l'ironia pirandelliana   *l'ironie de Pirandello*
>
> con pirandelliana ironia   *avec une ironie digne de Pirandello*

94 ## L'épithète après le nom

Voici les adjectifs à valeur principalement distinctive/restrictive, qui se placent **exclusivement ou de préférence** après le nom.

▶ Adjectifs indiquant des **propriétés objectives** (matière, forme, couleur).

> un terreno sabbioso   *un terrain sablonneux*
>
> una piastrella rettangolare *une dalle rectangulaire*
>
> un maglione giallo   *un pull jaune*

▶ Adjectifs **dérivés** indiquant une **appartenance** ou une **relation.**

> un pizzaiolo napoletano   *un marchand de pizzas napolitain*
>
> il partito socialista   *le parti socialiste*
>
> la rete ferroviaria   *le réseau ferroviaire*

▶ **Participes présents** ou **passés** en fonction adjectivale.

> un cibo nutriente   *un mets nourrissant*
>
> una sedia rotta   *une chaise cassée*

LE GROUPE NOMINAL

Adjectifs **altérés** (par un diminutif, un affectif, un péjoratif, un superlatif).

una ragazza bellina	*une fille plutôt jolie*
un bimbo grassoccio	*un enfant grassouillet*
un tipo curiosissimo	*un très curieux individu*

Adjectifs **suivis d'une expansion**, ou **modifiés par un adverbe**.

un terreno adatto alle colture	*un terrain cultivable*
una vicenda molto triste	*une affaire très triste*

95 L'épithète avant le nom

Le style de la communication (titres de journaux, slogans publicitaires) a produit des **expressions stéréotypées** épithète + nom.

Secca smentita delle autorità.
Démenti tranchant des autorités.

I sindacati elevano una vibrata protesta.
Les syndicats élèvent une vigoureuse protestation.

96 Suite d'adjectifs épithètes

Si plusieurs adjectifs sont **coordonnés**, ils se placent après le nom.

un bel libro	+	un libro interessante
un beau livre		un livre intéressant

un libro bello e interessante
un livre beau et intéressant

Si plusieurs adjectifs sont **juxtaposés sans conjonction**, ils se placent avant le nom.

Abbiamo fatto un lungo, noioso, scomodo viaggio.
Nous avons fait un voyage long, ennuyeux et inconfortable.

Lorsque deux adjectifs **entourent le nom**, le premier est général et le second spécifique.

L'Italia è uscita da una lunga crisi economica.
L'Italie est sortie d'une longue crise économique.

La mortadella è un tipico prodotto italiano.
La mortadelle est un produit italien typique.

Les changements de fonction syntaxique

97 ## Adjectifs à valeur de nom

▶ L'adjectif peut fonctionner comme nom : il est employé seul avec un déterminant et sous-entend un substantif conventionnel.

Dobbiamo aiutare i poveri. *Nous devons aider les pauvres.*

Il giallo è di moda. *Le jaune est à la mode.*

▶ Beaucoup d'adjectifs sont substantivés avec un nom-support sous-entendu.

il caffè espresso → l'espresso	*l'expresso*
il treno espresso → l'espresso	*l'express*
il treno locale → il locale	*l'omnibus*
il giornale quotidiano → il quotidiano	*le quotidien*
la polizia stradale → la Stradale	*la police routière*
l'Onorevole parlamentare → l'Onorevole	*le député*

98 ## Adjectifs à valeur d'adverbe

Limité en français, l'emploi de l'adjectif avec valeur d'adverbe est plus courant en italien.

Bisogna parlargli chiaro. *Il faut lui parler clair.*

Avete visto giusto. *Vous avez vu juste.*

Correva trafelato. *Il courait en haletant.*

99 ## Adjectifs altérés

L'adjectif qualificatif peut être modifié par un **infixe** (diminutif, mélioratif, péjoratif). Ces emplois coïncident la plupart du temps avec la nominalisation.

furbo	→	un furbacchione
malin		*un gros malin*
sfrontato	→	uno sfrontatello
effronté		*un fichu petit effronté*
vecchia	→	una vecchietta
vieille		*une petite vieille*

→ L'infixation 384-393.

LES DEGRÉS DE QUALIFICATION DE L'ADJECTIF

100 **Définitions des degrés de qualification de l'adjectif**

L'adjectif admet trois degrés dans la possession d'une qualité.

▶ Le degré **positif** indique seulement l'existence de la qualité.

> Il lago è profondo.
> *Le lac est profond.*

▶ Le **comparatif** établit une distinction entre possesseurs de la qualité ou entre qualités possédées.

> Pietro è più/meno alto di Luca.
> *Pietro est plus/moins grand que Luca.*

> Quest'allievo è più laborioso che intelligente.
> *Cet élève est plus travailleur qu'intelligent.*

▶ Le **superlatif** indique le plus haut degré de possession d'une qualité :
– par rapport à d'autres possesseurs (superlatif relatif) ;

> Pietro è il più alto di noi.
> *Pietro est le plus grand d'entre nous.*

– par rapport à la moyenne des possesseurs (superlatif absolu).

> Pietro è altissimo.
> *Pietro est très grand.* [plus grand que la moyenne]

Le comparatif

101 **Le comparatif de supériorité et d'infériorité**

▶ La supériorité et l'infériorité s'expriment respectivement par **più** (*plus*) et **meno** (*moins*), qui précèdent **le premier terme** de la comparaison.

▶ L'élément introduisant **le second terme** (*que* en français) dépend du type de comparaison.

● Le second terme est introduit par **di** si l'on compare deux possesseurs d'une **même qualité**.

> Giorgio è **più** cortese **di** Paolo.
> *Giorgio est plus poli que Paolo.*

> Milano è **meno** estesa **di** Parigi.
> *Milan est moins étendu que Paris.*

- Le second terme est introduit par **che** :
- si l'on compare **deux qualités** possédées à des degrés différents par **un même être** ;

> Questa casa è **più/meno** lussuosa **che** comoda.
> *Cette maison est plus/moins luxueuse que confortable.*

- s'il s'agit d'un **nom** employé en fonction d'**attribut** (prédicat) ;

> Michelangelo era **più** scultore **che** pittore.
> *Michel-Ange était plus sculpteur que peintre.*

- si le comparatif est précisé par un **nom à valeur circonstancielle**, avec ou sans préposition.

> L'espresso è **più** buono in questo bar **che** nell'altro.
> *L'expresso est meilleur dans ce bar que dans l'autre.*

> Sono **meno** sovraffaticato quest'anno **che** l'anno scorso.
> *Je suis moins surmené cette année que l'an passé.*

102 Le comparatif d'égalité

▶ Deux constructions sont possibles pour dire que deux possesseurs ont la même qualité ou que deux qualités appartiennent au même possesseur.

▶ La construction **così... come** est la plus générale, et ordinairement préférable : così est souvent effacé, sauf dans les formes d'insistance, les formulations négatives et lorsque deux qualités sont comparées.

> Laura è (così) simpatica come sua sorella.
> *Laura est aussi sympathique que sa sœur.*

> Roberto non è così simpatico come Sandro.
> *Roberto n'est pas aussi sympathique que Sandro.*

▶ Les constructions **altrettanto... quanto** ou **tanto... quanto** sont préférables lorsqu'on compare deux qualités, notamment si la qualité est considérée comme mesurable : altrettanto et tanto sont couramment effacés.

> L'Italia è **(tanto)** ricca **quanto** la Francia.
> *L'Italie est (tout) aussi riche que la France.*

> L'Italia è **altrettanto** ricca **quanto** la Francia.
> *L'Italie est bien aussi riche que la France.*

La présence de tanto est légèrement emphatique, et plus encore celle de altrettanto.

REMARQUE D'autres constructions sont employées quand les termes comparés sont des propositions entières (➜ 496-497).

Le superlatif

Le superlatif relatif

▶ Il s'exprime par **il più...**, **il meno...**, suivi d'un partitif (**di**, **del**, etc.) ou d'une proposition explicative.

> Firenze è **la più** famosa città **della** Toscana.
> *Florence est la plus célèbre ville de Toscane.*

> Il portiere è **il meno** bravo **della** squadra.
> *Le goal est le joueur le moins bon de l'équipe.*

> È **la più** strana storia **ch'io** abbia sentito.
> *C'est l'histoire la plus bizarre que j'aie entendue.*

▶ ATTENTION À la différence du français, si le superlatif relatif est placé après le nom, **l'article n'est pas repris**.

> È **la** conferenza **più** noiosa a cui io abbia assistito.
> *C'est la conférence la plus ennuyeuse à laquelle j'aie assisté.*

> È l'argomento **meno** convincente di tutti.
> *C'est l'argument le moins convaincant de tous.*

Le superlatif absolu

Littéralement « détaché », « libéré », il ne repose que sur une comparaison implicite (la totalité des possesseurs, la moyenne de la qualité).

▶ La façon la plus courante, et pratiquement toujours possible, de former le superlatif absolu est **l'adjonction du suffixe -issimo**, qui fait tomber la voyelle finale de l'adjectif d'origine : bellissimo (*très beau*), onestissimo (*parfaitement honnête*), sporchissimo (*extrêmement sale*), evidentissimo (*tout à fait évident*).

REMARQUES

- Le suffixe -issimo s'applique parfois à des **noms** : il campionissimo (*le superchampion*). Cette formation, exceptionnelle et emphatique, doit être évitée, à moins qu'elle ne soit attestée (par exemple dans le langage médiatique).

- Le suffixe -issimo peut aussi s'appliquer aux indéfinis **tanto, nessuno, poco, molto**.

> Ha letto tantissimi libri.
> *Il/Elle a lu énormément de livres.*

> Non lo farebbe per nessunissima ragione.
> *Il/Elle ne le ferait pour rien au monde.*

▶ Le superlatif absolu peut être formulé par l'emploi d'un **adverbe** ; les principaux sont **molto** (très) et **assai** (fort).

> È uno scapolo molto simpatico e assai ricco.
> *C'est un célibataire très sympathique et fort riche.*

D'autres sont aussi employés, comme decisamente (*résolument*), oltremodo (*outre mesure*).

▶ Le superlatif absolu peut être formé au moyen d'un **préfixe** ; les principaux sont **stra-**, **sopra-** ou **sovra-** (avec redoublement de la consonne initiale de l'adjectif), **super-**, **iper-**, **arci-**.

> la stragrande maggioranza   *l'écrasante majorité*
> una qualità sopraffina   *une qualité surfine*
> ricchezze sovrabbondanti   *des richesses surabondantes*
> un'allieva superintelligente   *une élève super-intelligente*
> un volontario ipermotivato   *un volontaire hyper-motivé*
> un autore arcinoto   *un auteur archiconnu*

ATTENTION Alors qu'en français certains de ces superlatifs composés s'écrivent avec un trait d'union, ils s'écrivent **toujours en un seul mot** en italien.

▶ Le superlatif peut aussi être exprimé par le **redoublement** de l'adjectif, notamment si celui-ci qualifie une attitude ou une particularité physique.

> Se ne è andato mogio mogio.
> *Il est parti tout penaud.*

> Pinocchio aveva un naso lungo lungo.
> *Pinocchio avait un nez long comme un jour sans pain.*

> Se ne stava zitto zitto.
> *Il était tout silencieux.*

> Era un vecchietto asciutto asciutto.
> *C'était un petit vieux sec comme un coup de trique.*

ATTENTION Cet emploi est soit semi-figé, soit régional ; il convient de ne pas trop s'y risquer.

Formes particulières de comparatifs et de superlatifs

Comparatifs et superlatifs étymologiques

Quatre adjectifs présentent des formes directement **héritées du latin.**

POSITIF	COMP. DE SUPÉRIORITÉ	SUPERLATIF RELATIF	SUPERLATIF ABSOLU
buono bon	migliore meilleur	il migliore le meilleur	ottimo excellent
cattivo mauvais	peggiore pire	il peggiore le pire	pessimo exécrable
grande grand	maggiore plus grand	il maggiore le plus grand	massimo très grand
piccolo petit	minore plus petit	il minore le plus petit	minimo tout petit

REMARQUES
- Tous admettent au comparatif et au superlatif la forme **(il) più...** et au superlatif absolu la forme **-issimo**, sans différence de sens ; la forme étymologique appartient à un registre plus soutenu.
- (Il) più buono est emphatique par rapport à (il) migliore.

> Il caffè è più buono in questo bar.
> *Le café est bien meilleur dans ce bar.*
>
> È il caffè più buono che io abbia mai bevuto.
> *C'est vraiment le meilleur café que j'aie jamais bu.*

Un petit nombre de **superlatifs** ont une forme directement **dérivée du latin** ; ils appartiennent à un registre soutenu et sont d'un usage plutôt rare.

- Adjectifs en **-re, -ro** (lat. -ER, -(E)RUM) :

> acre (*diligent*) → acerrimo
> aspro (*âpre*) → asperrimo
> celebre (*célèbre*) → celeberrimo
> integro (*intègre*) → integerrimo
> misero (*misérable*) → miserrimo
> salubre (*salubre*) → saluberrimo

REMARQUE Les superlatifs asprissimo, miserissimo et salubrissimo sont possibles.

- Adjectifs en **-dico**, **-fico**, **-volo** :

  maledico *(médisant)* → maledicentissimo
  benefico *(bénéfique)* → beneficentissimo
  munifico *(munificent)* → munificentissimo
  benevolo *(bienveillant)* → benevolentissimo
  malevolo *(malveillant)* → malevolentissimo

106 Comparatifs et superlatifs dérivés de prépositions

▶ Dans les cas suivants, le degré positif a disparu.

COMPARATIF		SUPERLATIF	
anteriore	antérieur	–	
inferiore	inférieur	infimo	infime
–		prossimo	(le plus) proche
posteriore	postérieur	postremo, postumo	tout dernier
superiore	supérieur	supremo	suprême
ulteriore	ultérieur	ultimo	ultime

▶ Dans les cas suivants, les degrés positif, comparatif et superlatif ne sont plus sentis comme étant liés. Le degré positif a plutôt le sens spatial concret.

POSITIF		COMPARATIF		SUPERLATIF	
esterno	externe	esteriore	extérieur	estremo	extrême
interno	interne	interiore	intérieur	intimo	intime

la comunicazione interna la communication interne
la vita interiore la vie intérieure

REMARQUE Dans l'expression figée **intimo convincimento** *(intime conviction)*, le sens « le plus profond » perdure.

Les substituts
du groupe nominal

Lorsque le locuteur reprend un groupe nominal déjà formulé, il ne le répète généralement pas, sauf pour être emphatique, et utilise des termes de substitution, que l'on nomme **pronoms**. Tous les éléments du groupe nominal examinés jusqu'ici, le nom lui-même, les déterminants et l'adjectif, peuvent être ainsi pronominalisés : leurs formes subissent alors des modifications variables.

LES PRONOMS PERSONNELS

107 Notions de base

▶ Le nom, lorsqu'il n'est pas répété, peut être repris par un pronom personnel.

▶ Les pronoms personnels de la **3e personne** portent les mêmes marques que le nom, en genre et en nombre. En outre, ils varient de forme selon la fonction syntaxique : sujet, complément direct et indirect, attribut (prédicat), complément de nom, construction à valeur circonstancielle ; la **1re** et la **2e personnes** ne prennent pas la marque de genre.

Les pronoms personnels sujets

108 Les formes des pronoms personnels sujets

		SINGULIER	PLURIEL
1re personne		io	noi
2e personne		tu	voi
3e personne	**masculin**	egli, lui, esso	loro, essi
	féminin	ella, lei, essa	loro, esse

Ella est désormais désuet. Esso (-a, -i, -e), qui servait pour les animaux et les choses, est en régression.

Ho un computer nuovo, con lui lavoro meglio.
J'ai un ordinateur neuf, avec lui je travaille mieux.

109 Emplois des pronoms personnels sujets

En italien, l'usage du pronom personnel sujet est beaucoup plus réduit qu'en français, car la morphologie du verbe est plus explicite : *parlo* (*je parle*), *cantavate* (*vous chantiez*) se suffisent sans pronom sujet.

L'emploi du pronom personnel sujet est donc variablement **emphatique**. Il se trouve dans des phrases qui contiennent potentiellement une opposition.

> Le ho guardate, e loro si sono messe a r_idere.
> *Je les ai regardées, et elles se sont mises à rire.*

L'emphase est marquée :

– par l'emploi du pronom sujet, éventuellement suivi d'une pause ;

> Io voglio ou Io, voglio un risarcimento.
> *Moi, je veux un dédommagement.*

> Voi mi dovete ascoltare.
> *Vous, il faut que vous m'écoutiez.*

> Lui non ha voluto saperne.
> *Lui, il n'a rien voulu savoir.*

> Lei, non si è fatta vedere.
> *Quant à elle, elle ne s'est pas montrée.*

– par **l'inversion** du verbe et du sujet.

> Comando io.
> *C'est moi qui commande.*

> Vedi tu quel che c'è da fare.
> *À toi de voir ce qu'il y a à faire.*

> Quando parlava lui, tutti gli altri tac_evano.
> *Lorsque c'était lui qui parlait, tous les autres se taisaient.*

> Veniamo noi a dare una mano.
> *C'est nous qui venons donner un coup de main.*

> ✖ Lorsque le pronom sujet de la 1re personne est coordonné avec un nom ou un autre pronom (ce dernier à la forme de complément tonique), il est ordinairement placé en première position.
>
> > Io e Stefano non siamo dello stesso parere.
> > *Stefano et moi ne sommes pas du même avis.*
> >
> > Io e te/Io e lui ci stimiamo.
> > *Toi et moi/Lui et moi nous nous estimons.*

Les pronoms personnels compléments atones

110 ## Les formes des pronoms personnels compléments atones

			SINGULIER	PLURIEL
1re personne	COD et COI		mi	ci
2e personne			ti	vi
3e personne	COD	masculin	lo	li
		féminin	la	le
	COI	masculin	gli, ne	loro, gli, ne
		féminin	le, ne	

111 ## Emplois des pronoms personnels compléments atones

▶ En fonction de **complément d'objet direct**, ils précèdent le verbe conjugué.

> I colleghi mi hanno scelto per rappresentarli.
> *Mes collègues m'ont choisi pour les représenter.*

> Il direttore ci vuole vedere.
> *Le directeur veut nous voir.*

ATTENTION **Lo** et **la** peuvent s'élider respectivement devant o- et a-, s'il n'y a pas de risque d'ambiguïté ; li et le ne le peuvent pas.

> l'ascolto *je l'écoute* [lui ou elle]   lo ascolto *je l'écoute* [lui]
> li invito *je les invite* [eux]   le evito *je les évite* [elles]

▶ En fonction de **complément d'attribution** (sous-entendant « à »), ils précèdent le verbe conjugué sauf loro.

> Gli ha parlato.
> *Il/Elle lui a parlé.* [à lui]

> Vi concedo una pausa.
> *Je vous accorde une pause.*

ATTENTION Dans la langue parlée familière, loro, qui se place après le verbe, est couramment remplacé par gli, qui se place avant le verbe. Cet usage doit être évité dans la langue écrite.

> Il poliziotto disse **loro** ou **gli** disse di tornare a casa.
> *Le policier leur dit de rentrer chez eux.*

LE GROUPE NOMINAL

REMARQUE

- **Ne** peut s'employer normalement pour des **personnes**.

Ho litigato con Paolo perché ne disapprovo il comportamento.
Je me suis querellé avec Paolo parce je désapprouve son comportement.

Laura parla sempre di Francesco: ne è innamorata.
Laura parle toujours de Francesco : elle est amoureuse de lui.

- **Ne** est aussi **démonstratif neutre** (= de cela).

Ti presto questo cappotto, ma promettimi che ne avrai cura.
Je te prête ce manteau, mais promets-moi d'en prendre soin.

Les pronoms personnels compléments toniques

112 Les formes des pronoms personnels compléments toniques

		SINGULIER	PLURIEL
1ʳᵉ personne		me	noi
2ᵉ personne		te	voi
3ᵉ personne	**masculin**	lui, esso	loro, essi
	féminin	lei, essa	loro, esse

113 Emplois des pronoms personnels compléments toniques

▶ En fonction de **complément d'attribution** introduit par la **préposition a**.

Consegna questa lettera a lei.
Remets-lui cette lettre à elle. [et à nul autre]

▶ En fonction de **tout autre complément** introduit par une **préposition**.

Questo regalo è per te.
Ce cadeau est pour toi.

Arrivarono dopo di lui.
Ils arrivèrent après lui.

REMARQUE En fonction de complément indirect, les pronoms toniques des 3ᵉˢ personnes peuvent être remplacés par **sé**, sauf pour le pluriel réciproque, où on utilise toujours **loro**.

Si sono portati il cane con sé ou loro.
Ils ont pris leur chien avec eux.

Le ragazze scherzavano tra loro.
Les filles plaisantaient entre elles.

▶ En fonction de **complément d'objet direct**, avec valeur **emphatique**.

Tutti guard<u>a</u>vano lui.	≠	Tutti lo guard<u>a</u>vano.
Tous ne regardaient que lui.		Tous le regardaient.
Ascolta me!	≠	Asc<u>o</u>ltami!
Mais écoute-moi plutôt !		Écoute-moi !

▶ Tous les pronoms personnels compléments toniques sont **obligatoires** :

– dans les **phrases exclamatives** sans verbe ;

Fortunato te! Tu en as, de la chance !

Beata lei! La veinarde !

– quand le pronom est en fonction de **prédicat** ;

Sembra me. On dirait moi.

– après **come** et **quanto** ;

Come lei, sono molto deluso.
Comme elle, je suis très déçu.

Sono (altrettanto) lusingato quanto voi.
Je suis (vraiment) aussi flatté que vous.

– dans les constructions avec **participe** ou **gérondif**, quand le pronom désigne le sujet.

Partiti loro, ho ripreso il mio lavoro.
Après leur départ, j'ai repris mon travail.

La personne de politesse

114 *Lei, Ella, Loro, Voi*

▶ *Lei*

● La forme de politesse équivalente du vous français désignant une seule personne est ordinairement **Lei** (féminin singulier, sous-entendant quelque chose comme *votre seigneurie*), exprimé ou sous-entendu comme sujet. Le verbe est conjugué à la **troisième personne du singulier**.

Mi dica Lei se ho torto.
Dites-moi, vous, si j'ai tort.

La v<u>o</u>gliono al tel<u>e</u>fono.
On vous demande au téléphone.

• Le **pluriel** de Lei dépend du degré de formalité :

– **Loro** si le rapport est distant ;

> Vengano pure avanti Loro, signori.
> *Avancez-vous donc, messieurs.*

– **voi** si la relation est moins formelle.

> Voi mi direte, cari amici...
> *Vous me direz, chers amis...*

ATTENTION Les adjectifs et participes **s'accordent au genre de la personne**, et non rigoureusement avec le pronom.

> Lei, caro signore, è troppo **buono**.
> *Cher monsieur, vous êtes trop bon.*

> Lei si era **impegnato** a sottopormi il bilancio.
> *Vous vous étiez engagé à me soumettre le bilan.*

▶ *Ella*

• La forme **Ella** est plus cérémonieuse ; elle est réservée à des allocutions solennelles et à l'usage épistolaire officiel.

> Ella, signor giudice, conosce la situazione.
> *Monsieur le juge, vous connaissez la situation.*

• Le pluriel de ella est obligatoirement **loro**.

ATTENTION Les adjectifs et participes **s'accordent** alors rigoureusement **avec le pronom**, indépendamment du genre de la personne.

> Ella si era **impegnata** a concedermi un aumento di stipendio.
> *Vous vous étiez engagé(e) à m'accorder une augmentation de salaire.*

▶ *Voi*

• **Voi** comme forme de politesse est désuet, mais survit dans le centre et le sud de l'Italie : c'est un régionalisme.

• Il n'est plus employé que dans l'usage commercial comme pluriel impersonnel (avec majuscule).

> Siamo lieti di informarVi che intendiamo accettare la Vostra offerta.
> *Nous avons le plaisir de vous informer que nous avons l'intention d'accepter votre offre.*

REMARQUE À l'écrit, il est recommandable (mais non obligatoire) d'employer la graphie avec majuscule pour la personne de politesse Lei, Ella, Loro, Voi, afin d'éviter toute équivoque.

Les pronoms personnels réfléchis

115 Les formes des pronoms personnels réfléchis

		SINGULIER	PLURIEL
1re personne		mi	ci
2e personne		ti	vi
3e personne	**atone**	si	si
	tonique	sé	sé

116 Emplois des pronoms personnels réfléchis

▶ Les pronoms personnels réfléchis s'emploient :

– quand le sujet et le complément désignent le même être ;

> Mi sono vestito con cura per il ricevimento.
> *Je me suis habillé avec soin pour la réception.*

> Non si concede mai un momento di respiro.
> *Il/Elle ne s'accorde jamais un moment pour souffler.*

– dans les constructions explicitement ou implicitement réciproques.

> I congressisti si salutano.
> *Les congressistes se saluent.*

> I colleghi si scambiano gli auguri di Natale.
> *Les collègues échangent des vœux de joyeux Noël.*

▶ Le pronom réfléchi **sé** peut être utilisé à la place de si pour augmenter l'emphase du complément direct ou indirect.

> Marta parla sempre di sé e delle sue amiche.
> *Marta parle toujours d'elle-même et de ses amies.*

Emplois particuliers des pronoms personnels

117 Emplois particuliers du pronom complément *la*

▶ L'italien utilise couramment des expressions semi-figées avec le pronom complément **la** sans antécédent explicite.

Ces expressions correspondent à des **formules emphatiques** où le français emploie *en* ou *le, la*.

> finire di (*finir de*) → finirla di (*en finir de*)
> smettere di (*cesser de*) → smetterla di (*arrêter de*)
>
> Non la finiva di discorrere.
> *Il/Elle n'en finissait pas de pérorer.*
>
> Non la smetteva di lamentarsi.
> *Il/Elle n'arrêtait pas de se plaindre.*
>
> Me la pagherai cara.
> *Tu me le paieras cher.*
>
> Non me la fai.
> *Tu ne me la fais pas.*

Les expressions avec le pronom **la** sont souvent construites **avec un réfléchi à valeur intensive** (→ 162).

> | aversela a male | *le prendre mal* |
> |---|---|
> | filarsela | *filer en douce* |
> | godersela | *se la couler douce* |
> | prendersela | *prendre la mouche* |
> | saperla lunga | *en savoir long* |
> | sentirsela (di) | *avoir envie (de)* |
> | vedersela brutta | *être en mauvaise posture* |
>
> Non me la sentivo di dargli io la brutta notizia.
> *Je n'avais pas le courage de lui annoncer moi-même cette mauvaise nouvelle.*

→ Emplois divers de *ci* et *ne* 120.

118 ## Emplois particuliers des pronoms personnels réfléchis

Certains verbes, dits **pronominaux**, commandent l'emploi du réfléchi.

> | arrabbiarsi | *se fâcher* |
> |---|---|
> | incamminarsi | *s'acheminer* |
> | pentirsi | *se repentir* |
> | vergognarsi | *avoir honte* |

Le réfléchi **si** est une des façons de formuler un **sujet impersonnel** (→ 125).

LE GROUPE NOMINAL

Emplois particuliers de *ci*, *vi* et *ne*

▶ Ces formes sont d'origine adverbiale mais se sont spécialisées en fonction pronominale. Elles gardent leur **valeur adverbiale** d'origine avec les verbes de mouvement.

> **Ci** vado/**Vi** torno ogni settimana.
> *J'y vais/J'y retourne chaque semaine.*
> Ero in biblioteca e **ne** torno proprio ora.
> *J'étais à la bibliothèque, et j'en reviens à l'instant.*

REMARQUE Ci est fortement prédominant par rapport à vi.

▶ ATTENTION Outre leur valeur pronominale de 1re et 2e personnes du pluriel, **ci** et **vi** correspondent au français **y**.

> Cambiare mestiere? Non ci penso nemmeno.
> *Changer de métier ? Je n'y pense même pas.*

Emplois divers de *ci* et *ne*

▶ **Ci** (et non vi) est employé dans plusieurs expressions courantes, comme complément de verbes.

- **Entrarci** (*y être pour quelque chose, être concerné*).

> L'idraulico non c'entrava.
> *Le plombier n'y était pour rien.*
> E che c'entro io?
> *Qu'est-ce que j'ai à y voir, moi ?*

- **Starci** (*être d'accord, en être*).

> Vuoi scommettere? – Ci sto!
> *Tu veux parier ? – Chiche !*

- **Volerci** (*être nécessaire*).

> Per poterlo convincere, ci volevano argomenti migliori.
> *Pour le convaincre, il fallait de meilleurs arguments.*

- **Farcela** a (*réussir à, venir à bout de* + infinitif).

> Non ce l'ho fatta a raggiungerlo in tempo.
> *Je n'ai pas réussi à le rattraper à temps.*

ATTENTION Farcela ne peut pas se construire avec un nom ; dans ce cas il faut dire venire a capo di.

> Non sono venuto a capo di questo lavoro.
> *Je ne suis pas venu à bout de ce travail.*

▶ **Ci explétif** (inutile au sens) est couramment employé avec avere *(avoir)* dans la langue parlée.

Ti avrei prestato la mia bici, ma da ieri non ce l'ho più.
Je t'aurais prêté mon vélo, mais je ne l'ai plus depuis hier.

▶ Comme en français, **ne** figure dans de nombreuses expressions figées.

vederne di tutti i colori   *en voir de toutes les couleurs*

aversene a male   *le prendre mal*

Constructions particulières des pronoms personnels

L'enclise des pronoms personnels compléments

▶ Les pronoms compléments atones se placent généralement avant le verbe. Cependant, dans cinq cas, ils s'attachent à la fin de celui-ci, formant un seul mot et n'influençant pas la place de l'accent tonique ; ils sont alors dits **enclitiques**.

● À **l'infinitif**.

Bisogna comprargli uno zaino nuovo.
Il faut lui acheter un sac à dos neuf.

● Au **gérondif**.

Non vedendola arrivare, mi sono preoccupato.
Ne la voyant pas arriver, je me suis inquiété.

● Au **participe passé**.

La proposta fattami è inaccettabile.
La proposition qu'on m'a faite est inacceptable.

● À **l'impératif**.

Guardami! *Regarde-moi !*

● Au **présent de l'indicatif** ou **du subjonctif**, dans quelques formes figées, annonces publicitaires ou formules télégraphiques.

Affittasi camera. *Chambre à louer.*

Offresi donna di servizio. *Cherche heures de ménage.*

Vedasi sotto. *Voir/Voyez ci-dessous.*

122 **Les combinaisons de deux pronoms compléments**

Lorsque deux pronoms personnels atones se suivent, le premier subit une modification de forme.

PRONOM	SUIVI DE	DEVIENT
mi		me
ti		te
si		se
ci	lo, la, li, le, ne	ce
vi		ve
gli, le		glie-
si		se

Me lo disse subito.
Il/Elle me le dit tout de suite.

Ve ne parlo stasera.
Je vous en parle ce soir.

Se ne infischiano.
Ils/Elles s'en moquent.

Perché non vuoi di**rmelo**?
Pourquoi ne veux-tu pas me le dire ?

L'ho capito parl**andovene**.
Je l'ai compris en vous en parlant.

Perché infischia**rsene**?
Pourquoi s'en moquer ?

REMARQUE **Gli** devient **glie-** et s'attache au pronom suivant ; il s'emploie alors pour le singulier et pour le pluriel.

Ecco il cd che il tuo amico cercava. **Glielo** puoi dare?
Voici le CD que ton ami cherchait. Peux-tu le lui donner ?

Non se lo ricordano, eppure **gliene** avevo parlato.
Ils/Elles ne s'en souviennent pas, et pourtant je leur en avais parlé.

123 **Place des pronoms compléments avec les verbes suivis d'un infinitif**

Avec les verbes suivis d'un infinitif, et notamment potere (pouvoir), dovere (devoir), volere (vouloir), sapere (savoir), le pronom ou la suite de pronoms tend à se placer de préférence **avant le verbe conjugué**, comme en français classique.

Non **lo** poteva fare.
Il/Elle ne pouvait pas le faire.

Glielo dovevi dire.
Tu devais le lui/leur dire.

Non **ne** ha voluto sapere.
Il/Elle n'a rien voulu savoir.

Se tu **me lo** sapessi spiegare, te ne sarei grato.
Si tu pouvais me l'expliquer, je t'en serais reconnaissant.

▶ L'enclise des pronoms à l'infinitif est également correcte.

Non ho voluto parla**rgliene**.
Je n'ai pas voulu lui/leur en parler.

124 L'ordre dans les suites de pronoms compléments

▶ Lorsque plusieurs pronoms personnels atones sont combinés, l'ordre est le suivant :

DATIF	RÉFLÉCHI	ACCUSATIF	IMPERSONNEL	GÉNITIF/PARTITIF
mi, ti, gli, le, ci, vi	si	lo, la, li, le	si	ne

Te/Ve lo dico.
Je te/vous le dis.

Ve ne parlerò più tardi.
Je vous en parlerai plus tard.

Glielo si vede scritto in faccia.
On le voit écrit sur sa figure.

ATTENTION L'ordre de **si** et **lo** dépend de la valeur de **si**.

si réfléchi	si impersonnel
Se lo è mangiato tutto.	Lo si vede.
Il se l'est mangé en entier.	*On le voit.*

▶ Les suites de **plus de deux pronoms** sont peu naturelles, et plutôt que *me se ne parlò (on m'en a parlé)*, on préfère adopter une autre tournure : *me ne hanno parlato (litt. ils/elles m'en ont parlé).*

L'expression de l'impersonnel « on »

Le sujet impersonnel, couramment exprimé en français par on (qui inclut ou non le locuteur) et, dans la langue parlée, par ils (qui exclut le locuteur), est exprimé en italien par diverses constructions.

125 L'impersonnel « on » : la forme réfléchie *si*

▶ La forme réfléchie à **valeur passive** transforme le complément d'un verbe transitif en sujet.

VALEUR ACTIVE	VALEUR PASSIVE
Tutti servono la pizza calda.	La pizza si serve calda.
Tout le monde sert la pizza chaude.	*La pizza doit être servie chaude.*

▶ Pour distinguer le sens impersonnel du simple passif, l'ordre qui s'est imposé est l'inversion du verbe et du sujet réel.

SENS IMPERSONNEL	VALEUR PASSIVE
Si apre la porta per uscire.	La porta si apre da sola.
On ouvre la porte pour sortir.	*La porte s'ouvre toute seule.*

▶ L'usage de la forme réfléchie s'est étendu à des verbes transitifs à complément effacé [1], puis aux intransitifs [2] et aux verbes pronominaux [3] (dans ce cas, si + si devient **ci si**).

> Si mangia bene in questo ristorante.
> *On mange bien dans ce restaurant.* [1]

> Si vive bene in Italia.
> *On vit bien en Italie.* [2]

> Se ci si arrabbia si ha torto.
> *Si on se fâche, on a tort.* [3]

▶ La construction avec la forme réfléchie s'est étendue à des **phrases attributives**, où l'attribut est obligatoirement au pluriel.

> Quando si è **giovani**, ci si crede **furbi**.
> *Quand on est jeune, on se croit malin.*

▶ ATTENTION Si est donc devenu un équivalent de on. Il ressemble au sujet parce qu'il est en tête de phrase, mais **le sujet réel** est le nom qui **occupe la place du complément**. C'est avec lui que le verbe s'accorde.

> Si visita la città.
> *On visite la ville.*

> Si visitano i monumenti.
> *On visite les monuments.*

> Si dice che ci sarà presto un aumento delle tariffe postali.
> On dit qu'il va bientôt y avoir une augmentation des tarifs postaux.

L'usage, très fréquent en français parlé, de tournures comme il **s'est fait** voler sa voiture est impossible en italien, où le **factitif** a toujours sa pleine valeur (→ 216).

> Gli hanno rubato la macchina.
> On lui a volé sa voiture.

> Gli è stata rubata la macchina.
> Sa voiture lui a été volée.

126 ### L'impersonnel « on » : autres constructions

▶ Une autre façon d'exprimer l'impersonnel est, comme en français, la **1ʳᵉ personne du pluriel** (incluant le locuteur) ou la **3ᵉ personne du pluriel** (qui l'exclut).

> Vogliamo andare?
> On y va ?

> Hanno chiuso la galleria per due giorni.
> On a fermé le tunnel pendant deux jours.

▶ **Uno** s'emploie également, dans un registre plus soutenu.

> Quando uno perde tutto, si dispera.
> Quand on perd tout, on perd l'espoir.

▶ On emploie aussi, dans un registre parlé familier ou un registre écrit soutenu, la **2ᵉ personne du singulier**.

> Quando vedi tutti questi infelici, ti commuovi.
> Quand on voit tous ces malheureux, on est ému.

> Nel *Purgatorio*, leggi che...
> Dans le *Purgatoire* (de Dante), on lit que...

LES DÉTERMINANTS EN FONCTION DE PRONOMS

Tous les déterminants peuvent être employés sans nom support et remplacer l'ensemble du groupe nominal : on les appelle alors **pronoms** (démonstratifs, possessifs, numéraux, indéfinis, interrogatifs, exclamatifs). Le pronom peut avoir une forme différente de l'adjectif.

Les pronoms démonstratifs

127 Les pronoms démonstratifs *questo* et *quello*

▶ Comme pronoms, ils ont la même forme que les adjectifs démonstratifs, mais sans élision (→ 56).

Vorrei delle mele. Queste non mi piacciono; preferisco quelle.
Je voudrais des pommes. Celles-ci ne me plaisent pas ; je préfère celles-là.

▶ Comme **antécédent d'un relatif**, c'est quello qui est employé ; il peut être tronqué.

Quello ou Quel che dici è giustissimo.
Ce que tu dis est tout à fait juste.

128 Les pronoms démonstratifs désignant des êtres humains

Aux trois valeurs de l'adjectif démonstratif correspondent des pronoms réservés à la désignation des êtres humains.

▶ Les pronoms démonstratifs **questi** (celui-ci) et **quegli** (celui-là) ne s'emploient qu'au **masculin singulier** ; les féminins correspondants sont questa et quella.

Ugo e Paolo sono fratelli; ma questi è alto, quegli è basso.
Ugo et Paolo sont frères ; mais celui-ci est grand, celui-là est petit.

▶ Les pronoms démonstratifs **costui** (celui-là), **costei** (celle-là), **costoro** (ceux-là, pluriel commun) correspondent aux formes de l'adjectif démonstratif codesto. Ils ne peuvent pas être antécédents d'un relatif. Ils ont une valeur ordinairement péjorative.

Non mi parlare più di costui/di costei.
Ne me parle plus de ce type-là/de cette bonne femme.

Costoro mi danno ai nervi.
Ces gens-là me portent sur les nerfs.

▶ Les pronoms démonstratifs **colui** (celui-là), **colei** (celle-là), **coloro** (ceux-là, pluriel commun) correspondent aux formes de l'adjectif démonstratif quello. Ils peuvent être antécédents d'un relatif. Ils ont souvent valeur péjorative.

- Ils sont rarement utilisés isolés désormais.

> Che cosa vuole da me colui?
> Qu'est-ce qu'il me veut, celui-là ?

- Ils s'emploient plus souvent comme antécédents d'un relatif ; d'un registre soutenu, ils sont néanmoins supplantés par quello (-a, -i, -e).

> Il certificato verrà rilasciato a coloro ou quelli che ne faranno richiesta.
> Le certificat sera délivré à ceux qui en feront la demande.

▶ **Chi** (qui) est l'équivalent courant de quello (-a, -i, -e) che (humain) et colui/colei/coloro che. Le verbe qui suit est au **singulier**.

> Il certificato verrà rilasciato a **chi** ne **farà** richiesta.
> Le certificat sera délivré à qui en fera la demande.

129 Le pronom démonstratif neutre : *ciò*

▶ **Ciò** (cela, ça) est un pronom « neutre », équivalent de questo ou quello. Il ne peut pas être appliqué à des personnes.

> Ciò che dici è giusto.
> Ce que tu dis est juste.

▶ Comme **complément**, **ciò** peut être remplacé par les particules **ne** (en) (= di ciò), **ci** et **vi** (y) (= a ciò), et le pronom **lo** (le).

> Ciò li preoccupava: **ne** parlavano sempre.
> Cela les inquiétait : ils en parlaient continuellement.

> Tutto ciò mi fa schifo: non **ci** voglio nemmeno pensare.
> Tout ça me dégoûte ; je ne veux même pas y penser.

> Ciò va fatto, e **lo** farò subito.
> Ça doit être fait, et je vais le faire tout de suite.

◀ À la différence du français ça, qui est de l'usage parlé, ciò peut s'employer dans la langue écrite.

> Di ciò tratteremo nel prossimo capitolo.
> Nous traiterons ce point dans le prochain chapitre.

Les pronoms possessifs

130 Les formes du pronom possessif

Les formes du pronom possessif équivalent à celles de l'adjectif (→ 58).

> Se hai dimenticato il libro, puoi pr_endere **il mio**.
> Si tu as oublié ton livre, tu peux prendre le mien.

131 Le pronom possessif substantivé

Le possessif est employé dans des **constructions figées** (comme en français Dieu reconnaîtra **les siens**).

> Sal_utami **i tuoi**.
> Salue ta famille de ma part.

> Anch'io ho detto **la mia**.
> Moi aussi j'ai dit ce que j'avais à dire.

Les pronoms numéraux

132 Les formes des pronoms numéraux

Tous les pronoms numéraux, cardinaux et ordinaux, sont identiques aux adjectifs (→ 64, 67).

> **I primi** saranno serviti prima.
> Les premiers seront servis d'abord.

> **Gli ultimi** cinque sono stati eliminati.
> Les cinq derniers ont été éliminés.

> **I Mille** sbarc_arono in Sicilia.
> Les Mille (de Garibaldi) débarquèrent en Sicile.

133 Sens particuliers des pronoms ordinaux

Les **ordinaux** peuvent avoir un sens conventionnel ou précisé par le contexte.

> Innesta **la seconda**.
> Engage la seconde (vitesse).

> Abbiamo viaggiato in **seconda**.
> Nous avons voyagé en seconde (classe).

> La Filarm_onica ha suonato **la Seconda** di Beethoven.
> L'orchestre philharmonique a joué la Deuxième de Beethoven.

Les pronoms indéfinis

134 Les formes des pronoms indéfinis

▶ La plupart des pronoms indéfinis ont la même forme que les adjectifs
(→ 71-79).

> Sono venuti tutti.
> Tous sont venus.
>
> Non ci crede nessuno.
> Personne n'y croit.

REMARQUE Entre **entrambi, -e** et **ambedue**, qui ont le même sens comme adjectifs, on peut
choisir le premier comme pronom pour éviter une ambiguïté, car il est marqué en genre. Si
ce risque n'existe pas, les formes sont indifférentes.

> Ambedue erano dello stesso parere.
> Tous/Toutes deux étaient du même avis.
>
> Entrambe erano dello stesso parere.
> Toutes deux étaient du même avis.

▶ Certains indéfinis ne s'emploient que comme pronoms.

- **Ognuno** et **qualcuno** (pour des personnes), **qualcosa** (pour des choses)
  correspondent respectivement aux adjectifs indéfinis ogni et qualche.
  Qualcuno peut avoir un sens pluriel.

> Ognuno lo sa.
> Tout le monde le sait.
>
> Qualcuno se n'è accorto.
> Quelqu'un s'en est aperçu. ou Quelques-uns s'en sont aperçus.
>
> Dimmi qualcosa delle tue vacanze.
> Dis-moi quelque chose de tes vacances.

REMARQUE Qualcosa, la contraction de **qualche cosa**, peut avoir une valeur légèrement
emphatique.

> Ma dimmi qualche cosa!
> Mais enfin, dis-moi quelque chose !
>
> Ogni uomo deve credere in qualche cosa.
> Tout homme doit croire en quelque chose.

- **Certuni**, exclusivement masculin pluriel, désigne des personnes. Il est
  généralement péjoratif.

> Certuni sono pronti ad accettare tutti i compromessi.
> Certains sont prêts à accepter tous les compromis.

- **Uno**, **una** (*quelqu'un*).

> Ha telefonato uno che ti voleva.
> *Quelqu'un a téléphoné qui te demandait.*

> Di tutte le regioni, questa è una delle più belle.
> *De toutes les régions, c'est une des plus belles.*

- **Chi** est en réalité un relatif sans antécédent (→ 480), et s'emploie aussi en corrélation : **chi... chi...** (*l'un... l'autre..., tel... tel...*).

> Chi diceva una cosa, chi un'altra.
> *L'un disait une chose, l'autre une autre.*

- **Chiunque** (*n'importe qui*), invariable, se rapporte exclusivement à des personnes.

> Lo saprebbe fare chiunque.
> *N'importe qui saurait le faire.*

- **Chicchessia** (*qui que ce soit*), **checché**, **checchessia** (*quoi que ce soit*), **alcunché** (*quelque chose, rien*), invariables, sont d'un registre recherché, et leur sens est ordinairement exprimé sous d'autres formes.

> Non ha paura di chicchessia o di nessuno.
> *Il n'a peur de personne.*

> Checché ou Qualunque cosa tu ne dica, penso che tu abbia torto.
> *Quoi que tu en dises, je pense que tu as tort.*

> Sono disposto ad accettare checchessia o qualunque cosa.
> *Je suis prêt à accepter n'importe quoi.*

- **Niente** et **nulla** (*rien*), invariables et équivalents, ne sont que pronoms. S'ils sont en tête de phrase, la construction est affirmative.

> Non vedo niente o nulla.
> *Je ne vois rien.*

> Niente ou Nulla lo spaventa.
> *Rien ne l'effraie.*

- **Altri** (*quelqu'un d'autre*), exclusivement masculin singulier, ne s'emploie que pour des personnes. Il est peu employé dans la langue parlée.

> Altri avrebbe potuto rimproverargli i suoi errori.
> *Quelqu'un d'autre aurait pu lui reprocher ses erreurs.*

Les pronoms interrogatifs et exclamatifs

135 Les pronoms interrogatifs

▶ Les pronoms interrogatifs suivants, sauf chi, correspondent aux adjectifs.

IDENTITÉ	QUALITÉ	QUANTITÉ
chi	quale, quali	quanto (-a, -i, -e)
qui [humain]	lequel/laquelle, lesquel(le)s	combien de
che		
que, quoi [non humain]		

> **Che** vuoi? *Que veux-tu ?*
>
> **Quale** vuoi di queste foto? *Laquelle veux-tu de ces photos ?*
>
> **Chi** è cost<u>u</u>i? *Qui c'est, celui-là ?*
>
> **Quanto** vuoi? *Tu veux combien ?*

REMARQUE **Che** définit une **identité absolue**. **Quale** définit une identité **par rapport à un ensemble** qui peut être précisé.

▶ Des conjonctions de subordination (→ 450-497) peuvent être employées comme pronoms interrogatifs, et portent sur l'ensemble d'une proposition : come (comment), quando (quand), dove (où), perché (pourquoi).

> **Come** pensi di aggiustare la doccia?
> *Comment penses-tu réparer la douche ?*
>
> **Dove** andrai per le vacanze? **Quando** partir<u>a</u>i?
> *Où iras-tu pour les vacances ? Quand partiras-tu ?*
>
> **Perché** non mi rispondi?
> *Pourquoi ne me réponds-tu pas ?*

136 Les pronoms exclamatifs

Ils ont les mêmes formes que les pronoms interrogatifs.

> To', **chi** si vede!
> *Tiens, qui voilà !*
>
> Ma **che** mi dici!
> *Que me dis-tu là !*
>
> **Quanto** costa, questa giacca!
> *Que c'est cher, cette veste !*

REMARQUE Quale ne s'emploie pas comme **pronom exclamatif**.

LES PRONOMS RELATIFS

Le pronom relatif remplace le **sujet** ou un **complément** d'une proposition dite **relative**, **enchâssée** dans une autre.

> vedo l'uomo + l'uomo è vecchio
> → L'uomo **che vedo** è vecchio.

> je vois l'homme + l'homme est vieux
> → L'homme **que je vois** est vieux.

137 Les formes des pronoms relatifs

SUJET	OBJET DIRECT	COMPLÉMENT D'ATTRIBUTION	OBJET INDIRECT
chi	chi	a chi	préposition + chi
che	che	cui	préposition + cui
il quale	il quale	al quale	préposition + il quale

▶ **Chi**, **che** et **cui** sont **invariables**.

▶ **Il quale** est marqué en **genre et nombre**.

	MASCULIN SINGULIER	FÉMININ SINGULIER	MASCULIN PLURIEL	FÉMININ PLURIEL
SUJET/ OBJET DIRECT	il quale	la quale	i quali	le quali
OBJET INDIRECT	del quale sul quale	della quale sulla quale	dei quali sui quali	delle quali sulle quali

138 Emplois des pronoms relatifs

▶ **Chi** est un **relatif sans antécédent**, qui s'emploie dans les propositions relatives du même nom (→ 480).

> Chi rompe paga.
> Qui casse les verres les paie.

> Invidio chi possiede questa macchina.
> J'envie celui qui possède cette voiture.

▶ **Che** est le relatif le plus employé dans les fonctions de **sujet** (qui) et de **complément d'objet direct** (que).

> L'autista che lo ha investito ha preso la fuga.
> Le chauffeur qui l'a renversé a pris la fuite.

> Il romanzo che leggo è avvincente.
> Le roman que je lis est captivant.

▶ **Cui** ne peut être employé que comme **complément indirect**.

• Comme complément d'attribution (datif), il peut être employé **avec ou sans la préposition a**.

> Il ragazzo **(a) cui** scrivo è francese.
> *Le garçon à qui j'écris est français.*

REMARQUE L'emploi sans préposition, calqué sur le datif latin, est d'un registre plus soutenu.

• Dans les autres cas, **cui** est **précédé d'une préposition** qui précise la valeur du complément.

> Voglio conoscere gli amici **con cui** esci e **di cui** mi hai parlato.
> *Je veux connaître les amis avec qui tu sors et dont tu m'as parlé.*

> Non mi ha pagato, ragion **per cui** abbiamo litigato.
> *Il ne m'a pas payé, raison pour laquelle nous nous sommes disputés.*

▶ **Chi** ou **cui**?

Il ne faut pas confondre **cui**, toujours **complément indirect**, et **chi**, **sujet sans antécédent** ou **interrogatif**.

> L'amico **a cui** ho scritto vive all'estero.
> *L'ami à qui j'ai écrit vit à l'étranger.*

> Lo darò **a chi** me lo chiederà.
> *Je le donnerai à (celui) qui me le demandera.* [sujet]

> Dimmi **a chi** lo darai.
> *Dis-moi à qui tu le donneras.* [interrogatif]

▶ **Che** ou **cui** ?

• **Che** est couramment employé à la place du complément circonstanciel de temps **in cui**, surtout à l'oral.

> Il giorno **che** l'ho incontrato...
> *Le jour où je l'ai rencontré...*

• ATTENTION L'emploi de che à la place de in cui, avec une valeur de locatif, et des autres tournures « préposition + cui », appartient à un registre relâché.

> La valigia **che** ci ho messo i libri...
> *La valise où j'ai mis mes livres...*

▶ **Che** ou **il quale** ?

- **Il quale** est **plus explicite** et peut marquer une légère emphase.

    All'incidente erano presenti alcune persone, **le quali** hanno chia-mato l'autoambulanza.
    À l'accident ont assisté plusieurs personnes, lesquelles ont appelé une ambulance.

- On emploie **il quale** notamment **pour éviter des suites** de che : c'est l'élément sur lequel on veut insister qui est remplacé par il quale.

    Matteo, **il quale** era insoddisfatto del suo lavoro, **che** gli rendeva ben poco, si è trasferito a Milano.
    Matteo, qui n'était pas satisfait de son travail, qui lui rapportait peu, est allé s'installer à Milan.

- Il quale est **obligatoire** quand il est sujet ou complément d'un verbe à **un mode non personnel** (infinitif, participe, gérondif).

    È un esame per **superare il quale** bisogna studiare molto.
    C'est un examen pour lequel il faut beaucoup étudier si on veut le réussir.

    Sono difficoltà che, **passate le quali**, sembrano trascurabili.
    Ce sont des difficultés qui, une fois passées, semblent négligeables.

    È un saggio **leggendo il quale** s'impara molto.
    C'est un essai à la lecture duquel on apprend beaucoup.

REMARQUE Ces constructions, qui appartiennent plutôt à l'usage écrit, sont néanmoins plus naturelles que leurs équivalents français.

▶ **Cui** ou **il quale** ?

- **Cui** s'insère entre l'article défini et le nom pour indiquer **l'apparte-nance**.

    Sono provvedimenti **la cui** legalità è discutibile.
    Ce sont des mesures dont la légalité est discutable.

- Comme équivalent de il cui, **del quale** se place **après le nom**.

    Il mio professore, il corso **del quale** m'interessa molto, ...
    Mon professeur, dont le cours m'intéresse beaucoup, ...

▶ ATTENTION **Di cui** signifie dont et ne peut pas s'employer pour exprimer l'appartenance, à la différence du français de qui, qui correspond à di chi.

139 ## Les adverbes substituts du pronom relatif

▶ Les adverbes **dove** (où) et **donde** (d'où) sont quelquefois employés avec la fonction de pronom relatif.

Firenze è una città **dove** ou **in cui** ou **nella quale** vorrei abitare.
Florence est une ville où je voudrais habiter.

Il paese **da dove** ou **dal quale** proveniamo è stato devastato dalla guerra.
Le pays d'où nous venons a été ravagé par la guerre.

▶ ATTENTION

• L'italien emploie dove (où) et donde (d'où, littéraire) seulement quand une valeur **spatiale** est clairement impliquée.

• La valeur **temporelle** est en revanche exprimée par in cui.

Mio nonno è morto il giorno in cui sono nata io.
Mon grand-père est mort le jour de ma naissance.

Le groupe verbal

Besc
ner
elle

ITALIEN

Les numéros renvoient aux paragraphes.

Notions de base

Le verbe lie entre eux des éléments (noms, adjectifs, adverbes) dont la relation formelle au verbe précise le **rôle** que chacun joue dans l'action : agent, patient, objet, destinataire, instrument, relation à des conditions ou à d'autres actions (adverbes, compléments circonstanciels).

LA MORPHOLOGIE DU VERBE

140 Radical et désinence

On distingue dans le verbe le radical, porteur du sens, et les désinences (marques de mode, temps, personne, nombre).

RADICAL	DÉSINENCES		
parl-	-arono	indicatif, passé simple, 3e personne, pluriel	ils/elles parlèrent
	-eremmo	conditionnel, présent, 1re personne, pluriel	nous parlerions

141 La personne et le nombre

La conjugaison du verbe comprend le singulier et le pluriel, et pour l'un et l'autre trois personnes.

SUJET	VERBE		QUI ?
(io)	cant-o	je chante	locuteur
(tu)	cant-i	tu chantes	allocuté
(lui/lei)	cant-a	il/elle chante	autre
(noi)	cant-iamo	nous chantons	locuteur inclus
(voi)	cant-ate	vous chantez	allocutés
(loro)	cant-ano	ils/elles chantent	autres

142 ## L'accord sujet-verbe

▶ La forme du verbe est déterminée par le sujet, comme en français : c'est ce qu'on appelle l'accord. Toutefois, les pronoms personnels sont peu employés en italien, car l'information sur la personne et le nombre est donnée par la forme verbale.

canto	*chante*	
canti	*chantes*	= /ʃãt/
canta	*chante*	
cantano	*chantent*	

▶ Les pronoms personnels sont donc employés de manière **intensive** ou **contrastive**.

> **Tu** mi dirai quel che devo fare.
> *C'est toi qui me diras ce que je dois faire.*

> **Lui** parlava e **io** tacevo.
> *Lui, il parlait, et moi, je ne disais rien.*

LE SENS DU VERBE

143 ## Les classes logiques

Le verbe est le centre de la phrase. C'est la catégorie morphologique la plus développée et ses diverses formes définissent l'événement selon différentes catégories logiques.

• **Nature** de l'événement.

giacere *(être couché)*	[état]
cadere *(tomber)*	[processus]
tagliare *(couper)*	[action]

• **Aspect** de l'événement quant à son déroulement.

avviarsi *(se mettre en route)*	[commencement]
proseguire *(continuer)*	[durée]
arrivare *(arriver)*	[achèvement]
saltellare *(sautiller)*	[répétition]

LE GROUPE VERBAL

- **Relation entre les participants**.

schiaffeggiare (*gifler*)	[voix active]
essere curato (*être soigné*)	[voix passive]
radersi (*se raser*)	[voix pronominale]

- **Instant de l'énonciation**.

parlo (*je parle*)	[présent]
camminavo (*je marchais*)	[passé]
dormirò (*je dormirai*)	[futur]

- **Participants de l'énonciation**.

SINGULIER		PLURIEL
leggo (*je lis*)	1re personne	leggiamo (*nous lisons*)
leggi (*tu lis*)	2e personne	leggete (*vous lisez*)
legge (*il/elle lit*)	3e personne	leggono (*ils/elles lisent*)

- **Mode** ou **visée** du locuteur sur l'action.

Prendo l'autobus.
Je prends l'autobus. [constatif (indicatif)]

Marco? Venga pure, se vuole.
Marco ? Qu'il vienne s'il veut. [conjectural (subjonctif)]

Chiudi la porta.
Ferme la porte. [conjectural (impératif)]

Vorrei un caffè macchiato.
Je voudrais un café noisette. [conjectural (conditionnel)]

Le point de vue sur le déroulement de l'action

144 L'aspect : définition

▶ L'aspect définit objectivement le processus ou l'action quant à son **déroulement dans le temps**. Les principaux aspects sont l'imminence, le commencement, la durée, l'interruption et l'achèvement.

▶ L'aspect est marqué en italien, comme en français, par des verbes ou des locutions figées qui se construisent avec l'**infinitif** du verbe principal au moyen de la **préposition**, généralement :

– **a** pour indiquer l'imminence, le commencement ou la durée ;
– **di** pour indiquer l'interruption ou l'achèvement.

145 L'imminence

stare per	être sur le point de
essere sul punto di	
essere in procinto di	
accingersi a	s'apprêter à
essere lì lì per	être juste au point de

Lo spettacolo **sta per** cominciare.
Le spectacle est sur le point de commencer.

Mauro **si accingeva a** tosare il prato, quando si accorse che pioveva.
Mauro s'apprêtait à tondre la pelouse quand il s'est aperçu qu'il pleuvait.

146 Le commencement (aspect inchoatif)

cominciare a	commencer à
iniziare a	
attaccare a	
mettersi a	se mettre à
prendere a	

Cominciarono subito **a** litigare.
Ils/Elles commencèrent aussitôt à se disputer.

Allora l'autista **attaccò ad** insultarlo, e lui **prese a** ridere.
Alors le chauffeur commença à l'injurier, et lui se mit à rire.

147 La durée (aspect duratif)

continuare a	continuer à
andare avanti a	
proseguire a	
seguitare a	

L'oratore **continuava a** parlare.
L'orateur continuait à parler.

Non puoi **seguitare** così **a** lamentarti.
Tu ne peux pas continuer à te plaindre comme ça.

REMARQUE L'aspect duratif est aussi exprimé par le **gérondif** (→ 204-206).

LE GROUPE VERBAL

L'interruption

    smettere di   *arrêter de*
    smetterla di
    cessare di   *cesser de*
    piantarla di

    (La) vuoi **smettere di** seccarci?
    Tu veux bien arrêter de nous ennuyer ?

    Piantala di piagnucolare!
    Arrête de pleurnicher !

L'achèvement (aspect terminatif)

    finire di (*finir*)   finirla di (*en finir de*)

    Ho finito di mettere in ordine i miei libri.
    J'ai fini de ranger mes livres.

    Non **la finiva** più **di** rinfacciargli il suo comportamento.
    Il/Elle n'en finissait pas de lui reprocher sa conduite.

REMARQUE Les constructions **smetterla/finirla/piantarla di** (*cesser de*) avec un pronom sans antécédent sont emphatiques.

CATÉGORIES ET SYNTAXE VERBALES

Verbes copulatifs et verbes prédicatifs

Les verbes copulatifs ou copules (attaches) sont des **variantes** ou **nuances** du verbe essere (*être*). Ils ne font qu'indiquer une relation entre un être et un ensemble ou une qualité et portent dans leur radical une notion de **temps** ou d'**aspect**.

    La guida **è** un pensionato.
    Le guide est un retraité. [duratif]

    Il professore **sembra** stanco.
    Le professeur semble fatigué. [duratif]

    Questa bimba **diventa** bellina.
    Cette petite fille devient jolie. [progressif]

    Il signor Bianchi **rimarrà** direttore.
    Monsieur Bianchi restera directeur. [progressif]

Les verbes **prédicatifs** décrivent un **état**, un **processus** (succession d'états) ou une **action** (processus contrôlé par un participant appelé agent).

La tempesta **infuria**.
La tempête fait rage.
Il barista **serve** una birra al cliente.
Le barman sert une bière au client.

151 Les verbes non personnels

Ce sont des verbes qui représentent des **phénomènes naturels**, principalement météorologiques, dont on ne peut identifier l'agent. Certains sont des formules figées.

piovere	pleuvoir
grandinare	grêler
nevicare	neiger
tirare vento	venter
lampeggiare	faire des éclairs
tuonare	tonner
fare caldo	faire chaud
annottare	commencer à faire nuit

Ils n'ont que la 3ᵉ personne du singulier.

Piove.
Il pleut.

Fra poco annotterà.
Bientôt il fera nuit.

Ieri tirava vento.
Hier il ventait.

REMARQUE En français, le sujet unique « il » est fictif et ne sert qu'à supporter la conjugaison.

ATTENTION Certains de ces verbes admettent parfois un sujet, mais c'est qu'ils sont pris en un sens **analogique** (figuré).

Grandinavano colpi/sassi.
Des coups/Des cailloux tombaient en grêle.

« Fuori! », tuonò il direttore con gli occhi lampeggianti.
« Dehors ! » tonna le directeur avec des yeux qui lançaient des éclairs.

LE GROUPE VERBAL

152 **Les verbes intransitifs : un seul participant**

▶ Ce sont des verbes dont le participant est à la fois **agent** et **patient**.

vivere (*vivre*)	morire (*mourir*)
ridere (*rire*)	dormire (*dormir*)
sedere (*être assis*)	giacere (*être couché*)

▶ Ces verbes peuvent admettre des **compléments circonstanciels**.

I contadini vivono di poco.
Les paysans vivent de peu.

Quella ragazza ride di tutto.
Cette fille rit de tout.

Ho dormito tutta una tirata.
J'ai dormi tout d'une traite.

Il cane giaceva sull'erba.
Le chien était couché sur l'herbe.

153 **Les verbes transitifs : deux participants**

▶ Ces verbes représentent **l'action d'un agent sur un patient ou un objet** concret ou abstrait.

● Verbes exprimant une **activité de l'esprit** ou des **sentiments**.

pensare (*penser*)	sognare (*rêver*)
amare (*aimer*)	odiare (*détester*)

● Verbes de **perception**, simple ou contrôlée (volontaire).

vedere (*voir*)	guardare (*regarder*)
sentire, udire (*entendre*)	ascoltare (*écouter*)

● Verbes de **création**, de **destruction**, de **modification**.

costruire (*construire*)	scrivere (*écrire*)
rompere (*casser*)	tagliare (*couper*)

▶ Le **complément** peut être rattaché au verbe directement (complément d'objet direct) ou au moyen d'une préposition (complément indirect).

Scrivo una lettera.
J'écris une lettre.

Bada ai fatti tuoi!
Occupe-toi de tes affaires !

154 Les verbes transitifs : trois participants

▶ Ce sont des verbes où l'action de l'agent sur le patient implique un troisième participant, notamment **destinataire** ou bénéficiaire.

dare *(donner)*   concedere *(accorder)*

regalare *(faire cadeau de)*   privare *(priver)*

attribuire *(attribuer)*

▶ Les compléments qui désignent les participants autres que l'agent sont accolés au verbe soit directement (complément d'objet direct), soit au moyen d'une préposition (complément indirect).

Il titolare concederà un premio ai commessi.
Le patron accordera une prime aux vendeurs.

Il direttore parla al ragioniere del bilancio.
Le directeur parle du budget au comptable.

155 Les verbes exprimant un déplacement

▶ L'agent agit sur un patient pour que celui-ci passe d'un lieu à un autre.

▶ Dans certains verbes, l'agent et le patient-objet sont **distincts**.

portare *(porter)*   mandare *(envoyer)*

spostare *(déplacer)*   spedire *(expédier)*

trasferire *(transférer)*

La ditta ha spostato la sede da Milano a Torino.
La firme a transféré son siège de Milan à Turin.

▶ Dans d'autres verbes, l'agent et le patient **coïncident**.

andare *(aller)*   partire *(partir)*

tornare *(revenir)*   arrivare *(arriver)*

Andavo da casa a scuola.
J'allais de la maison à l'école.

È venuto da Parigi a Roma.
Il est venu de Paris à Rome.

LE GROUPE VERBAL

156 Les verbes transitifs exprimant un échange

Les verbes d'**échange** sont plus complexes. En effet, l'agent contrôle un changement de possession de deux objets, entre lui-même et un patient-destinataire.

comprare	*acheter*
acquistare	*acquérir*
vendere	*vendre*
scambiare	*échanger*
affittare	*louer*

Giovanni ha comprato dall'antiquario un tavolino a mille euro.
Giovanni a acheté à l'antiquaire un guéridon à mille euros.

157 Les verbes transitifs : l'effacement

▶ Quelle que soit la construction de base du verbe, un ou plusieurs des compléments peuvent être **effacés**.

▶ Les verbes transitifs simples, à **un seul complément**, peuvent être employés sans complément.

Leggo il giornale. → Leggo.
Je lis le journal. → *Je lis.*

▶ Les verbes transitifs qui ont **plusieurs compléments** s'emploient souvent avec effacement d'un ou plusieurs de ceux-ci.

Ho portato io la valigia (dalla stazione) (fino a casa).
C'est moi qui ai porté ma valise (de la gare) (jusque chez moi).

REMARQUE Avec certains verbes, lorsque le complément direct est effacé, le complément indirect restant peut être construit sans préposition.

Il barista serve un espresso **al** cliente. → Il barista serve **il** cliente.
Le barman sert un expresso au client. → *Le barman sert le client.*

La voix du verbe

LA VOIX ACTIVE

158 **La construction de la voix active**

▶ Dans la voix active, le sujet du verbe est le **participant unique** ou l'**agent**, les autres participants sont compléments.

> Il gatto dorme.
> *Le chat dort.*

> L'attore ha rilasciato un'intervista alla stampa.
> *L'acteur a accordé une interview à la presse.*

▶ Dans certains couples de verbes symétriques, l'un des deux verbes a pour sujet le **patient** ou l'**objet** de l'autre verbe.

> possedere/appartenere   *posséder/appartenir*

> La sua famiglia possiede una casa a Lucca. Questa casa appartiene alla sua famiglia da due secoli.
> *Sa famille possède une maison à Lucca. Cette maison appartient à sa famille depuis deux siècles.*

LA VOIX PASSIVE

159 **Formation et valeur du passif**

▶ La voix passive fait du patient-objet le sujet du verbe.

▶ Le verbe passif est construit avec l'auxiliaire **essere** + **participe passé** ; l'agent est représenté par un complément indirect introduit par **da** (*par*).

VOIX ACTIVE			VOIX PASSIVE		
AGENT	**ACTION**	**PATIENT**	**PATIENT**	**ACTION**	**AGENT**
sujet	verbe	complément direct	sujet	verbe	complément d'agent
il medico le médecin	visita visite	il malato le malade	il malato le malade	è visitato est visité	dal medico par le médecin

ATTENTION D'autres verbes que essere peuvent se construire avec le participe passé pour former le passif. On les appelle semi-auxiliaires (→ 203, 256, 262).

▶ Le passif permet de ne pas préciser qui est **l'agent** de l'action, ce qui est impossible à la voix active.

> L'autista/La macchina ha investito il pedone.
> *L'automobiliste/La voiture a renversé le piéton.*
>
> Il pedone è stato investito.
> *Le piéton a été renversé.*

160 ## Cas où le passif est impossible

Certains verbes n'admettent pas la forme passive.

▶ Les verbes intransitifs, et les verbes transitifs employés **sans complément**.

> Il bambino gioca/mangia.
> *L'enfant joue/mange.*

▶ Les verbes **transitifs indirects** (où le patient-objet est exprimé par un complément précédé d'une préposition).

> I clienti del bar parlano di calcio con il barista.
> *Les clients du bar parlent de football avec le barman.*

LA VOIX PRONOMINALE

La voix pronominale est employée pour indiquer que l'**agent** et le **patient** sont identiques. Elle s'est étendue à d'autres significations, notamment l'expression de l'impersonnel (agent-sujet non précisé).

161 ## Les verbes réfléchis propres et apparents

Ils se construisent au moyen des pronoms réfléchis (→ 115-116).

▶ Les **verbes réfléchis propres** ont des pronoms réfléchis compléments directs.

> (Io) **mi** pettino.
> *Je me coiffe.*
>
> **Ti** guardavi nello specchio.
> *Tu te regardais dans le miroir.*
>
> **Si** buttò sul cibo.
> *Il/Elle se jeta sur la nourriture.*

▶ Les **verbes réfléchis apparents** ont des pronoms réfléchis compléments indirects.

> **Si** è concesso una vacanza.
> *Il s'est accordé des vacances.*

REMARQUE La forme qui se construit avec les pronoms réfléchis compléments indirects est une des manières d'exprimer la possession.

> **Mi** metto la giacca. *Je mets ma veste.*

162   Le réfléchi attributif ou « datif éthique »

Le réfléchi attributif fait partie des verbes réfléchis apparents. Il est couramment employé en italien pour marquer une **participation intensive** de l'agent à l'action.

> **Ti sei letto** tutto questo mattone? [plus emphatique que Hai letto]
> *Tu as vraiment lu tout ce pavé ?*

> **Si è mangiato** tutta la pizza. [plus emphatique que Ha mangiato]
> *Il a mangé toute la pizza à lui tout seul.*

163   Les verbes réfléchis réciproques

Le réfléchi est également employé avec des **sujets coordonnés** ou un **sujet au pluriel**, pour représenter une action réciproque.

> Io e lui **ci** stimiamo.
> *Lui et moi nous nous estimons.*

> I pugilatori **si** picchiano.
> *Les boxeurs se frappent.*

164   Verbes occasionnellement pronominaux

▶ Pour certains verbes, la forme pronominale est synonyme de la forme active (ou légèrement emphatique).

> dimenticarsi (*oublier*)   dimenticare (*oublier*)
>
> prendersi (*prendre*)   prendere (*prendre*)

▶ Dans d'autres cas, le sens du réfléchi a évolué.

> annoiarsi (*s'ennuyer*)   annoiare (*ennuyer*)
>
> adoperarsi (*s'employer*)   adoperare (*utiliser*)
>
> infuriarsi (*enrager*)   infuriare (*faire rage*)
>
> affermarsi (*s'affirmer*)   affermare (*affirmer*)

LE GROUPE VERBAL

165 **Verbes exclusivement pronominaux**

Ce sont des verbes qui n'existent qu'à la forme pronominale.

accorgersi di (s'apercevoir de)   intestardirsi (s'entêter)
arrabbiarsi (se fâcher)   lagnarsi (se plaindre)
arrendersi (se rendre)   ostinarsi a (s'obstiner à)
avvalersi di (profiter de)   pentirsi (se repentir)
imbattersi in (tomber sur)   ribellarsi (se rebeller)
impadronirsi di (s'emparer de)   vergognarsi di (avoir honte de)

166 **Verbes pronominaux en italien mais non en français**

accomiatarsi (prendre congé)   dimettersi (démissionner)
ammalarsi (tomber malade)   felicitarsi con (féliciter)
arrampicarsi (grimper)   muoversi (bouger)
complimentarsi con (féliciter)   rallegrarsi con (féliciter)
buscarsi (attraper)   restarsene (rester)
congratularsi con (féliciter)   tuffarsi (plonger)
degnarsi di (daigner)   vergognarsi (avoir honte)

167 **Verbes pronominaux en français mais non en italien**

affogare (se noyer)   fuggire (s'enfuir)
annegare (se noyer)   passeggiare (se promener)
appassire (se faner)   ricordare (se rappeler)
avvizzire (se flétrir)   sbocciare (s'épanouir)
canzonare (se moquer de)   scappare (s'échapper)
crollare (s'écrouler)   svenire (s'évanouir)
deridere (se moquer de)   tacere (se taire)
desistere (se désister)   terminare (se terminer)
diffidare (se méfier)   trascorrere (s'écouler)
esclamare (s'exclamer)   venir meno (s'évanouir)
evadere (s'évader)   volare via (s'envoler)
fare a meno di (se passer de)

Les emplois des modes et des temps

▶ On communique avec différentes intentions :
- pour **informer** d'un fait positif ou conjectural (douteux, supposé, souhaité, redouté) ;
- pour **demander** une information ;
- pour **recommander** ou **ordonner** une action.

▶ La forme déterminée par l'intention de communication (**mode**) se combine avec la perspective temporelle, la relation entre l'action et le moment de l'énonciation (**temps**).

LE MODE INDICATIF ET SES TEMPS

L'indicatif (indicativo) est la partie de la conjugaison qui est réservée à l'expression de la **constatation** ou de la **certitude**, positive ou négative.

Les emplois de l'indicatif présent

L'indicatif présent (indicativo presente) a trois valeurs principales.

▶ Il indique la **simultanéité de l'action et de son énonciation**, c'est-à-dire l'actualité.

> Gli studenti **danno** gli esami.
> Les étudiants passent leurs examens. [au moment où je parle]

▶ Il a une valeur **actualisante, pour mentionner un fait passé**, mais dont la portée est encore actuelle. C'est le temps employé pour le récit historique.

> Ne *I Promessi sposi* Manzoni **scrive**...
> Dans *Les Fiancés*, Manzoni écrit...
>
> Nel 52 a. C. Giulio Cesare **espugna** Alesia.
> En 52 avant J.-C., Jules César emporte Alésia.

▶ Il a une valeur **absolue** (indépendante du temps) dans des formules sentencieuses donnant ce qui est exprimé comme une vérité reconnue, une règle acceptée, une habitude ou une qualité constatées.

> Gli anziani m̲angiano presto la sera.
> *Les personnes âgées mangent tôt le soir.*

> Il pugilato **è** uno sport pericoloso.
> *La boxe est un sport dangereux.*

> Chi **rompe, paga.**
> *Qui casse les verres les paie.*

169 Les emplois de l'indicatif imparfait

L'indicatif imparfait (indicativo imperfetto) désigne une action advenue avant son énonciation, dans un passé non précisé, et généralement d'une certaine durée ; il a plusieurs valeurs.

▶ **Description** d'un fait durable ou habituel.

> **Trascorreva** le giornate in biblioteca.
> *Il/Elle passait ses journées à la bibliothèque.*

▶ **Simultanéité** par rapport à un autre fait passé.

> **Dormivo** da un paio d'ore, quando il tele̲fono squillò.
> *Je dormais depuis deux heures quand le téléphone sonna.*

▶ Imparfait « **de narration** », notamment de faits divers ou d'histoire, avec une valeur emphatique.

> La polizi̲a **si portava** s̲ubito sul luogo dell'incidente.
> *La police se rendait aussitôt sur les lieux de l'accident.*

▶ Valeur **déréalisante**, notamment dans des phrases hypothétiques de l'usage parlé.

> Se **sapevo** che c'era lei, non **venivo.**
> *Se avessi saputo che c'era lei, non sarei venuto.*
> *Si j'avais su qu'elle était là, je ne serais pas venu.*

170 Les emplois du passé composé

▶ Le passé composé (passato pro̲ssimo, litt. *passé proche*) est formé au moyen d'un **auxiliaire**, avere (*avoir*) ou e̲ssere (*être*), **au présent** et du **participe passé** du verbe.

▶ Il se réfère à une action advenue dans un passé proche ou considéré comme tel, et dont les conséquences s'étendent au moment de l'énonciation.

> Stamani **ho incontrato** il mio collega.
> *Ce matin, j'ai rencontré mon collègue.*
>
> La casa editrice **si è trasferita** a Roma.
> *La maison d'édition a déménagé à Rome.* [elle y est encore]

▶ Il est employé :

– comme **temps relatif du passé** ;

> Paolo? Appena mi **ha visto**, **ha scantonato**.
> *Paolo ? Dès qu'il m'a vu, il a tourné le coin de la rue.*

– comme forme courante d'un **futur antérieur**.

> Appena **ho finito**, ti telefono.
> Appena avrò finito, ti telefonerò.
> *Dès que j'aurai fini, je te téléphonerai.*

171   L'emploi du passé simple

▶ Le passé simple (passato remoto, litt. *passé reculé*) ou **parfait** se réfère à une action advenue dans le passé, considérée indépendamment de sa durée, et donnée comme révolue.

> Giulio Cesare **assediò** ed **espugnò** Alesia nel 52 a. C.
> *Jules César assiégea et emporta Alésia en 52 avant J.-C.*

En français, le passé simple est inusité oralement et représente donc une difficulté. D'autre part, la distinction entre passé simple et passé composé n'est pas affaire de distance dans le temps : on les emploie pour se référer à une action dont le locuteur se tient pour détaché (*passé simple*) ou encore affecté (*passé composé*).

> L'anno scorso, Stefano **promise/ha promesso** di venirmi a trovare.
> *L'an dernier Stefano a promis de venir me voir.*

Dans le cas du passé simple, le sous-entendu est que cette promesse n'a pas été tenue, ou que le locuteur n'y compte plus ; dans le cas du passé composé, il y compte et y tient.

▶ ATTENTION L'emploi du passé simple est très répandu dans le sud de l'Italie. Ailleurs on le remplace très souvent par le passé composé. Il est donc recommandable, au moins dans la langue parlée, de ne pas employer le passé simple : une maladresse pourrait passer pour un méridionalisme.

LE GROUPE VERBAL

172 **L'emploi de l'indicatif plus-que-parfait**

▶ L'indicatif plus-que-parfait (trapassato prossimo, litt. *sur-passé proche*) est formé au moyen d'un **auxiliaire**, avere (*avoir*) ou essere (*être*), **à l'imparfait** et du **participe passé** du verbe.

▶ Il situe l'action antérieurement à deux points de référence, le moment de l'énonciation et un point antérieur à celui-ci. Son emploi est le même qu'en français.

> Era stanco, perché **aveva viaggiato** tutta la notte.
> *Il était fatigué parce qu'il avait voyagé toute la nuit.*
>
> **Ero** appena **rientrato**, quando squillò il telefono.
> *J'étais à peine rentré que le téléphone a sonné.*

173 **L'emploi du passé antérieur**

▶ Le passé antérieur (trapassato remoto, litt. *sur-passé reculé*) est formé au moyen d'un **auxiliaire**, avere (*avoir*) ou essere (*être*), **au parfait** et du **participe passé** du verbe.

▶ Il situe l'action antérieurement à deux points de référence, le moment de l'énonciation et un point antérieur à celui-ci, terme d'une action considérée comme révolue.

> Non appena **ebbe finito** di cenare, Guido se ne andò.
> *À peine eut-il fini de dîner que Guido s'en alla.*

REMARQUE Il ne se rencontre pratiquement que dans des propositions subordonnées de temps, introduites par quando (*quand*), dopo che (*après que*), (non) appena et autres semblables (→ 486).

✉ Le passé simple étant désuet en français parlé, il s'ensuit qu'il y existe des temps **surcomposés** : « quand j'ai eu fini ». L'italien ne les connaît pas. Il faut obligatoirement employer le passé antérieur dans ce cas.

▶ ATTENTION En raison de la situation particulière du passé simple dans l'italien actuel (→ 171), le passé antérieur est peu naturel dans la langue parlée. On l'évite couramment au moyen d'autres tournures.

> Non appena **ebbi preso** la medicina, **mi sentii** meglio.
> Subito dopo aver preso la medicina, mi sono sentito meglio.
> Presa la medicina, mi sono subito sentito meglio.
> *Après avoir pris mon médicament, je me suis tout de suite senti mieux.*

174 Les emplois du futur (simple et antérieur)

▶ Le futur simple (futuro semplice) se réfère à un événement postérieur au moment de l'énonciation.

> Domani **partirò** per le vacanze.
> *Demain je partirai en vacances.*

REMARQUE Dans les dialectes du sud de l'Italie, le futur est souvent exprimé par le **présent** accompagné d'une spécification de temps (adverbe ou subordonnée circonstancielle). Dans l'usage courant, cet emploi a une nuance emphatique (de certitude).

> Domani parto per le vacanze. *Demain je pars en vacances.*

▶ Le futur antérieur (futuro anteriore) situe l'action postérieurement à un point de référence lui-même postérieur au moment de l'énonciation. Il s'emploie comme en français.

> Quando **avrò saputo** la verità, deciderò il da farsi.
> *Quand j'aurai appris la vérité, je déciderai de ce qu'il faut faire.*

▶ L'italien emploie le futur (simple ou antérieur) pour exprimer la **probabilité** ou l'**approximation** (le français utilise devoir et pouvoir), ou l'**incrédulité** (aller + infinitif).

> A quest'ora, **starà cenando**.
> *À cette heure, il/elle doit être en train de dîner.*

> Dove **si sarà ficcato**?
> *Où peut-il bien s'être fourré ?*

> Non **mi dirai** che hai ancora perso al gioco!
> *Tu ne vas pas me dire que tu as encore perdu au jeu !*

◼ Dans une **subordonnée hypothétique de sens futur**, l'italien emploie le futur (simple ou antérieur) alors que le français emploie le présent.

> Se **verrai** a trovarmi, ti mostrerò il mio nuovo computer.
> *Si tu viens me voir, je te montrerai mon nouvel ordinateur.*

LE MODE SUBJONCTIF ET SES TEMPS

Le subjonctif (congiuntivo) est le mode général de ce qui est seulement **pensé**, et non effectivement constaté.

◼ Son emploi en italien est plus large et plus rigoureusement réglé qu'en français, notamment pour la concordance des temps dans les propositions subordonnées. C'est une des principales difficultés de la syntaxe italienne pour les francophones.

LE GROUPE VERBAL

Le subjonctif dans les propositions indépendantes

Dans les propositions indépendantes, le subjonctif s'emploie pour exprimer :

– une **supposition**, souvent sous forme **interrogative** ;

> Che **stia** per piovere?
> Est-ce qu'il (ne) va (pas) pleuvoir ?

– un **souhait** ;

> La fortuna ti **assista**.
> Que la chance soit avec toi.

REMARQUE Le subjonctif imparfait exprime un souhait plus intense, ou dont la réalisation est improbable.

> **Fossimo** almeno riuniti! *Puissions-nous au moins être réunis !*

– une **injonction** ;

> **Sia** gentile, mi **spieghi** come compilare questo modulo.
> Soyez gentil, expliquez-moi comment remplir ce formulaire.

– une **éventualité**.

> **Venga** pure, non lo temo.
> Qu'il vienne donc, je n'ai pas peur de lui.

REMARQUE Le subjonctif imparfait exprime une hypothèse moins vraisemblable.

Le subjonctif après un verbe de doute ou de pensée

▶ Dans les propositions subordonnées **conjonctives objet**, le subjonctif est d'un usage plus courant qu'en français ; il est **obligatoire** non seulement avec des verbes exprimant un **doute** ou une réserve, mais avec tout verbe se référant à une **pensée**.

> Credo che **sia partito**.
> Je crois qu'il est parti.

> Supponevo che **avessi capito**.
> Je supposais que tu avais compris.

▶ ATTENTION Si la subordonnée exprime une certitude affirmée, le subjonctif peut être remplacé par l'**indicatif**.

> Sono sicuro/convinto che lui non **ha dimenticato**.
> Je suis sûr/convaincu qu'il n'a pas oublié.

177 Le subjonctif après un verbe à la forme négative

Le subjonctif est fréquent si le verbe principal est à la forme **négative**.

Non sono sicuro che lui **abbia fatto** tutto il possibile.
Je ne suis pas sûr qu'il a/qu'il ait fait tout son possible.

ATTENTION Comme en français, si le radical du verbe implique par lui-même une idée négative, **le subjonctif est obligatoire**.

L'imputato negò che la valigia esplosiva **fosse** sua.
L'accusé a nié que la valise piégée fût à lui.

Escludo che **possa** essere promosso.
J'exclus qu'il puisse être reçu (à son examen).

178 Le subjonctif dans les propositions conjonctives sujet

Les conjonctives sujet sont généralement au subjonctif.

Conviene che io **vada**.
Il faut que je m'en aille.

Si spera che la situazione **migliori**.
On espère que la situation va s'améliorer.

Avec les verbes exprimant une constatation de fait ou une certitude, le subjonctif est possible.

Si dice che **sei stato** tu. *On dit que c'est toi.* [j'y crois]

Si dice che **sia stato** tu. *On dit que ce serait toi.* [j'en doute]

179 Le subjonctif dans les circonstancielles

Le subjonctif est **obligatoire** dans les subordonnées circonstancielles :

• de **but** ;

Li abbiamo chiamati perché ci **aiutassero**.
Nous les avons appelés pour qu'ils nous aident.

Ve lo dico in modo che **possiate** organizzarvi per tempo.
Je vous le dis de sorte que vous puissiez vous organiser à temps.

• de **conséquence** ;

Devi scrivere in modo che tutti **possano** capire.
Tu dois écrire de façon que tout le monde puisse comprendre.

- de **concession** ;

> Benché ou Sebbene **sia** primavera, fa ancora molto freddo.
> *Bien que ce soit le printemps, il fait encore très froid.*

ATTENTION Les emplois français de **l'indicatif** avec bien que et encore que sont exclus avec leurs équivalents italiens benché et sebbene.

- de **temps**, quand la relation est d'**antériorité** ;

> Bisogna pulire tutto prima che **torni** mia madre.
> *Il faut tout nettoyer avant que ma mère ne rentre.*

- de **condition** et d'**hypothèse**.

> Se qualcuno lo **sapesse**, sarebbe un guaio.
> *Si quelqu'un le savait, ce serait bien ennuyeux.*

> Qualora **sorgesse** qualche inconveniente, avvertimi.
> *Si par hasard il se produisait un contretemps, avertis-moi.*

180 Le subjonctif à la place du conditionnel français

L'italien utilise le subjonctif dans des phrases hypothétiques où le français emploie souvent le présent de l'indicatif ou le conditionnel.

> Chiunque ne **faccia** domanda otterrà un lasciapassare.
> *Quiconque en fera la demande obtiendra un laissez-passer.*

> I viaggiatori che **volessero** conoscere l'orario dei treni in partenza possono informarsi allo sportello dodici.
> *Les voyageurs qui voudraient connaître l'horaire des trains en partance peuvent se renseigner au guichet douze.*

> **Fosse** anche colpevole, è pur sempre mio amico.
> *Serait-il coupable, ce n'en est pas moins mon ami.*

181 Le subjonctif dans la comparaison

▶ Le subjonctif s'emploie lorsque ce à quoi on compare quelque chose (le comparant) est donné comme **conjectural**.

> Le cose sono andate meglio di quanto (non) **prevedessimo**.
> *Les choses se sont passées mieux que nous ne pouvions le prévoir.*

▶ Si le comparant est donné comme **constatation**, l'indicatif est possible.

> Le cose sono andate meglio di quanto **avevamo previsto**.
> *Les choses se sont passées mieux que nous ne l'avions prévu.*

REMARQUE Sur la concordance des modes et des temps dans la phrase complexe, → 437-497.

182 ## Les emplois du subjonctif présent

▶ Le subjonctif présent (congiuntivo presente) indique la simultanéité de l'**événement présent** et de l'énonciation :

– soit dans une proposition indépendante ;

> Che **sia** arrabbiato con noi?
> *Est-ce qu'il serait fâché contre nous ?*

– soit avec un verbe principal au présent.

> Temo che **sia** ancora malato.
> *Je crains qu'il ne soit encore malade.*

▶ Le subjonctif étant dépourvu de futur, c'est le présent qui est employé pour un **événement à venir**.

> Se rifiuterai la cattedra, tutti penseranno che tu **voglia** ritirarti.
> *Si tu refuses cette chaire, tout le monde va penser que tu veux te retirer.*

183 ## Les emplois du subjonctif imparfait

▶ Le subjonctif imparfait (congiuntivo imperfetto), dans les indépendantes optatives, sous-entend que l'événement est soit **peu probable**, soit hautement **souhaitable**.

> Magari **vincessimo** la partita!
> *Ah, si nous pouvions gagner le match !*

▶ Il est **obligatoire** :

– en référence à un événement **antérieur au moment de l'énonciation** ;

> Che **fosse** sincero?
> *Est-ce qu'il était sincère, alors ?*

> Credo che **vivesse** da sola.
> *Je crois qu'elle vivait seule.*

– avec un verbe **principal au passé**.

> Temevo che la lavatrice **fosse** guasta.
> *Je craignais que la machine à laver ne soit en panne.*

LE GROUPE VERBAL

À la différence du français courant, le subjonctif imparfait s'emploie :
- avec un **verbe principal au conditionnel** présent ou passé pour un
  événement simultané ou futur ;

> Sarebbe bene che il nonno **smettesse** di fumare.
> *Il faudrait que grand-père arrête de fumer.*

> Avrei voluto che mi **telefonasse**.
> *J'aurais voulu qu'il/elle me téléphone.*

- dans la partie **conditionnelle** ou **irréelle** des phrases hypothétiques.

> Se **partissi**, te lo far<u>e</u>i sapere.
> *Si je partais, je te le ferais savoir.*

> Se non **fossi** occupato, ti accompagner<u>e</u>i.
> *Si je n'étais pas occupé, je t'accompagnerais.*

184 Les emplois du subjonctif passé

▶ Le subjonctif passé (congiuntivo passato), dans les indépendantes, est
employé pour le **doute** ou la **possibilité passés**.

> L'autista non si è fermato: che non ci **abbia visti**?
> *Le chauffeur ne s'est pas arrêté : est-ce qu'il ne nous aurait pas vus ?*

▶ On l'utilise pour indiquer l'antériorité avec un **verbe principal au
présent ou au futur**.

> Suppongo che il postino **sia** già **passato**.
> *Je suppose que le facteur est déjà passé.*

> Crederà che tu non **abbia voluto** parlargli.
> *Il croira que tu n'as pas voulu lui parler.*

185 Les emplois du subjonctif plus-que-parfait

▶ Le subjonctif plus-que-parfait (congiuntivo trapassato), dans les indépendantes, est employé pour un événement passé qui ne s'est **pas réalisé**.

> Ah, se **fossi stato** più prudente!
> *Ah, si j'avais été plus prudent !*

▶ Il est obligatoire pour indiquer l'antériorité avec un **verbe principal au
passé ou au conditionnel**.

> Giovanni temeva che **av<u>e</u>ssero** già **chiuso** il bar.
> *Giovanni craignait que le bar ait déjà fermé.*

> Vorr<u>e</u>i proprio che tu **avessi accettato**.
> *J'aurais bien voulu que tu acceptes.*

LE « MODE » CONDITIONNEL ET SES TEMPS

Le conditionnel (condizionale) est originellement un futur du passé ; il est utilisé aussi dans les phrases hypothétiques.

186 Le conditionnel dans l'hypothèse

Il s'emploie dans la **principale** des phrases **hypothétiques**, pour un événement conditionné par celui que formule la subordonnée, et qui peut être simultané, antérieur ou postérieur.

> Se avessi preso l'aereo, **sarei** già a casa.
> *Si j'avais pris l'avion, je serais déjà chez moi.*
> [condition irréalisée]

> Se avessi avuto i soldi, **mi sarei comprato** la macchina.
> *Si j'avais eu (de) l'argent, je me serais acheté une voiture.*
> [condition irréalisée]

> Se avessi i soldi, **mi comprerei** uno scooter.
> *Si j'avais (de) l'argent, je m'achèterais un scooter.*
> [condition possible dans le futur]

187 Le conditionnel atténuatif et péjoratif

▶ Il s'emploie comme **atténuatif** d'une requête ou d'une affirmation.

> Mi **passeresti** quel giornale?
> *Tu veux bien me passer ce journal ?*

> A mio parere, **bisognerebbe** telefonargli.
> *À mon avis, il faudrait lui téléphoner.*

> Il vero responsabile **sarebbe stato** il ministro.
> *Le vrai responsable aurait été le ministre.*

▶ Il peut avoir une nuance **péjorative**.

> **Sarebbe** a dire?
> *Ce qui voudrait dire ?*

> E chi **sarebbe** quello?
> *Qui ce serait, celui-là ?*

Le futur du passé

▶ L'italien exprime obligatoirement le futur du passé au moyen du **conditionnel passé**.

> Stefano dice che verrà. → Stefano diceva che **sarebbe venuto**.
> Stefano dit qu'il viendra. → Stefano disait qu'il viendrait.

▶ Avec des **verbes de pensée**, le conditionnel passé exprime la relation de postériorité.

> Speravo che **sarebbe tornato** in tempo.
> J'espérais qu'il reviendrait à temps.

> Sospettavo che lo **avrebbero saputo**.
> Je soupçonnais qu'ils le sauraient. [tôt ou tard]

LE MODE IMPÉRATIF

Les personnes de l'impératif

▶ L'impératif (imperativo) n'a que **deux formes propres**, pour les 2es personnes du singulier et du pluriel, car en général il désigne une action que doit exécuter la personne à laquelle on s'adresse.

> Canta! Chante !
> Cantate! Chantez !

▶ Si l'injonction s'adresse à un ensemble dans lequel le locuteur s'inclut, la forme adoptée est la **1re personne du pluriel du subjonctif présent**.

> Cantiamo! Chantons !

▶ Pour la **3e personne**, et notamment pour l'**adresse de politesse** (→ 114), c'est le **subjonctif présent** qui exprime l'injonction.

> S'accomodi, per favore.
> Asseyez-vous, s'il vous plaît.

▶ L'injonction peut être exprimée par **l'infinitif** à titre d'impersonnel à l'écrit, comme en français, et aussi oralement pour s'adresser à plusieurs personnes.

> **Compilare** tutte le rubriche del modulo.
> Remplir toutes les rubriques du formulaire.

> **Circolare! Circolare! Sgombrare** l'uscita!
> Circulez ! Circulez ! Dégagez la sortie !

190 ## L'impératif négatif

▶ L'impératif négatif de **2ᵉ personne du singulier** est **non** + **infinitif**.

Non parlare! *Ne parle pas !*

▶ L'impératif négatif pluriel est **non** + **1ʳᵉ personne du pluriel du subjonctif présent** et **non** + **2ᵉ personne du pluriel de l'indicatif présent**.

Non parliamo! *Ne parlons pas !*

Non parlate! *Ne parlez pas !*

▶ L'**impersonnel** est exprimé par des formules.

Vietato fumare. *Interdit de fumer.*

Si prega di non fumare. *Prière de ne pas fumer.*

L'INFINITIF

C'est une forme nominale, qui peut donc être employée aussi bien comme **verbe** que comme **substantif**.

191 ## L'infinitif comme verbe

L'infinitif (infinito) s'emploie comme en français.

Luca voleva **venire**, ma bisognava **prendere** il treno, e ha dovuto **rinunciare**.
Luca voulait venir, mais il fallait prendre le train, et il a dû (y) renoncer.

192 ## L'infinitif complément

Après les **verbes déclaratifs** comme dire (dire), affermare (affirmer), negare (nier) et les **verbes de doute ou de pensée** comme pensare (penser), dubitare (douter), sospettare (soupçonner), l'infinitif complément se construit **précédé de di**.

Lui dice/nega **di averlo fatto**.
Il dit/nie l'avoir fait.

Sospetta **di essere** stato ingannato.
Il soupçonne avoir été trompé.

Penso **di**/Dubito **di poter** finire entro la fine del mese.
Je pense/Je doute de pouvoir finir pour la fin du mois.

LE GROUPE VERBAL

L'infinitif sujet

Les francophones doivent veiller à bien différencier l'infinitif complément de l'infinitif sujet, qui, en italien, est le plus souvent placé **après le verbe**. À la différence du français, où il est construit avec *de*, cet infinitif sujet s'emploie **sans la préposition**.

> È difficile **dirlo**.
> *Il est difficile de le dire.* [= *Le dire est difficile.*]
>
> Pare impossibile **vincere** questo concorso.
> *Il semble impossible de réussir ce concours.*

L'infinitif emphatique

▶ Comme en français, l'infinitif est couramment employé dans des phrases **interrogatives** et **interro-exclamatives** (pour exprimer la surprise, la contrariété, etc.).

> Che **pensare**? Quale strada **scegliere**?
> *Quoi penser ? Quelle route choisir ?*
>
> Io, **scendere** a compromessi con quella gente?
> *Moi, m'abaisser à des compromissions avec ces gens-là ?*

▶ Il peut avoir une valeur **narrative emphatique**.

> E proprio in quell'istante, ecco **arrivare** Tancredi a piedi.
> *Et juste à ce moment-là, voilà Tancrède qui arrive à pied.*

Là où le français (écrit, littéraire) construit l'infinitif narratif avec la préposition *de*, l'italien le fait avec la préposition **a**. Cette construction est courante, même dans la langue parlée.

> Tutti stavano zitti; e noi invece **a gridare** e **a tentare** di convincerli.
> *Tous se taisaient ; et nous au contraire de crier et d'essayer de les convaincre.*

L'infinitif déterminé

▶ L'infinitif est l'équivalent d'un **nom d'action**.

> **Lavorare** stanca. [= Il lavoro stanca.]
> *Travailler fatigue.* [= *Le travail fatigue.*]
>
> Il troppo **fumare** nuoce alla salute.
> *(Le fait de) trop fumer nuit à la santé.*

L'aver imparato bene l'inglese gli giovò molto.
D'avoir bien appris l'anglais lui a été très utile.

Furono svegliati dall'**abbaiare** dei cani.
Ils furent réveillés par les aboiements des chiens.

REMARQUE Le français n'emploie l'infinitif déterminé (dit « substantivé ») que dans des expressions figées comme *perdre le boire et le manger*. Il faut le plus souvent recourir à la lourde construction *le fait de* ou à des noms dérivés.

▶ **Cominciare** (*commencer*) et **finire** (*finir*) peuvent exprimer la première ou la dernière action d'une série. Dans ce cas, ils se construisent de préférence avec **con + l'infinitif précédé de l'article défini**.

Il deputato **ha cominciato col** criticare il governo.
Le député commença par critiquer le gouvernement.

LES PARTICIPES

Les participes peuvent fonctionner :
– en tant que **verbes** (et se construire avec des compléments) ;
– en tant qu'**adjectifs** (et comme tels être substantivés).

196 ## Le participe présent équivalent d'une proposition subordonnée relative

▶ Le participe présent (*participio presente*) est actif et ne porte que la marque du nombre. Il équivaut à une **proposition subordonnée relative**.

Si udivano voci **invocanti** [= che invocavano] soccorso.
On entendait des voix appelant [= qui appelaient] au secours.

« Addio, monti **sorgenti** dall'acque... »
« Adieux, monts qui jaillissez des eaux... »

▶ ATTENTION Dans cet emploi, le participe présent est souvent d'un registre plus soutenu que la construction relative.

• Comme le français n'applique pas l'accord en nombre du participe présent, les francophones font souvent l'erreur d'oublier cet accord. Dans voci invocanti soccorso, l'accord est obligatoire.

• Les francophones ont aussi tendance à employer la forme *en* + participe présent, qui correspond au gérondif italien, invariable. En fait, dans voci invocanti soccorso, le gérondif invocando (= en invoquant) est impossible.

LE GROUPE VERBAL

197 Le participe présent comme adjectif ou substantif

▶ Le participe présent a très souvent une valeur d'**adjectif** (attribut ou épithète).

> Questo telefilm è proprio **avvincente**.
> *Ce téléfilm est vraiment captivant.*

> C'era un sole **splendente**.
> *Il y avait un soleil resplendissant.*

▶ Il peut aisément devenir un **substantif** et dans certains cas il n'est employé que comme nom : un brillante (*un brillant*), un(a) cantante (*un chanteur, une chanteuse*).

REMARQUE Le participe futur actif (MORITURI, *ceux qui vont mourir*) et l'« adjectif verbal » (AMANDUS, *qui sera aimé*) du latin subsistent dans quelques désignations conventionnelles (officielles).

> il nascituro   *l'enfant à naître*   il laureando   *le futur licencié*

D'autres sont devenus des noms indépendants du verbe : leggenda (*légende*, litt. *ce qui doit être lu*).

198 Les emplois du participe passé

▶ Le participe passé (participio passato) peut être **attribut** ou **épithète**.

> I nemici furono **sconfitti**.
> *Les ennemis furent battus.*

> I nemici **sconfitti** si diedero alla fuga.
> *Les ennemis battus prirent la fuite.*

▶ Il conserve sa **valeur verbale** lorsqu'il est construit avec une expansion (complément).

> **Spaventati** dal tuono, i ragazzi tornarono a casa.
> *Épouvantés par le tonnerre, les enfants rentrèrent à la maison.*

199 Les propositions subordonnées participiales

Les participes présent et passé, placés en tête de phrase, expriment la simultanéité, l'antériorité ou la cause.

> **Assenti** i genitori, Paolo ha passato la giornata a guardare la TV.
> *En l'absence de ses parents, Paolo a passé sa journée à regarder la télé.*

> **Bevuto** il caffè, si rimisero al lavoro.
> *Après le café, ils/elles se remirent au travail.*

200 Le participe passé substantivé

L'italien substantive couramment le participe passé pour désigner des êtres humains ou des notions abstraites (procès, action).

l'imputato   *l'accusé*
l'accaduto   *ce qui est arrivé*
il risultato   *le résultat*

Il testimone narra l'accaduto al poliziotto.
Le témoin raconte ce qui est arrivé au policier.

201 L'accord du participe passé avec *essere*

▶ Construit avec l'auxiliaire **essere** (être), le participé passé s'accorde généralement **avec le sujet**, en genre et en nombre.

I bambini sono **tornati** da scuola, ma la baby-sitter non è **arrivata**.
Les enfants sont rentrés de l'école, mais la baby-sitter n'est pas arrivée.

▶ Avec les verbes pronominaux suivis d'un complément d'objet :

– si le complément est un **nom**, l'accord avec le complément est correct, mais moins courant que l'accord avec le sujet ;

Paolo si è **tagliato**/**tagliata** la barba.
Paolo s'est taillé la barbe.

Il ragazzino si è **mangiato**/**mangiate** tre pesche.
Le gamin a mangé trois pêches.

– si le complément est un **pronom**, l'accord se fait avec celui-ci.

Sono rimaste mele? – No, se le sono **mangiate** tutte i ragazzi.
Il reste des pommes ? – Non, les enfants les ont toutes mangées.

▶ ATTENTION Avec **ne**, le participe passé s'accorde indifféremment **avec le sujet ou le complément**.

Giovanna adora i gelati: se ne è **mangiata**/**mangiati** due.
Giovanna adore les glaces : elle en a mangé deux.

202 L'accord du participe passé avec *avere*

▶ Construit avec l'auxiliaire **avere** (avoir), il reste généralement **invariable**.

I miei fratelli hanno **comprato** due dischi.
Mes frères ont acheté deux disques.

LE GROUPE VERBAL

▶ Quand le complément d'objet est un **nom** et **précède le participe passé**, l'accord, obligatoire en français écrit, est possible mais **non courant**.

> Ascolto i dischi che mio fratello ha **comprati/comprato**.
> *J'écoute les disques que mon frère a achetés.*

▶ Quand le complément d'objet est un **pronom** (lo, li, la, le, ne), l'accord est **obligatoire**.

> Ho visto due nuovi dischi e li ho **comprati**.
> *J'ai vu deux nouveaux disques et les ai achetés.*

203 ## Le participe passé avec *andare* et *venire*

▶ Avec andare (*aller*) et venire (*venir*) semi-auxiliaires, le participe passé a une **valeur modale** et s'accorde en genre et en nombre avec le sujet.

▶ La construction **andare + participe passé** exprime l'**obligation**.

> Questo libro va **letto** per l'esame.
> *Ce livre doit être lu pour l'examen.*

▶ La construction **venire + participe passé** est un équivalent du passif légèrement emphatique.

> Finalmente, la porta venne **aperta**.
> *À la fin, la porte fut ouverte.*

LE GÉRONDIF

Le gérondif (gerundio) est une **forme adverbiale** du verbe.

204 ## Les valeurs du gérondif

Il présente un événement en relation avec un autre. Il a donc plusieurs valeurs circonstancielles :

• de **temps** (simultanéité) ;

> Il falegname canticchiava **lavorando**.
> *Le menuisier chantonnait (tout) en travaillant.*

• de **manière**, de **moyen** ;

> **Leggendo** s'impara.
> *En lisant on s'instruit.*

- de **cause** ;

> **Vedendo** come stavano le cose, se ne andò.
> *Voyant ce qu'il en était, il/elle s'en alla.*

- de **concession** ;

> Pur **avendo lavorato** tutto il giorno, non sono stanco.
> *Bien qu'ayant travaillé toute la journée, je ne suis pas fatigué.*

- de **condition**.

> Nemmeno **aprendo** le finestre si sente fresco.
> *Même en ouvrant les fenêtres, on ne sent pas la fraîcheur.*

205 Les constructions du gérondif

▶ Le **sujet** du gérondif est obligatoirement **sous-entendu**, lorsqu'il correspond à celui de la phrase principale.

> **Tornando** a casa, ho comprato il giornale.
> *En rentrant à la maison, j'ai acheté le journal.*

▶ Si le **sujet** du gérondif est différent de celui de la phrase principale, il est obligatoirement **explicité** et placé :

– **après le gérondif présent**, à la différence du français ;

> **Volendo** il governo fare approvare la legge, l'opposizione ha organizzato una manifestazione di protesta.
> *Le gouvernement souhaitant faire adopter la loi, l'opposition a organisé une manifestation de protestation.*

– **entre l'auxiliaire et le participe passé**, pour le gérondif passé.

> **Avendo** il Parlamento **approvato** la legge, l'opposizione ha organizzato una manifestazione di protesta.
> *Le Parlement ayant adopté la loi, l'opposition a organisé une manifestation de protestation.*

REMARQUE Cette construction est d'un registre soutenu ; l'usage parlé préfère d'autres tournures.

> Siccome il figlio aveva un po' di febbre, Francesco ha chiamato il medico.
> *Comme son fils avait un peu de fièvre, Francesco a appelé le médecin.*

206 Le gérondif avec *stare*

Avec stare (être) semi-auxiliaire, le participe passé a une valeur **durative** ou **progressive**.

> **Stavo scorrendo** il giornale.
> *J'étais en train de parcourir le journal.*

Les emplois des auxiliaires

Les verbes essere et avere ont un sens autonome, respectivement *exister* et *posséder*. Comme auxiliaires (ausiliari), ils servent à former les temps dits **composés**.

207 ## Les emplois de l'auxiliaire *avere*

L'auxiliaire avere s'emploie avec le **participe passé** au masculin singulier, **invariable** :

– avec **avere** lui-même ;

> **Hai avuto** la mia lettera?
> *Tu as reçu ma lettre ?*

– avec tous les verbes **transitifs**, employés avec ou sans nom complément ;

> **Aveva mangiato** (la minestra).
> *Il/Elle avait mangé (sa soupe).*

– avec certains verbes **intransitifs** d'activité physique et de mouvement sans précision spatiale.

> Il cane **ha abbaiato** tutta la notte.
> *Le chien a aboyé toute le nuit.*

> Oggi **ho camminato** per due ore.
> *Aujourd'hui, j'ai marché deux heures.*

208 ## Les emplois de l'auxiliaire *essere*

L'auxiliaire **essere** s'emploie avec le participe passé **accordé au sujet** pour former les temps composés :

– avec **essere** lui-même, à la différence du français ;

> La settimana scorsa **sono stata** sovraccarica di lavoro.
> *La semaine dernière, j'ai été surchargée de travail.*

– avec les verbes **impersonnels**, dont le sujet est ordinairement une proposition, un nom abstrait de procès ou d'action ou un nom quelconque complément de la proposition sous-entendue ;

accadere *(arriver)*	parere *(paraître)*
succedere *(arriver)*	bastare *(suffire)*
sembrare *(sembler)*	occorrere *(falloir)*

– avec les verbes **d'état** ou de **modification d'un état** ;

rimanere (rester)	nascere (naître)
diventare (devenir)	impallidire (pâlir)
giacere (être couché)	invecchiare (vieillir)
apparire (apparaître)	rimbambire (retomber en enfance)

– avec les verbes qui indiquent le **déplacement d'un lieu à un autre** comme andare (aller), arrivare (arriver), entrare (entrer), uscire (sortir), partire (partir).

> Il treno **è arrivato** in orario al capolinea.
> Le train est arrivé à l'heure au terminus.

209 *Essere* **avec les pronominaux, le passif et l'impersonnel**

▶ **Essere** sert à former :

– la **voix pronominale** ;

> Giovanna **si è pettinata**.
> Giovanna s'est coiffée.
>
> **Ci siamo accorti** di aver torto.
> Nous nous sommes aperçus que nous avions tort.
>
> **Si sono salutati** calorosamente.
> Ils se sont salués chaleureusement.

– le **passif** ;

> Il giardino **è stato rovinato** dal temporale.
> Le jardin a été ravagé par l'orage.

– l'**impersonnel**.

> **Si è andati** al centro commerciale e **si sono comprate** varie cosucce.
> On est allés au centre commercial et on a acheté diverses bricoles.

REMARQUE L'**impersonnel** se construit avec essere, même pour les verbes qui se conjuguent avec avere.

> **Si è mangiato** poco, ma bene. [=Abbiamo mangiato]
> On a mangé peu, mais bien.

▶ Le participe passé est accordé au sujet.

Avere ou *essere* avec les verbes non personnels

Les verbes **non personnels**, météorologiques ou désignant un phénomène physique, admettent les deux auxiliaires.

piovere	pleuvoir
nevicare	neiger
annottare	commencer à faire nuit
echeggiare	retentir
risuonare	résonner
brillare	briller

È/Ha piovuto tutto il giorno.
Il a plu toute la journée.

REMARQUE L'auxiliaire **avere** est plutôt employé avec une spécification (ou une implication) de temps, d'intensité, etc.

Avere et *essere* avec les verbes à deux sens

Certains verbes ont deux sens :
– un sens « **actif** », et dans ce cas ils sont transitifs et se conjuguent avec avere ;
– un sens « **passif** », et dans ce cas ils sont intransitifs et se conjuguent avec essere.

	SENS ACTIF	SENS PASSIF
affondare	envoyer par le fond	aller par le fond
annegare	noyer	se noyer
bruciare	faire brûler	se consumer
cambiare	modifier	changer
cominciare	entreprendre	commencer
crescere	élever	pousser
derivare	détourner	découler
inorridire	horrifier	être saisi d'horreur
migliorare	améliorer	aller mieux
peggiorare	aggraver	aller plus mal
salire	monter	monter
scendere	descendre	descendre

Ha salito le scale.
Il/Elle a monté les escaliers.

È salito di corsa al primo piano.
Il est monté en vitesse au premier étage.

Da quando **ha cambiato** mestiere, è proprio **cambiato**.
Depuis qu'il a changé de métier, il a bien changé.

212 *Avere* et *essere* avec les verbes de mouvement

Quelques verbes qui précisent une **modalité** du déplacement se construisent avec **essere** ou **avere**, avec des nuances de sens.

- Mouvement « en soi » (essere) ou déplacement d'un lieu à un autre (avere).

  La nave **è approdata**.
  Le bateau a accosté.

  La nave **ha approdato** in Sicilia.
  Le bateau a abordé en Sicile.

  Siamo corsi a casa.
  Nous avons couru à la maison.

  Il campione **ha corso** sempre per la stessa società.
  Le champion a toujours couru pour le même club.

- Sens propre (avere) ou sens figuré (essere).

  L'aereo **ha volato** a bassa quota.
  L'avion a volé à basse altitude.

  Tra i due litiganti **sono volati** insulti.
  Entre les deux adversaires, les insultes ont volé.

ATTENTION Il n'existe en fait aucune régularité pour ces verbes, et il faut consulter un dictionnaire pour s'assurer de l'emploi de l'auxiliaire et des éventuelles nuances pour les verbes qui admettent les deux.

LE GROUPE VERBAL

Les emplois des modaux et des factitifs

213 Les verbes modaux

▶ Les verbes modaux (verbi servili) **dovere** (devoir), **potere** (pouvoir), **volere** (vouloir) modalisent l'action, c'est-à-dire la situent par rapport à une **réalisation** ou à une **norme-obligation**.

▶ Ils précèdent le verbe principal à l'infinitif.

> **Devo** studiare per gli esami.
> *Je dois travailler pour mes examens.*
>
> I deputati non **potranno** ignorare la situazione.
> *Les députés ne pourront pas ignorer la situation.*
>
> Se **volete** venire, siete i benvenuti.
> *Si vous voulez venir, vous êtes les bienvenus.*

214 Les auxiliaires des verbes modaux

▶ Aux temps composés, les verbes modaux se construisent avec l'auxiliaire du verbe qu'ils modalisent.

> Non **ha voluto/potuto** restituirmi i soldi. [ha restituito]
> *Il n'a pas voulu/pu me rendre mon argent.*
>
> **Saresti dovuto** rimanere scapolo. [sei rimasto]
> *Tu aurais dû rester célibataire.*

▶ Si le verbe est sous-entendu, l'auxiliaire est avere. Comparez.

> Ero deciso, ma non **sono potuto** venire.
> *J'étais décidé, mais je n'ai pas pu venir.*
>
> Ero deciso a venire, ma non **ho potuto**.
> *J'étais décidé à venir, mais je n'ai pas pu.*

▶ Si **un pronom réfléchi ou impersonnel précède le modal**, l'auxiliaire est essere et le participe passé s'accorde au sujet.

> Non **si sono voluti** scomodare.
> *Ils n'ont pas voulu se déranger.*
>
> Non **si sono potuti** comprare i gelati. [gelati est sujet réel]
> *On n'a pas pu acheter de glaces.*

▶ Si **un pronom réfléchi ou impersonnel** est **placé après l'infinitif** du verbe principal, l'auxiliaire est avere.

> Non **hanno voluto** scomodarsi.
> *Ils/Elles n'ont pas voulu se déranger.*

215 ## Verbes à valeur modale accessoire

▶ Quelques verbes de sens **volitif** ou **affectif** peuvent fonctionner comme modaux.

preferire	*préférer*
desiderare	*désirer*
amare	*aimer*
osare	*oser*
sapere	*savoir*

▶ Comme les modaux au sens strict, ils se construisent **directement avec l'infinitif** du verbe qu'ils modalisent. Ils sont transitifs et peuvent avoir pour complément un nom.

> **Amo** leggere/i libri antichi.
> *J'aime lire/les livres anciens.*
>
> **Oserei** (fare) un'osservazione.
> *J'oserais (faire) une remarque.*
>
> **So** calcolare/il latino.
> *Je sais calculer/le latin.*

▶ Étant transitifs, ils prennent aux temps composés l'auxiliaire avere.

> **Ho preferito** non dare l'esame.
> *J'ai préféré ne pas me présenter à l'examen.*
>
> Non **ho osato** partire prima della fine della conferenza.
> *Je n'ai pas osé partir avant la fin de la conférence.*

REMARQUE Solere (*avoir coutume de*) contient à la fois une valeur modale et une valeur temporelle. Il se construit aux temps simples directement avec l'infinitif, mais n'admet pas de nom complément et se construit aux temps composés avec *essere*.

> Solevano/Erano soliti trascorrere l'estate in campagna.
> *Ils avaient l'habitude de passer l'été à la campagne.*

« Faire faire » : le factitif

▶ Le factitif indique un relais de **causalité**, directe ou indirecte : l'agent principal agit sur un agent secondaire qui contrôle directement le processus.

▶ Les verbes factitifs (ou causatifs) fare (*faire*) et lasciare (*laisser*) se construisent directement avec l'infinitif et prennent l'auxiliaire avere.

> Maria **ha fatto piangere** il fratellino.
> *Maria a fait pleurer son petit frère.*

> I carabinieri **hanno lasciato proseguire** i dimostranti.
> *Les carabiniers ont laissé les manifestants continuer.*

◀ Dans les construction factitives fare + verbe pronominal, le pronom réfléchi n'est pas repris.

> Mi hai fatto accorgere del mio errore.
> *Tu m'as fait m'apercevoir de mon erreur.*

▶ ATTENTION Pour un certain nombre de verbes exprimant une action de construction, de modification ou de destruction matérielle, l'italien parlé omet assez couramment le factitif lorsque le sens de celui-ci est aisément inférable.

> Paolo **si è tagliato** i capelli.
> *Paolo s'est fait couper les cheveux.*

> **Mi sono operato** di appendicite.
> *Je me suis fait opérer de l'appendicite.*

> I Bianchi **si sono costruiti** una casa nuova.
> *Les Bianchi se sont fait construire une nouvelle maison.*

Les conjugaisons régulières

LES VERBES RÉGULIERS

217 **Les quatre classes de verbes**

▶ On distingue traditionnellement quatre classes de verbes ou « conjugaisons », d'après :
    – la **voyelle thématique** qui s'intercale entre le radical et la désinence ;
    – la place de l'**accent tonique** de l'infinitif.

VOYELLE THÉMATIQUE	EXEMPLE	
-a-	cantare	*chanter*
-e-	temere	*craindre*
	credere	*croire*
-i-	dormire	*dormir*
-i-	capire	*comprendre*

▶ Dans la classe **-e-**, on peut distinguer deux groupes de verbes pour l'accentuation de l'infinitif. Ils suivent la même conjugaison.

▶ Dans la seconde classe **-i-**, les verbes possèdent une désinence en **-isc-** au **présent de l'indicatif et du subjonctif** et au **singulier de l'impératif**.

    dorm-o *je dors*   ≠   cap-i-sc-o *je comprends*

REMARQUE Certaines grammaires considèrent qu'il y a une seule classe en **-ere**, quelle que soit la place de l'accent tonique à l'infinitif, et une seule classe en **-ire**, indépendamment de la présence ou de l'absence de l'infixe **-sc-**.

218 **La notion de « régularité »**

▶ La notion de **régularité** ne s'applique qu'à la forme de la **désinence**. Celle-ci est caractérisée par des finales propres aux personnes.

  • Voyelles présentes dans les désinences du singulier : -o, -i, -a/-e.

  • Consonnes présentes dans les désinences du pluriel : -m-, -t-, -n-.

▶ Il existe néanmoins dans les conjugaisons « régulières » des variations, qui concernent en particulier la place de l'**accent tonique** de certaines formes et qui portent sur le **radical**.

LE GROUPE VERBAL

LES FORMES VERBALES RÉGULIÈRES

Les formes régulières des temps simples

Les formes régulières de l'indicatif présent

	RADICAL	SINGULIER			PLURIEL		
		1	2	3	1	2	3
lavorare	lavor-	-o	-i	-a	-iamo	-ate	-ano
temere	tem-	-o	-i	-e	-iamo	-ete	-ono
credere	cred-	-o	-i	-e	-iamo	-ete	-ono
servire	serv-	-o	-i	-e	-iamo	-ite	-ono
finire	fin-	-i-sc-o	-i-sc-i	-i-sc-e	-iamo	-ite	-i-sc-ono

▶ La **voyelle thématique** est absorbée par la marque de personne au singulier, et n'est conservée qu'à la 2e personne du pluriel.

▶ L'**accent** tombe :

– au **singulier** et à la **3e personne du pluriel**, sur la dernière syllabe du radical, sauf dans la seconde classe en **-i-** où l'infixe **-sc-** le déplace sur la désinence ;

lavoro, lavori, lavora, lavorano	je travaille, tu travailles, il/elle travaille, ils/elles travaillent
temo, temi, teme, temono	je crains, tu crains, il/elle craint, ils/elles craignent
credo, credi, crede, credono	je crois, tu crois, il/elle croit, ils/elles croient
servo, servi, serve, servono	je sers, tu sers, il/elle sert, ils/elles servent
finisco, finisci, finisce, finiscono	je finis, tu finis, il/elle finit, ils/elles finissent

– aux **1re et 2e personnes du pluriel**, sur l'avant-dernière syllabe, dans la désinence.

lavoriamo, lavorate	nous travaillons, vous travaillez
temiamo, temete	nous craignons, vous craignez
crediamo, credete	nous croyons, vous croyez
serviamo, servite	nous servons, vous servez
finiamo, finite	nous finissons, vous finissez

220 Indicatif présent : les verbes en *-iare*

▶ La plupart des verbes en **-iare** ne portent **pas l'accent sur le -i-**.

• À la 2ᵉ personne du singulier et à la 1ʳᵉ du pluriel, le **-i-** de la désinence absorbe celui du radical.

> cambiare (*changer*) → cambio, cambi, cambia, cambiamo,
> cambiate, cambiano

> copiare (*copier*) → copio, copi, copia, copiamo, copiate, copiano

• Voici quelques exemples.

-biare	cambiare	changer
-ciare	cominciare	commencer
-chiare	fischiare	siffler
-diare	rimediare	remédier
-fiare	gonfiare	gonfler
-giare	mangiare	manger
-liare	umiliare	humilier
-gliare	pigliare	prendre
-miare	risparmiare	économiser
-niare	coniare	forger
-piare	copiare	copier
-riare	contrariare	contrarier
-sciare	lasciare	laisser
-ziare	iniziare	commencer

▶ D'autres verbes en **-iare** sont **accentués** sur le **-i-**, sauf aux 1ʳᵉ et 2ᵉ personnes du pluriel.

• À la 2ᵉ personne du singulier, le **-i** de la désinence s'ajoute à celui du radical.

> avviare (*mettre en route*) → avvio, avvii, avvia, avviamo, avviate,
> avviano

> spiare (*épier, espionner*) → spio, spii, spia, spiamo, spiate, spiano

LE GROUPE VERBAL

• Se conjuguent de cette façon :
  – obliare (oublier, rare), sciare (skier), espiare (expier) ;
  – tous les dérivés de via (voie).

deviare	dévier
fuorviare	fourvoyer
ovviare	obvier
ravviare	remettre en ordre
sviare	dévoyer, détourner
traviare	dévoyer

221 Indicatif présent : les verbes en *-itare, -icare, -igare*

▶ Dans la classe en **-are**, **le singulier** peut être accentué sur l'antépénultième, en particulier pour les verbes dont l'infinitif se termine par **-itare, -icare, -igare**.

abitare (habiter)	abito, -i, -a
dimenticare (oublier)	dimentico, -chi, -ca
navigare (naviguer)	navigo, -ghi, -ga

▶ À la **3ᵉ personne du pluriel**, l'accent porte sur la même syllabe qu'au singulier.

abitano	ils/elles habitent
dimenticano	ils/elles oublient
navigano	ils/elles naviguent

ATTENTION Les francophones commettent couramment la faute de déplacer l'accent sur l'antépénultième. Il faut veiller soigneusement à l'éviter.

REMARQUE Sur les modifications orthographiques des verbes en **-care, -gare**, → 255.

222 Indicatif présent : les verbes en *-gnare*

▶ À la **1ʳᵉ personne du pluriel**, les verbes en **-gnare** s'orthographient avec **-i-** :
  – de préférence à l'indicatif ;

  accompagniamo ou accompagnamo   *nous accompagnons*

  – obligatoirement au subjonctif.

  che accompagniamo   *que nous accompagnions*

▶ À la **2ᵉ personne du pluriel**, le **-i-** des verbes en **-gnare** :

– n'est pas écrit à l'indicatif ;

    sogn<u>a</u>te   vous rêvez

– est obligatoire au subjonctif.

    che sogni<u>a</u>te   que vous rêviez

▶ Voici quelques exemples de verbes en **-gnare**.

accompagnare	accompagner
bagnare	mouiller
impegnare	engager
insegnare	enseigner
sognare	rêver

223   **Indicatif présent : les verbes en -ire**

▶ Les verbes les plus courants de la seconde classe en **-i-**, qui se conjugue **avec** l'infixe **-sc-**, sont :

ammonire	avertir
capire	comprendre
costruire	construire
favorire	favoriser
ferire	blesser
finire	finir
fiorire	fleurir
fornire	fournir
guarire	guérir
impedire	empêcher
istruire	instruire
percepire	percevoir
preferire	préférer
punire	punir
rapire	ravir
scolpire	sculpter
subire	subir
tradire	trahir
unire	unir

LE GROUPE VERBAL

▶ Plusieurs verbes en **-ire** admettent les deux formes, **sans ou avec** l'infixe **-sc-**.

● Pour certains de ces verbes, il n'y a pas de différence de sens, ni de préférence marquée.

aborrire *(abhorrer)*	→	aborro	aborrisco
assorbire *(absorber)*	→	assorbo	assorbisco
nutrire *(nourrir)*	→	nutro	nutrisco
inghiottire *(avaler)*	→	inghiotto	inghiottisco

● Pour d'autres verbes, l'une des formes est plus rare.

applaudire *(applaudir)*	→	applaudo	(applaudisco)
mentire *(mentir)*	→	mento	(mentisco)
tossire *(tousser)*	→	(tosso)	tossisco

224 Les formes régulières de l'indicatif imparfait

RADICAL	VOYELLE THÉMATIQUE	SINGULIER 1	2	3	PLURIEL 1	2	3
lavor-	-a-						
tem-	-e-						
cred-	-e-	-vo	-vi	-va	-vamo	-vate	-vano
serv-	-i-						
fin-	-i-						

C'est le temps le plus prévisible (« régulier ») de toute la conjugaison.

▶ La **voyelle thématique** est toujours présente.

▶ L'**accent** tombe sur la voyelle thématique, sauf aux 1re et 2e personnes du pluriel, où il tombe sur l'avant-dernière syllabe.

▶ Les **désinences** de personnes sont identiques pour toutes les classes.

REMARQUE Même les verbes irréguliers se conjuguent de cette façon. Seuls quelques-uns ont des formes particulières : **dire** *(dire,* ➜ **265**), **fare** *(faire,* ➜ **264**), **essere** *(être,* ➜ **233**) et les verbes en **-rre**.

225 ## Les formes régulières du passé simple

RADICAL	SINGULIER			PLURIEL		
	1	2	3	1	2	3
lavor-	-ai	-asti	-ò	-ammo	-aste	-arono
tem-	-ei	-esti	-é	-emmo	-este	-erono
cred-	-ei	-esti	-é	-emmo	-este	-erono
serv-	-ii	-isti	-ì	-immo	-iste	-irono
fin-	-ii	-isti	-ì	-immo	-iste	-irono

▶ Le parfait régulier est uniformément accentué sur la **désinence**, c'est pourquoi on l'appelle ordinairement **parfait faible** (radical non accentué).

▶ Dans les deux classes en **-ere**, il existe une variante courante aux 1re et 3e personnes du singulier et à la 3e du pluriel : **-etti**, **-ette**, **-ettero**.

> temere (*craindre*) → **temetti**, temesti, **temette**, tememmo, temeste, **temettero**
>
> credere (*croire*) → **credetti**, credesti, **credette**, credemmo, credeste, **credettero**

226 ## Les formes régulières du futur simple

RADICAL	VOYELLE THÉMATIQUE	SINGULIER			PLURIEL		
		1	2	3	1	2	3
lavor-	**-e-**						
tem-	-e-						
cred-	-e-	-rò	-rai	-rà	-remo	-rete	-ranno
serv-	-i-						
fin-	-i-						

▶ Cette forme aussi est « régulière », car dans tous les cas la désinence est la contraction de la finale de l'infinitif et du présent de avere (→ 232).

▶ La seule particularité touche la classe en -are, où la voyelle thématique change : -a- devient **-e-**.

Les formes régulières du subjonctif présent

RADICAL	SINGULIER 1	2	3	PLURIEL 1	2	3
lavor-	-i	-i	-i	-iamo	-iate	-ino
tem-	-a	-a	-a	-iamo	-iate	-ano
cred-	-a	-a	-a	-iamo	-iate	-ano
serv-	-a	-a	-a	-iamo	-iate	-ano
fin-	-i-sc-a	-i-sc-a	-i-sc-a	-iamo	-iate	-i-sc-ano

▶ La conjugaison du subjonctif présent est caractérisée au singulier et à la 3e personne du pluriel par le **changement de la voyelle thématique** :
— **-i-** pour la classe en **-are** ;
— **-a-** pour les classes en **-ere** et en **-ire**.

▶ Comme au présent de l'indicatif, **l'accent** tombe :
— **au singulier** et à la **3e personne du pluriel**, sur le radical, sauf pour la seconde classe des verbes en **-ire**, où l'infixe **-sc-** le déplace sur la voyelle thématique ;
— aux **1re et 2e personnes du pluriel**, sur l'avant-dernière syllabe, dans la désinence.

▶ Au singulier, les trois marques de personne sont identiques, et seul le **pronom sujet** permet de les distinguer. Il est donc **obligatoire**.

> che io/tu/lui lavori
> che io/tu/lui creda
> che io/tu/lui finisca

▶ Au pluriel, les désinences des 1re et 2e personnes sont identiques pour toutes les classes.

REMARQUE La forme commune de la 1re personne du pluriel est identique à celle du présent de l'indicatif.

ATTENTION Les verbes en **-iare** présentent les mêmes particularités qu'à l'indicatif (→ 220).

228 Les formes régulières du subjonctif imparfait

RADICAL	VOYELLE THÉMATIQUE	SINGULIER			PLURIEL		
		1	2	3	1	2	3
lavor-	-a-						
tem-	-e-						
cred-	-e-	-ssi	-ssi	-sse	-ssimo	-ste	-ssero
serv-	-i-						
fin-	-i-						

▶ La **voyelle thématique** est toujours présente et **tonique**.

▶ Les **désinences** de personnes sont identiques pour toutes les classes.

▶ Aux 1re et 2e personnes du singulier, qui sont identiques, le **pronom sujet** est **obligatoire**.

     che io/tu lavorassi
     che io/tu credessi
     che io/tu finissi

229 Les formes régulières de l'impératif

RADICAL	SINGULIER		PLURIEL		
	2	3	1	2	3
lavor-	-a	(-i)	(-iamo)	-ate	(-ino)
tem-	-i	(-a)	(-iamo)	-ete	(-ano)
cred-	-i	(-a)	(-iamo)	-ete	(-ano)
serv-	-i	(-a)	(-iamo)	-ite	(-ano)
fin-	-i-sc-i	(-i-sc-a)	(-iamo)	-ite	(-i-sc-ano)

▶ Là où la forme proprement impérative n'existe pas, on utilise des **formes de remplacement**, dont la principale est le subjonctif (→ 227), notées entre parenthèses.

▶ L'**accent** tombe :
– au singulier, sur le radical ;
– au pluriel, sur la désinence, sauf pour la 3e personne des verbes sans infixe -sc-, qui sont accentués sur le radical.

Les formes régulières du conditionnel présent

RADICAL	VOYELLE THÉMATIQUE	SINGULIER 1	2	3	PLURIEL 1	2	3
lavor-	-e-						
tem-	-e-						
cred-	-e-	-rei	-resti	-rebbe	-remmo	-reste	-rebbero
serv-	-i-						
fin-	-i-						

▶ Les observations concernant le futur (→ 226) s'appliquent au conditionnel.

▶ ATTENTION Les francophones doivent être tout particulièrement attentifs à percevoir et reproduire les **consonnes doubles**, oralement et par écrit, pour différencier le futur du conditionnel.

> canteremo *(nous chanterons)* ≠ canteremmo *(nous chanterions)*

Les formes régulières des participes et du gérondif

RADICAL	PARTICIPE PRÉSENT	PARTICIPE PASSÉ	GÉRONDIF
lavor-	-ante, -i	-ato, -i, -a, -e	-ando
tem-	-ente,- i	-uto, -i, -a, -e	-endo
cred-	-ente,- i	-uto, -i, -a, -e	-endo
serv-	-ente,- i	-ito, -i, -a, -e	-endo
fin-	-ente,- i	-ito, -i, -a, -e	-endo

▶ Toutes les formes sont **accentuées sur la désinence**.

▶ La **voyelle thématique** est :
– conservée dans la classe en **-are** et au participe passé des verbes en **-ire** ;
– unifiée en **-e-** dans les classes en **-ere**, sauf au participe passé, où elle devient **-u-** ;
– unifiée en **-e-** au participe présent et au gérondif des verbes en **-ire**.

▶ Au participe passé, les deux classes en **-ere** d'une part, les deux classes en **-ire** d'autre part, ne présentent **pas de différence**.

REMARQUES
• Dormire *(dormir)* a aussi un participe présent en -iente : dormiente.
• Pour ubbidire *(obéir)*, la variante en -iente, ubbidiente *(obéissant)*, est devenue adjectif.

Les formes régulières des temps composés

Les temps composés se construisent au moyen des auxiliaires *avere* (*avoir*) et *essere* (*être*), conjugués aux temps simples et combinés avec le **participe passé** du verbe principal.

232

Les formes de l'auxiliaire *avere*

	PRÉSENT	IMPARFAIT	PARFAIT	FUTUR
INDICATIF	h- o	av- evo	ebb- i	av- rò
	ha- i	av- evi	av- esti	av- rai
	h- a	av- eva	ebb- e	av- rà
	abb- iamo	av- evamo	av- emmo	av- remo
	av- ete	av- evate	av- este	av- rete
	ha- nno	av- evano	ebb- ero	av- ranno

	PRÉSENT	IMPARFAIT	IMPÉRATIF	CONDITIONNEL
SUBJONCTIF	abbi- a	av- essi		av- rei
	abbi- a	av- essi	abb- i	av- resti
	abbi- a	av- esse	abbi- a	av- rebbe
	abb- iamo	av- essimo	abb- iamo	av- remmo
	abb- iate	av- este	abb- iate	av- reste
	abbi- ano	av- essero	abbi- ano	av- rebbero

INFINITIF	GÉRONDIF	PARTICIPE PASSÉ
av-ere	av-endo	av-uto

Les principales caractéristiques de ce verbe sont :
– les formes monosyllabiques, et les graphies avec **h-** héritées du latin HABERE au présent de l'indicatif ;
– le renforcement de la consonne radicale à certaines formes ;
– au parfait, le changement de timbre de la voyelle radicale (apophonie) : -a- devient -e- ;
– la syncope au futur et au conditionnel : avere + ho → avrò.

Les formes de l'auxiliaire _essere_

	PRÉSENT		IMPARFAIT		PARFAIT		FUTUR	
INDICATIF	son-	o	er-	o	fu-	i	sa-	rò
	se-	i	er-	i	fo-	sti	sa-	rai
	è		er-	a	fu		sa-	rà
	s-	iamo	erav-	amo	fu-	mmo	sa-	remo
	si-	ete	erav-	ate	fo-	ste	sa-	rete
	s-	ono	er-	ano	fu-	rono	sa-	ranno

	PRÉSENT		IMPARFAIT		IMPÉRATIF		CONDITIONNEL	
SUBJONCTIF	si-	a	foss-	i			sa-	rei
	si-	a	foss-	i	si-	i	sa-	resti
	si-	a	foss-	i	si-	a	sa-	rebbe
	si-	amo	foss-	imo	si-	amo	sa-	remmo
	si-	ate	fos-	te	si-	ate	sa-	reste
	si-	ano	foss-	ero	si-	ano	sa-	rebbero

INFINITIF	GÉRONDIF	PARTICIPE PASSÉ
ess-ere	ess-endo	stato

La principale caractéristique de la morphologie de ce verbe est la variation du radical, héritée du latin ESSE.

Les formes régulières des temps composés

La conjugaison des temps composés se réduit à celle des deux **auxiliaires** conjugués aux temps simples et combinés avec le **participe passé** du verbe principal.

▶ **Passé composé (passato prossimo).**

ho mangiato	_j'ai mangé_
abbiamo mangiato	_nous avons mangé_
sono venuto, -a	_je suis venu, -e_
siamo venuti, -e	_nous sommes venus, -es_

▶ **Plus-que-parfait (trapassato prossimo).**

avevo mangiato	_j'avais mangé_
avevamo mangiato	_nous avions mangé_
ero venuto, -a	_j'étais venu, -e_
eravamo venuti, -e	_nous étions venus, -es_

▶ **Passé antérieur (trapassato remoto)**.

ebbi mangiato	j'eus mangé
avemmo mangiato	nous eûmes mangé
fui venuto, -a	je fus venu, -e
fummo venuti, -e	nous fûmes venus, -es

▶ **Futur antérieur (futuro anteriore)**.

avrò mangiato	j'aurai mangé
avremo mangiato	nous aurons mangé
sarò venuto, -a	je serai venu, -e
saremo venuti, -e	nous serons venus, -es

▶ **Conditionnel passé (condizionale passato)**.

avrei mangiato	j'aurais mangé
avremmo mangiato	nous aurions mangé
sarei venuto, -a	je serais venu, -e
saremmo venuti, -e	nous serions venus, -es

▶ **Subjonctif passé (congiuntivo passato)**.

che io abbia mangiato	que j'aie mangé
che abbiamo mangiato	que nous ayons mangé
che io sia venuto, -a	que je sois venu, -e
che siamo venuti, -e	que nous soyons venus, -es

▶ **Subjonctif plus-que-parfait (congiuntivo trapassato)**.

che io avessi mangiato	que j'eusse mangé
che avessimo mangiato	que nous eussions mangé
che io fossi venuto, -a	que je fusse venu, -e
che fossimo venuti, -e	que nous fussions venus, -es

Les conjugaisons irrégulières

LA NOTION D' « IRRÉGULARITÉ »

235 Les causes des irrégularités

Les « irrégularités » des verbes sont dues à divers facteurs.

▶ Le **conservatisme étymologique** fait que la conjugaison de certains verbes est marquée par la forme latine dont ils sont les descendants : ainsi la conjugaison de bere (boire) s'explique à partir du latin BIBERE (devenu bevere avant de se réduire à bere). Mais ce conservatisme est en partie masqué aujourd'hui par l'évolution des formes au cours de l'histoire.

▶ L'**évolution phonologique** apporte d'autres changements, explicables par des tendances mécaniques (moindre effort) et psychologiques (analogie, hypercorrection de « fautes » supposées).

▶ L'**analogie interne** joue entre diverses formes d'un même verbe : la forme étymologique piagni (tu pleures, désuète) a été unifiée en piangi pour conserver le radical pian- de piango (je pleure).

▶ L'**analogie externe** repose sur l'influence d'un autre verbe : le **type** piango a influencé venire (venir), dont la forme étymologique vegno (je viens, désuète) a été supplantée par la forme analogique vengo.

REMARQUE On indiquera lorsque c'est utile la **forme sous-jacente** qui rend compte des irré-gularités.

236 Les catégories de verbes irréguliers

▶ Les verbes « irréguliers » appartiennent en grande majorité aux classes en **-e-**. Les classes en **-a-** et **-i-** en comportent beaucoup moins.

▶ Un certain nombre de verbes, plus que des irrégularités, présentent des **marques minoritaires**. Ces marques sont elles-mêmes régulières ; c'est notamment le cas :
– des verbes à passé simple « irrégulier » (parfait fort) ;
– des verbes présentant des **alternances phoniques et graphiques** au présent de l'indicatif et du subjonctif.

▶ Les verbes qui cumulent de **multiples particularités** seront mentionnés le cas échéant dans les catégories générales, puis décrits en détail :
– verbes **semi-auxiliaires**, **modaux** et assimilés ;
– verbes **particuliers en -are** et **en -ire** ;
– verbes **défectifs non personnels**.

LE PASSÉ SIMPLE « IRRÉGULIER » OU PARFAIT FORT

237 Définition de « parfait fort »

La qualification traditionnelle de « parfait fort » est due au fait que ce passé simple, aux 1re et 3e personnes du singulier et à la 3e personne du pluriel, est **accentué sur le radical**, lui-même **modifié**, alors que le passé simple régulier est uniformément accentué sur la désinence. C'est donc sur le radical que porte l'irrégularité, car les désinences sont parfaitement régulières.

cant-<u>a</u>re → cant-<u>ai</u> (je chantai) ≠ m<u>e</u>tt-ere → m<u>i</u>s-i (je mis)

238 Les marques du parfait fort

▶ Elles sont les mêmes pour tous les parfaits forts :
– trois formes (1re et 3e personnes du singulier, 3e personne du pluriel) sont formées sur un **radical modifié et accentué** ;
– les trois autres (2e du singulier, 1re et 2e du pluriel) sont formées comme dans la conjugaison régulière (faible) et **accentuées sur la désinence**.

Exemple : **scrivere** (*écrire*).

		RADICAL	DÉSINENCE	
SINGULIER	1	**scriss-**	i	j'écrivis
	2	scriv-	esti	tu écrivis
	3	**scriss-**	e	il/elle écrivit
PLURIEL	1	scriv-	emmo	nous écrivîmes
	2	scriv-	este	vous écrivîtes
	3	**scriss-**	ero	ils/elles écrivirent

REMARQUE
* Il suffit de connaître la 1re personne du singulier du parfait fort pour conjuguer le verbe.
* En règle générale, les dérivés d'un verbe simple se conjuguent comme lui. Il existe, pour des verbes très courants, quelques exceptions remarquables qui seront signalées.

Le parfait fort à participe passé indépendant

Dans cette catégorie, le **participe passé**, indépendant du radical modifié du parfait, est généralement régulier.

239 Redoublement de la consonne du radical

▶ Principaux verbes concernés.

INFINITIF	PARFAIT	PARTICIPE PASSÉ	
bere (*boire*)	**bevvi**	**bevuto**	
cadere (*tomber*)	**caddi**	**caduto**	
piacere (*plaire*)	**piacqui**	**piaciuto**	
tacere (*taire*)	**tacqui**	**taciuto**	
tenere (*tenir*)	**tenni**	**tenuto**	(→ 252)
volere (*vouloir*)	**volli**	**voluto**	(→ 259)
venire (*venir*)	**venni**	**venuto**	(→ 256)
conoscere (*connaître*)	**conobbi**	**conosciuto**	
crescere (*croître*)	**crebbi**	**cresciuto**	
nascere (*naître*)	**nacqui**	**nato**	
nuocere (*nuire*)	**nocqui**	**nociuto**	(→ 249)
piovere (*pleuvoir*)	**piovve**	**piovuto**	

▶ Certains verbes à redoublement présentent en outre une modification (apophonie) de la voyelle du radical (→ 240).

240 Modification de la voyelle du radical (apophonie)

▶ Principaux verbes concernés.

INFINITIF	PARFAIT	PARTICIPE PASSÉ	
avere (avoir)	ebbi	avuto	(→ 232)
dare (donner)	diedi	dato	(→ 262)
fare (faire)	feci	fatto	(→ 264)
rompere (casser)	ruppi	rotto	
sapere (savoir)	seppi	saputo	(→ 260)
stare (se tenir)	stetti	stato	(→ 263)
vedere (voir)	vidi	veduto, visto	

241 Consonantisation du parfait

Le radical du parfait se termine par une consonne pour parere (paraître) et ses dérivés, apparire (apparaître), comparire (comparaître), scomparire (disparaître).

INFINITIF	PARFAIT	PARTICIPE PASSÉ
parere (paraître)	parvi	parso

REMARQUE Sparire (disparaître) se conjugue de préférence selon la conjugaison régulière : sparii ; son participe passé est sparito.

Le parfait fort sigmatique

Les verbes de cette catégorie présentent un radical modifié se terminant par **-s** : c'est pourquoi on appelle ces parfaits **sigmatiques** (sigma est le nom du s grec).

On subdivise ordinairement ce groupe en fonction des différentes formes qu'affecte le participe passé.

Parfait en -*si*, participe passé en -*so*

▶ Principaux verbes concernés.

INFINITIF	PARFAIT	PARTICIPE PASSÉ
accendere (allumer)	accesi	acceso
alludere (faire allusion)	allusi	alluso
appendere (suspendre)	appesi	appeso
ardere (brûler)	arsi	arso
aspergere (asperger)	aspersi	asperso
chiudere (fermer)	chiusi	chiuso
correre (courir)	corsi	corso
decidere (décider)	decisi	deciso
difendere (défendre)	difesi	difeso
dividere (partager)	divisi	diviso
eccellere (exceller)	eccelsi	eccelso
emergere (émerger)	emersi	emerso
espellere (expulser)	espulsi	espulso
esplodere (exploser)	esplosi	esploso
evadere (s'évader)	evasi	evaso
fondere (fondre)	fusi	fuso
invadere (envahir)	invasi	invaso
mordere (mordre)	morsi	morso
perdere (perdre)	persi	perso
persuadere (persuader)	persuasi	persuaso
prendere (prendre)	presi	preso
radere (raser)	rasi	raso
recidere (trancher net)	recisi	reciso
rendere (rendre)	resi	reso
ridere (rire)	risi	riso
rodere (ronger)	rosi	roso
scendere (descendre)	scesi	sceso
spargere (répandre)	sparsi	sparso
spendere (dépenser)	spesi	speso
tendere (tendre)	tesi	teso
tergere (essuyer)	tersi	terso
uccidere (tuer)	uccisi	ucciso
valere (valoir)	valsi	valso

▶ Fendere a un passé simple régulier (fend**e**i, etc.) et son participe passé est **fesso**.

▶ Mettere a un passé simple irrégulier (**misi**, etc.) et son participe passé est **messo**.

▶ Pendere (*pendre*) a un passé simple régulier (pend**e**i, etc.) et son participe passé est **appeso**.

▶ Perdere et sperdere ont des participes passés réguliers, perduto et sperduto (*éperdu* et *perdu* au sens analogique).

243 ## Parfait en -*ssi*, participe passé en -*sso*

▶ Principaux verbes concernés.

INFINITIF	PARFAIT	PARTICIPE PASSÉ
affiggere (*placarder*)	**affissi**	**affisso**
annettere (*annexer*)	**annessi**	**annesso**
comprimere (*comprimer*)	**compressi**	**compresso**
concedere (*accorder*)	**concessi**	**concesso**
discutere (*discuter*)	**discussi**	**discusso**
muovere (*déplacer*)	**mossi**	**mosso**
scuotere (*secouer*)	**scossi**	**scosso**
succedere (*succéder*)	**successi**	**successo**

▶ Cedere et tous ses dérivés sauf concedere sont réguliers : ced**e**i (*je cédai*), ceduto (*cédé*), etc.

▶ Premere (*presser*) et spremere sont réguliers : prem**e**i (*je pressai*), premuto (*pressé*).

▶ Riflettere (*réfléchir*) a deux formes de parfait et de participe passé : **riflessi**, **riflesso** dans l'acception physique, riflett**e**i, riflettuto au sens de *penser*.

▶ Succedere a un parfait et un participe passé forts qui s'emploient dans l'acception *arriver, se produire* (auxiliaire **e**ssere) ; au sens de *succéder* (auxiliaire avere), on emploie parfois les formes régulières, succed**e**i, succeduto.

Parfait en -si, participe passé en -to

▶ Principaux verbes concernés.

INFINITIF	PARFAIT	PARTICIPE PASSÉ
accorgersi (s'apercevoir)	(mi) accorsi	accorto
assumere (embaucher)	assunsi	assunto
cingere (ceindre)	cinsi	cinto
cogliere (cueillir)	colsi	colto
dipingere (peindre)	dipinsi	dipinto
distinguere (distinguer)	distinsi	distinto
fingere (feindre)	finsi	finto
frangere (briser)	fransi	franto
giungere (arriver)	giunsi	giunto
piangere (pleurer)	piansi	pianto
porgere (tendre, présenter)	porsi	porto
pungere (piquer)	punsi	punto
redimere (racheter)	redensi	redento
scegliere (choisir)	scelsi	scelto
scindere (scinder)	scinsi	scinto
sciogliere (défaire)	sciolsi	sciolto
scorgere (apercevoir)	scorsi	scorto
sorgere (surgir)	sorsi	sorto
spegnere (éteindre)	spensi	spento
spingere (pousser)	spinsi	spinto
sporgere (faire saillie)	sporsi	sporto
sporgersi (se pencher)	(mi) sporsi	sporto
svellere (arracher)	svelsi	svelto
tingere (teindre)	tinsi	tinto
togliere (ôter)	tolsi	tolto
torcere (tordre, détourner)	torsi	torto
ungere (enduire)	unsi	unto
vincere (vaincre)	vinsi	vinto
volgere (tourner)	volsi	volto

245 Parfait en -ssi, participe passé en -tto

Ces verbes ont pour la plupart une finale en **-(g)gere**, **-cere**, ou une finale contractée en **-rre** (CONDUCERE → conadurre, conduire ; TRAHERE → trarre, tirer).

▶ Principaux verbes concernés.

INFINITIF	PARFAIT	PARTICIPE PASSÉ
affliggere (affliger)	**afflissi**	**afflitto**
distruggere (détruire)	**distrussi**	**distrutto**
eleggere (élire)	**elessi**	**eletto**
erigere (ériger, dresser)	**eressi**	**eretto**
redigere (rédiger)	**redassi**	**redatto**
figgere (planter)	**fissi**	**fitto**
friggere (frire)	**frissi**	**fritto**
leggere (lire)	**lessi**	**letto**
negligere (négliger)	**neglessi**	**negletto**
proteggere (protéger)	**protessi**	**protetto**
reggere (gouverner)	**ressi**	**retto**
stringere (étreindre)	**strinsi**	**stretto**
scrivere (écrire)	**scrissi**	**scritto**
cuocere (cuire)	**cossi**	**cotto**
condurre (conduire)	**condussi**	**condotto**
trarre (tirer, traîner)	**trassi**	**tratto**

▶ Costruire (construire) a le parfait costrussi, et deux formes du participe passé : costruito (construit) et costrutto, ce dernier toujours substantivé (construction grammaticale).

246 Parfait en -si, participe passé en -sto

▶ Principaux verbes concernés.

INFINITIF	PARFAIT	PARTICIPE PASSÉ
chiedere (demander)	**chiesi**	**chiesto**
nascondere (cacher)	**nascosi**	**nascosto**
rispondere (répondre)	**risposi**	**risposto**
porre (< PONERE, poser)	**posi**	**posto**

LES ALTERNANCES PHONIQUES ET ORTHOGRAPHIQUES

Certains verbes présentent des alternances phoniques et graphiques dues à la concurrence entre les mécanismes de l'évolution phonétique et la tendance à la régularisation qui régit la conjugaison du verbe. D'autres alternances sont de simples aménagements graphiques et concernent surtout le présent de l'indicatif et du subjonctif.

Alternances vocaliques

247 Les formes de *sedere*

▶ La voyelle du radical est **diphtonguée** si elle est **tonique**. Toutes les autres formes sont sans diphtongue.

indicatif présent	siedo, siedi, siede, sediamo, sedete, siedono
subjonctif présent	sieda, sieda, sieda, sediamo, sediate, siedano
impératif	siedi, sedete

▶ Pour sedere et possedere, il existe une variante un peu recherchée à la 1re personne du singulier et à la 3e du pluriel :
– au présent de l'indicatif : (io) seggo, (loro) seggono ;
– au présent du subjonctif : (io) segga, (loro) seggano.

REMARQUE Risiedere (*résider*), dérivé de sedere, se conjugue **toujours avec la diphtongue**.

▶ Tenere (*tenir*) et venire (*venir*, → 256) appartiennent à ce groupe.

248 Les formes de *scuotere*

▶ Ce verbe se conjugue avec la **diphtongue** en position **non accentuée**.

indicatif présent	scuoto, scuoti, scuote, sc(u)otiamo, sc(u)otete, sc(u)otono
indicatif parfait	scossi, scotesti, scosse, sc(u)otemmo, scoteste, scossero
subjonctif présent	scuota, -a, -a, sc(u)otiamo, sc(u)otiate, sc(u)otano
impératif	scuoti, sc(u)otete

▶ Percuotere (*frapper*), riscuotere (*toucher de l'argent*), muovere (*mouvoir*) ont la diphtongue, sauf au participe passé.

249

Les formes de *morire, cuocere, nuocere*

▶ **Morire** (mourir).

indicatif présent	muoio, muori, muore, moriamo, morite, muoiono
indicatif imparfait	morivo, etc.
indicatif parfait	morii, moristi, morì, morimmo, moriste, morirono
subjonctif présent	muoia, muoia, muoia, moriamo, moriate, muoiano
subjonctif imparfait	morissi, -etc.
indicatif futur	morirò/morrò, etc.
conditionnel	morirei/morrei, etc.
impératif	muori, morite

▶ **Cuocere** (cuire).

indicatif présent	cuocio, cuoci, cuoce, cociamo, cocete, cuociono
subjonctif présent	cuocia, cuocia, cuocia, cociamo, cociate, cuociano
impératif	cuoci, cocete

Aux autres temps, la diphtongue est généralisée.

▶ **Nuocere** (nuire).

indicatif présent	n(u)occio, nuoci, nuoce, nociamo, nocete, n(u)occiono
indicatif imparfait	n(u)ocevo, etc.
indicatif parfait	nocqui, nocesti, nocque, nocemmo, noceste, nocquero
subjonctif présent	n(u)occia, n(u)occia, n(u)occia, nociamo, nocete, n(u)occiano
subjonctif imparfait	n(u)ocessi, etc.
indicatif futur	nuocerò, etc.
conditionnel	nuocerei, etc.
impératif	nuoci, nuocete

REMARQUE La tendance actuelle est d'unifier la conjugaison sur la forme de l'infinitif, sauf pour les formes particulières du parfait. Cela permet de distinguer par exemple :

nuotiamo	nous nageons	≠	notiamo	nous notons
vuotiamo	nous vidons	≠	votiamo	nous votons

LE GROUPE VERBAL

Alternances consonantiques

Elles sont beaucoup plus diversifiées que les alternances vocaliques, et un même verbe en présente souvent plusieurs.

250 ## Les verbes en voyelle + -cere

▶ Ces verbes subissent au présent de l'indicatif et du subjonctif un renforcement de la consonne finale du radical devant -o et -a : c → cc (+ i orthographique indiquant la prononciation /tʃ/).

▶ Principaux verbes concernés.

	INDICATIF PRÉSENT	SUBJONCTIF PRÉSENT
giacere (être couché)	giaccio, giaci, giace, giacciamo	giaccia
piacere (plaire)	piaccio, piaci, piace, piacciamo	piaccia
tacere (se taire)	taccio, taci, tace, tacciamo	taccia

▶ Leurs dérivés se conjuguent de même.

soggiacere	se soumettre
compiacere	complaire
sottacere	passer sous silence
dispiacere	déplaire
spiacere	déplaire

251 ## Les verbes en consonne + -cere/-gere/-gire

▶ Au présent de l'indicatif et du subjonctif, ils présentent une alternance **phonique** :
– /k/ et /g/ **vélaire** devant -o, -a ;
– /tʃ/ et /dʒ/ **palatale** devant -i, -e.

▶ Exemple : **vincere** (vaincre).

indicatif présent	vinco, vinci, vince, vinciamo, vincete, vincono
subjonctif présent	vinca, vinca, vinca, vinciamo, vinciate, vincano

◗ Principaux verbes concernés.

	INDICATIF PRÉSENT	SUBJONCTIF PRÉSENT
con<u>o</u>scere (connaître)	conosco, conosci, conosce, con<u>o</u>scono	conosca
f<u>i</u>ngere (feindre)	fingo, fingi, finge, f<u>i</u>ngono	finga
s<u>o</u>rgere (surgir)	sorgo, sorgi, sorge, s<u>o</u>rgono	sorga
em<u>e</u>rgere (émerger)	emergo, emergi, emerge, em<u>e</u>rgono	emerga
r<u>e</u>ggere (soutenir)	reggo, reggi, regge, r<u>e</u>ggono	regga
f<u>u</u>ggire (fuir)	fuggo, fuggi, fugge, f<u>u</u>ggono	fugga

◗ À cette catégorie appartiennent les verbes en -durre (du lat. DUCERE).

	INDICATIF PRÉSENT	SUBJONCTIF PRÉSENT
condurre (conduire)	conduco, conduci, conduce, cond<u>u</u>cono	conduca

→ Les formes de dire (dire) (< DICERE) 265.

252 Les verbes en -*gliere*

◗ Ces verbes présentent une alternance au présent de l'indicatif et du subjonctif : /lg/ (-lg-) devant -o, -a, /ʎ/ (-gl-) devant -i, -e.

◗ Exemple : **sc<u>e</u>gliere** (choisir).

indicatif présent   sce**lg**o, scegli, sceglie, scegliamo, scegliete, sce**lg**ono
subjonctif présent   sce**lg**a, sce**lg**a, sce**lg**a, scegliamo, scegliate, sce**lg**ano

◗ Se conjuguent de même c<u>o</u>gliere (cueillir), sci<u>o</u>gliere (défaire), t<u>o</u>gliere (ôter) et leurs dérivés.

Par analogie, quelques verbes présentent la forme **-lg-**, **-ng-** ou **-gg-** :
– au présent de l'indicatif, 1re personne du singulier et 3e du pluriel ;
– au présent du subjonctif, singulier et 3e personne du pluriel.

	INDICATIF PRÉSENT	SUBJONCTIF PRÉSENT
svellere (arracher)	svelgo/svello, svelli, svelle, svelliamo, svellete, svelgono	svelga, svelgano
dolere (faire mal)	dolgo, duoli, duole, doliamo/ dogliamo, dolete, dolgono	dolga, doliate/ dogliate, dolgano
valere (valoir)	valgo, vali, vale, valiamo, valete, valgono	valga, valgano
salire (monter)	salgo, sali, sale, saliamo, salite, salgono	salga, salgano
rimanere (rester)	rimango, rimani, rimane, rimaniamo, rimanete, rimangono	rimanga, rimangano
porre (poser)	pongo, poni, pone, poniamo, ponete, pongono	ponga, pongano
tenere (tenir)	tengo, tieni, tiene, teniamo, tenete, tengono	tenga, tengano
venire (venir)	vengo, vieni, viene, veniamo, venite, vengono	venga, vengano
trarre (tirer)	traggo, trai, trae, traiamo, traete, traggono	tragga, traggano

Verbes en-*rere* et -*rire*

Certains verbes en-**rere** et-**rire** ont au présent de l'indicatif et du subjonctif une alternance-**r**- devant-i et-e, -**i**- devant-o et-a.

C'est le cas de parere et de ses dérivés comme apparire (apparaître).

	INDICATIF PRÉSENT	SUBJONCTIF PRÉSENT
parere (paraître)	paio, pari, pare, paiamo, parete, paiono	paia, paiano

Morire (mourir) présente partiellement cette alternance.

indicatif présent   muoio, muori, muore, moriamo, morite, muoiono
subjonctif présent   muoia, muoia, muoia, moriamo, moriate, muoiano

254 Syncope au futur et au conditionnel

Un certain nombre de verbes en **-ere** et **-ire** ont subi au futur et au conditionnel une syncope (disparition de la voyelle du radical) qui s'est imposée.

Verbes dont le radical se termine par **-l** ou **-n**.

volere (vouloir) → *vol(e)rò, *vol(e)rei → **vorrò**, **vorrei**
tenere (tenir) → *ten(e)rò, *ten(e)rei → **terrò**, **terrei**
venire (venir) → *ven(i)rò, *ven(i)rei → **verrò**, **verrei**

Verbes dont le radical se termine par **-d, -t, -p** ou **-v**.

vedere (voir)   ved**rò**, ved**rei**
potere (pouvoir)   pot**rò**, pot**rei**
sapere (savoir)   sap**rò**, sap**rei**
dovere (devoir)   dov**rò**, dov**rei**

Verbes contractés dont l'infinitif actuel est **-rre** et leurs dérivés.

porre (poser)   por**rò**, por**rei**
condurre (conduire)   condur**rò**, condur**rei**

Morire (mourir) a deux formes, morrò, mor**rei** et morirò, mori**rei**, mais la forme sans syncope est plus courante.

255 Les verbes en *-care* et *-gare*

Ces verbes maintiennent la prononciation des gutturales /k/ et /g/, orthographiées **-c-**, **-g-** devant -o, -a, et **-ch-**, **-gh-** devant -i, -e.

	INDICATIF PRÉSENT	INDICATIF FUTUR	SUBJONCTIF PRÉSENT
cercare (chercher)	(tu) cer**chi**, (noi) cer**chi**amo	(io) cer**che**rò, (tu) cer**che**rai...	(io) cer**chi**...
ficcare (planter)	(tu) fic**chi**, (noi) fic**chi**amo	(io) fic**che**rò, (tu) fic**che**rai...	(io) fic**chi**...
litigare (se quereller)	(tu) liti**ghi**, (noi) liti**ghi**amo	(io) liti**ghe**rò, (tu) liti**ghe**rai...	(io) liti**ghi**...
negare (nier)	(tu) ne**ghi**, (noi) ne**ghi**amo	(io) ne**ghe**rò, (tu) ne**ghe**rai...	(io) ne**ghi**...

SEMI-AUXILIAIRES ET MODAUX : LES FORMES

→ Les formes de andare 262.

256 Les formes de *venire*

	PRÉSENT		IMPARFAIT		PARFAIT		FUTUR	
INDICATIF	ven-	**g-** o	ven-	ivo	ve**nn**-	i	ver-	rò
	vien-	i	ven-	ivi	ven-	isti	ver-	rai
	vien-	e	ven-	iva	ve**nn**-	e	ver-	rà
	ven-	iamo	ven-	ivamo	ven-	immo	ver-	remo
	ven-	ite	ven-	ivate	ven-	iste	ver-	rete
	ven-	**g-** ono	ven-	ivano	ve**nn**-	ero	ver-	ranno

	PRÉSENT		IMPARFAIT		IMPÉRATIF		CONDITIONNEL	
SUBJONCTIF	ven-	**g-** a	ven-	issi			ver-	rei
	ven-	**g-** a	ven-	issi	vien-	i	ver-	resti
	ven-	**g-** a	ven-	isse	ven-	**g-** a	ver-	rebbe
	ven-	iamo	ven-	issimo	ven-	iamo	ver-	remmo
	ven-	iate	ven-	iste	ven-	ite	ver-	reste
	ven-	**g-** ano	ven-	issero	ven-	**g-** ano	ver-	rebbero

INFINITIF	GÉRONDIF	PARTICIPE PASSÉ
ven-ire	ven-endo	ven-uto

▶ Se conjuguent de même tous les dérivés : avvenire (*advenir*), intervenire
(*intervenir*), prevenire (*prévenir, au sens de devancer ou de mal disposer
auprès de quelqu'un*), rinvenire (*trouver*), sovvenire (*subvenir*).

▶ Divenire (*devenir*), qui se conjugue de même, a un synonyme appartenant à la classe en **-are** : diventare.

257 Les formes de *dovere*

	PRÉSENT		IMPARFAIT		PARFAIT		FUTUR	
INDICATIF	dev-	o	dov-	evo	dov-	ei	dov-	rò
	dev-	i	dov-	evi	dov-	esti	dov-	rai
	dev-	e	dov-	eva	dov-	é	dov-	rà
	dobb-	iamo	dov-	evamo	dov-	emmo	dov-	remo
	dov-	ete	dov-	evate	dov-	este	dov-	rete
	dev-	ono	dov-	evano	dov-	erono	dov-	ranno

	PRÉSENT	IMPARFAIT	IMPÉRATIF	CONDITIONNEL
SUBJONCTIF	dev- a	dov- essi		dov- rei
	dev- a	dov- essi	dev- i	dov- resti
	dev- a	dov- esse	dev- a	dov- rebbe
	dobb- iamo	dov- essimo	dobb- iamo	dov- remmo
	dobb- iate	dov- este	dov- ete	dov- reste
	dev- ano	dov- essero	dev- ano	dov- rebbero

INFINITIF	GÉRONDIF	PARTICIPE PASSÉ
dov-ere	dov-endo	dov-uto

REMARQUE Les variantes **(io) debbo** et **(loro) debbono** au présent de l'indicatif, **(io) debba** et **(loro) debbano** au présent du subjonctif sont fréquentes (légèrement emphatiques). Au parfait, les formes **(io) dovetti**, **(lui/lei) dovette**, **(loro) dovettero** sont fréquentes.

258 Les formes de *potere*

	PRÉSENT	IMPARFAIT	PARFAIT	FUTUR
INDICATIF	poss- o	pot- evo	pot- ei	pot- rò
	puo- i	pot- evi	pot- esti	pot- rai
	può	pot- eva	pot- é	pot- rà
	poss- iamo	pot- evamo	pot- emmo	pot- remo
	pot- ete	pot- evate	pot- este	pot- rete
	poss- ono	pot- evano	pot- erono	pot- ranno

	PRÉSENT	IMPARFAIT	IMPÉRATIF	CONDITIONNEL
SUBJONCTIF	poss- a	pot- essi		pot- rei
	poss- a	pot- essi		pot- resti
	poss- a	pot- esse	[inusité]	pot- rebbe
	poss- iamo	pot- essimo		pot- remmo
	poss- iate	pot- este		pot- reste
	poss- ano	pot- essero		pot- rebbero

INFINITIF	GÉRONDIF	PARTICIPE PASSÉ
pot-ere	pot-endo	pot-uto

REMARQUE Au parfait, la variante **(io) potetti**, **(lui/lei) potette**, **(loro) potettero**, cacophonique, est peu usitée.

259 Les formes de *volere*

INDICATIF	PRÉSENT	IMPARFAIT	PARFAIT	FUTUR
	vogli- o	vol- evo	voll- i	vor- rò
	vuo- i	vol- evi	vol- esti	vor- rai
	vuol- e	vol- eva	voll- e	vor- rà
	vogl- iamo	vol- evamo	vol- emmo	vor- remo
	vol- ete	vol- evate	vol- este	vor- rete
	vogli- ono	vol- evano	voll- ero	vor- ranno

SUBJONCTIF	PRÉSENT	IMPARFAIT	IMPÉRATIF	CONDITIONNEL
	vogli- a	vol- essi		vor- rei
	vogli- a	vol- essi	vogl- i	vor- resti
	vogli- a	vol- esse	vogli- a	vor- rebbe
	vogl- iamo	vol- essimo	vogl- iamo	vor- remmo
	vogl- iate	vol- este	vogl- iate	vor- reste
	vogli- ano	vol- essero	vogli- ano	vor- rebbero

INFINITIF	GÉRONDIF	PARTICIPE PASSÉ
vol-ere	vol-endo	vol-uto

260 Les formes de *sapere*

INDICATIF	PRÉSENT	IMPARFAIT	PARFAIT	FUTUR
	s- o	sap- evo	sepp- i	sap- rò
	sa- i	sap- evi	sap- esti	sap- rai
	sa	sap- eva	sepp- e	sap- rà
	sappi- amo	sap- evamo	sap- emmo	sap- remo
	sap- ete	sap- evate	sap- este	sap- rete
	sa- nno	sap- evano	sepp- ero	sap- ranno

SUBJONCTIF	PRÉSENT	IMPARFAIT	IMPÉRATIF	CONDITIONNEL
	sappi- a	sap- essi		sap- rei
	sappi- a	sap- essi	sapp- i	sap- resti
	sappi- a	sap- esse	sappi- a	sap- rebbe
	sapp- iamo	sap- essimo	sapp- iamo	sap- remmo
	sapp- iate	sap- este	sapp- iate	sap- reste
	sappi- ano	sap- essero	sappi- ano	sap- rebbero

INFINITIF	GÉRONDIF	PARTICIPE PASSÉ
sap-ere	sap-endo	sap-uto

LES CAS PARTICULIERS DE LA 1ʳᵉ CONJUGAISON

261 Les formes de *stare*

	PRÉSENT	IMPARFAIT	PARFAIT	FUTUR
INDICATIF	st- o	st- avo	stett- i	sta- rò
	sta- i	st- avi	ste- sti	sta- rai
	st- a	st- ava	stett- e	sta- rà
	st- iamo	st- avamo	ste- mmo	sta- remo
	st- ate	st- avate	ste- ste	sta- rete
	sta- nno	st- avano	stett- ero	sta- ranno

	PRÉSENT	IMPARFAIT	IMPÉRATIF	CONDITIONNEL
SUBJONCTIF	st- ia	st- essi		sta- rei
	st- ia	st- essi	st- a	sta- resti
	st- ia	st- esse	st- ia	sta- rebbe
	st- iamo	st- essimo	st- iamo	sta- remmo
	st- iate	st- este	st- ate	sta- reste
	st- iano	st- essero	st- iano	sta- rebbero

INFINITIF	GÉRONDIF	PARTICIPE PASSÉ
st-are	st-ando	st-ato

REMARQUE À l'impératif, les trois formes sta, stai et sta' sont considérées comme également acceptables.

▶ Se conjuguent de même ristare (*s'attarder*), soprastare (*surplomber*), tous deux d'un emploi assez limité, et sottostare (*être au-dessous*) surtout employé au sens analogique de *se plier*.

▶ Les autres dérivés, qui ne sont plus sentis comme tels, suivent la conjugaison régulière.

prestare	*prêter*
constare	*se composer*
contrastare	*contrecarrer*
costare	*coûter*
restare	*rester*
sostare	*faire halte*
sovrastare	*surplomber*

262 — Les formes de *andare*

Ce verbe mélange deux radicaux, v<u>a</u>dere (*passer à gué*) et and- (étymologie discutée).

	PRÉSENT		IMPARFAIT		PARFAIT		FUTUR	
INDICATIF	**vad-**	o	and-	avo	and-	<u>a</u>i	and-	rò
	va-	i	and-	avi	and-	asti	and-	r<u>a</u>i
	va		and-	ava	and-	ò	and-	rà
	and-	iamo	and-	avamo	and-	ammo	and-	remo
	and-	ate	and-	avate	and-	aste	and-	rete
	va-	nno	and-	<u>a</u>vano	and-	<u>a</u>rono	and-	ranno

	PRÉSENT		IMPARFAIT		IMPÉRATIF		CONDITIONNEL	
SUBJONCTIF	**vad-**	a	and-	assi			and-	r<u>e</u>i
	vad-	a	and-	assi	**v-**	a	and-	resti
	vad-	a	and-	asse	**vad-**	a	and-	rebbe
	and-	iamo	and-	<u>a</u>ssimo	and-	iamo	and-	remmo
	and-	iate	and-	aste	and-	ate	and-	reste
	v<u>a</u>d-	ano	and-	<u>a</u>ssero	**v<u>a</u>d-**	ano	and-	r<u>e</u>bbero

INFINITIF	GÉRONDIF	PARTICIPE PASSÉ
and-are	and-ando	and-ato

REMARQUE À l'impératif, les trois formes **va**, **vai** et **va'** sont considérées comme également acceptables.

263 — Les formes de *dare*

	PRÉSENT		IMPARFAIT		PARFAIT		FUTUR	
INDICATIF	**d-**	o	d-	avo	**died-**	i	da-	rò
	da-	i	d-	avi	**de-**	sti	da-	r<u>a</u>i
	d-	à	d-	ava	**died-**	e	da-	rà
	d-	iamo	d-	avamo	**de-**	mmo	da-	remo
	d-	ate	d-	avate	**de-**	ste	da-	rete
	da-	nno	d-	<u>a</u>vano	**di<u>e</u>d-**	ero	da-	ranno

	PRÉSENT	IMPARFAIT	IMPÉRATIF	CONDITIONNEL
SUBJONCTIF	d- ia	d- essi		da- rei
	d- ia	d- essi	d- à	da- resti
	d- ia	d- esse	d- ia	da- rebbe
	d- iamo	d- essimo	d- iamo	da- remmo
	d- iate	d- este	d- iate	da- reste
	d- iano	d- essero	d- iano	da- rebbero

INFINITIF	GÉRONDIF	PARTICIPE PASSÉ
d-are	d-ando	d-ato

REMARQUE À l'impératif, les trois formes **da, dai** et **da'** sont considérées comme également acceptables. Au parfait, les formes **(io) detti, (lui/lei) dette, (loro) dettero** sont fréquentes.

264 Les formes de *fare* (< FACERE)

	PRÉSENT	IMPARFAIT	PARFAIT	FUTUR
INDICATIF	facci- o	fac- evo	fec- i	fa- rò
	fa- i	fac- evi	fac- esti	fa- rai
	fa	fac- eva	fec- e	fa- rà
	facci- amo	fac- evamo	fac- emmo	fa- remo
	fa- te	fac- evate	fac- este	fa- rete
	fan- no	fac- evano	fec- ero	fa- ranno

	PRÉSENT	IMPARFAIT	IMPÉRATIF	CONDITIONNEL
SUBJONCTIF	facci- a	fac- essi		fa- rei
	facci- a	fac- essi	fa'	fa- resti
	facci- a	fac- esse	facci- a	fa- rebbe
	facc- iamo	fac- essimo	facc- iamo	fa- remmo
	facc- iate	fac- este	fa- te	fa- reste
	facci- ano	fac- essero	facci- ano	fa- rebbero

INFINITIF	GÉRONDIF	PARTICIPE PASSÉ
fa-re	fac-endo	fatto

REMARQUE À l'impératif, les trois formes **fa, fai** et **fa'** sont considérées comme également acceptables. La première est préférable.

ATTENTION La graphie **fà** doit être évitée.

▶ Se conjuguent de même les dérivés qui suivent.

assuefare	*habituer*
contraffare	*contrefaire*
liquefare	*liquéfier*
sopraffare	*accabler*
stupefare	*stupéfier*

▶ Disfare (*défaire*) a des formes « régulières » au présent de l'indicatif.

disfaccio	disfo, disfò
disfai	disfi
disfà	disfa
disfacciamo	–
disfate	–
disfanno	disfano

▶ Soddisfare (*satisfaire*) a des formes « régulières » :
– au présent de l'indicatif ;

soddisfaccio	soddisfo, soddisfò
soddisfai	soddisfi
soddisfà	soddisfa
soddisfacciamo	soddisfiamo
soddisfate	–
soddisfanno	soddisfano

– au présent du subjonctif ;

soddisfaccia	soddisfi
soddisfaccia	soddisfi
soddisfaccia	soddisfi
soddisfacciamo	soddisfiamo
soddisfacciate	soddisfiate
soddisfacciano	soddisfino

– au futur et au conditionnel.

    soddisfarò, soddisferò...   soddisfarei, soddisferei...

REMARQUE Les grammairiens et lexicographes italiens ne manifestent aucune préférence. Tout au plus peut-on remarquer que les formes semblables à celles du verbe simple sont majoritaires, et semblent légèrement préférables, surtout par écrit ; mais il est vrai qu'elles sont plus « lourdes ».

LES CAS PARTICULIERS DE LA 3ᵉ CONJUGAISON

265 ## Les formes de *dire* (< DICERE)

	PRÉSENT		IMPARFAIT		PARFAIT		FUTUR	
	dic-	o	**dic-**	evo	diss-	i	di-	rò
	dic-	i	**dic-**	evi	**dic-**	esti	di-	rai
	dic-	e	**dic-**	eva	diss-	e	di-	rà
INDICATIF	**dic-**	iamo	**dic-**	evamo	**dic-**	emmo	di-	remo
	di-	te	**dic-**	evate	**dic-**	este	di-	rete
	dic-	ono	**dic-**	evano	diss-	ero	di-	ranno
	PRÉSENT		IMPARFAIT		IMPÉRATIF		CONDITIONNEL	
	dic-	a	**dic-**	essi			di-	rei
	dic-	a	**dic-**	essi	di'		di-	resti
	dic-	a	**dic-**	esse	**dic-**	a	di-	rebbe
SUBJONCTIF	**dic-**	iamo	**dic-**	essimo	**dic-**	iamo	di-	remmo
	dic-	iate	**dic-**	este	di-	te	di-	reste
	dic-	ano	**dic-**	essero	**dic-**	ano	di-	rebbero

INFINITIF	GÉRONDIF	PARTICIPE PASSÉ
di-re	dic-endo	detto

▶ Principaux verbes concernés.

benedire	bénir
maledire	maudire
contraddire	contredire
disdire	annuler
predire	prédire
ridire	redire

ATTENTION À l'impératif les dérivés se différencient.

predire → preddi', predite
ridire → riddi', ridite
benedire → benedici, benedicete
maledire → maledici, maledicete
contraddire → contraddici, contraddite
disdire → disdici, disdite

Les formes de *udire* (< AUDIRE)

	PRÉSENT		IMPARFAIT		PARFAIT		FUTUR	
INDICATIF	od-	o	ud-	ivo	ud-	ii	ud- (i)-	rò
	od-	i	ud-	ivi	ud-	isti	ud- (i)-	rai
	od-	e	ud-	iva	ud-	ì	ud- (i)-	rà
	ud-	iamo	ud-	ivamo	ud-	immo	ud- (i)-	remo
	ud-	ite	ud-	ivate	ud-	iste	ud- (i)-	rete
	od-	ono	ud-	ivano	ud-	irono	ud- (i)-	ranno

	PRÉSENT		IMPARFAIT		IMPÉRATIF		CONDITIONNEL	
SUBJONCTIF	od-	a	ud-	issi			ud- (i)-	rei
	od-	a	ud-	issi	od-	i	ud- (i)-	resti
	od-	a	ud-	isse	od-	a	ud- (i)-	rebbe
	ud-	iamo	ud-	issimo	ud-	iamo	ud- (i)-	remmo
	ud-	iate	ud-	iste	ud-	ite	ud- (i)-	reste
	od-	ano	ud-	issero	od-	ano	ud- (i)-	rebbero

INFINITIF	GÉRONDIF	PARTICIPE PASSÉ
ud-ire	ud-endo	ud-ito

Les formes de *uscire* (< EXIRE)

	PRÉSENT		IMPARFAIT		PARFAIT		FUTUR	
INDICATIF	esc-	o	usc-	ivo	usc-	ii	usc-	irò
	esc-	i	usc-	ivi	usc-	isti	usc-	irai
	esc-	e	usc-	iva	usc-	ì	usc-	irà
	usc-	iamo	usc-	ivamo	usc-	immo	usc-	iremo
	usc-	ite	usc-	ivate	usc-	iste	usc-	irete
	esc-	ono	usc-	ivano	usc-	irono	usc-	iranno

	PRÉSENT		IMPARFAIT		IMPÉRATIF		CONDITIONNEL	
SUBJONCTIF	esc-	a	usc-	issi			usc-	irei
	esc-	a	usc-	issi	esc-	i	usc-	iresti
	esc-	a	usc-	isse	esc-	a	usc-	irebbe
	usc-	iamo	usc-	issimo	usc-	iamo	usc-	iremmo
	usc-	iate	usc-	iste	usc-	ite	usc-	ireste
	esc-	ano	usc-	issero	esc-	ano	usc-	irebbero

INFINITIF	GÉRONDIF	PARTICIPE PASSÉ
usc-ire	usc-endo	usc-ito

LES VERBES DÉFECTIFS

Certains verbes non personnels ont de ce fait une conjugaison défective, à laquelle manquent la 1re et la 2e personnes du singulier et parfois le pluriel ; ils comportent les modes et temps ordinaires.

268 Verbes météorologiques

Les verbes météorologiques ne s'emploient au sens propre (→ 151) qu'à la 3e personne du singulier.

▶ **Piovere** (*pleuvoir*) : parfait *piovve*, participe passé *piovuto*. Quand il est pris au sens analogique, il admet un sujet à la 3e personne. Les emplois de la 1re et de la 2e personnes sous-entendent un sens factitif « faire pleuvoir » et sont désuets.

▶ **Grandinare** (*grêler*) : présent de l'indicatif *grandina* (*il grêle*). Il admet de même un sujet à la 3e personne au sens analogique.

▶ **Nevicare** (*neiger*), **tirare vento** (*venter*) ne sont pas susceptibles d'emplois analogiques.

269 Verbes à sujet propositionnel

▶ Ces verbes ont normalement pour sujet une proposition complète ; ils se conjuguent à tous les modes et temps, mais seulement à la 3e personne.

▶ Principaux verbes concernés.

• **Bisognare** (*falloir*) ne peut s'employer qu'avec une proposition sujet complète ou réduite au verbe.

> **Bisogna** che tu ci vada subito.
> *Il faut que tu y ailles tout de suite.*
> **Bisognava** trovare una soluzione.
> *Il fallait trouver une solution.*
> **Bisognerebbe** telefonargli.
> *Il faudrait lui téléphoner.*

REMARQUE Son dérivé **abbisognare** (*avoir besoin*) admet un nom sujet, mais il est d'un registre soutenu. On emploie couramment **avere bisogno** (*avoir besoin*).

Mi **abbisognano** mille euro.	L'auto **abbisogna** di riparazioni.
Ho bisogno di mille euro.	L'auto ha bisogno di riparazioni.
J'ai besoin de mille euros.	*L'auto nécessite des réparations.*

LE GROUPE VERBAL

- **Occorrere** (*être nécessaire*) se conjugue comme c̲orrere (*courir*) et admet aussi pour sujet un nom abstrait ou le complément de la proposition sujet.

> **Occorreva** adottare provvedimenti eccezionali.
> *Il fallait adopter des mesures exceptionnelles.*

> **Occorrevano** provvedimenti eccezionali.
> *Il fallait des mesures exceptionnelles.*

> Mi **occorre** un caffè.
> *Il me faut un café.*

REMARQUE Occ̲orrere signifie aussi *arriver, se produire.* Cet usage est d'un registre soutenu à éviter.

> **Sono occorsi** avvenimenti straordinari.
> *Des événements extraordinaires se sont produits.*

- **Accadere** (*arriver*), qui se conjugue comme cadere (*tomber*), et **succ̲edere** (*arriver*) admettent un nom sujet.

> Se vai di questo passo, **accadrà/succederà** che il babbo si arrabbierà.
> *Si tu continues de ce pas, ce qui arrivera, c'est que ton père va se fâcher.*

> L'anno scorso **è accaduta/è successa** una disgrazia.
> *L'an dernier, il est arrivé un malheur.*

L'adverbe

Définition d'« adverbe »

▶ Annexé au verbe, l'adverbe apporte diverses informations sur :
- les **modalités** du procès ou de l'action ;
- leurs **circonstances** ou les limites dans lesquelles leur description est valable ;
- l'**attitude du locuteur** à l'égard de son énonciation.

▶ La présence de l'adverbe ne dépend pas de la structure de la proposition et n'influe pas sur elle. On peut l'ajouter ou le supprimer sans que les relations logico-syntaxiques du noyau propositionnel en soient affectées.

▶ On peut distinguer les adverbes au sens strict et les constructions à valeur adverbiale, libres ou figées, formées de prépositions et de noms ou d'adjectifs. Les adverbes et les locutions figées sont **invariables**.

Place de l'adverbe

▶ L'adverbe ou la locution adverbiale peut en principe se placer **en tête ou en fin de proposition**, avec notamment valeur circonstancielle.

> Mio fratello dà l'esame **domani.**
> Mon frère passe son examen demain.

> Dovresti parlargli di questa faccenda **oggi stesso.**
> Tu devrais lui parler de cette affaire aujourd'hui même.

▶ Il peut se placer directement **au contact du verbe ou du prédicat nominal** (adjectif ou nom). Il porte alors sur celui-ci pour en définir la portée ; c'est en somme un « adjectif de verbe » ou un « adjectif d'adjectif ».

> Ha **veramente** detto questa corbelleria?
> Il/Elle a vraiment dit cette sottise ?

> È **semplicemente** un ladro.
> C'est simplement un voleur.

LES ADVERBES DE MANIÈRE

272 *Bene* et *male*

Bene (*bien*) et *male* (*mal*) sont les seuls adverbes de manière « purs », non dérivés d'un adjectif ou d'un nom. Ils se placent après le verbe.

Hai fatto **bene** a chiudergli il becco.
Tu as bien fait de lui clouer le bec.

Non si mangia **male** in questo ristorante.
On ne mange pas mal dans ce restaurant.

273 Adverbes de manière en *-mente*

La formation d'un adverbe à partir d'un adjectif se fait en adjoignant à l'adjectif **au féminin** le suffixe **-mente**.

alto (*haut*) → altamente (*hautement*)

ATTENTION Font exception altrimenti (*autrement*) et parimenti (*pareillement*).

Les adjectifs se terminant par **-le** et **-ro** perdent le **-e** ou le **-o** final devant -mente ; c'est le cas notamment des adjectifs en -abile, -ibile, -evole.

amabile (*aimable*) → **amabilmente** (*aimablement*)

terribile (*terrible*) → **terribilmente** (*terriblement*)

amorevole (*affectueux*) → **amorevolmente** (*affectueusement*)

facile (*facile*) → **facilmente** (*facilement*)

leggero (*léger*) → **leggermente** (*légèrement*)

La formation en -mente n'est pas possible pour les catégories d'adjectifs suivantes :
– adjectifs de couleur comme rosso (*rouge*), giallo (*jaune*) ;
– adjectifs référant à l'âge comme giovane (*jeune*), vecchio (*vieux*) ;
– adjectifs de qualité comme buono (*bon*), fresco (*frais*) ;
– adjectifs dérivés comme stradale (*routier*), milanese (*milanais*).

REMARQUE Les adjectifs dérivés d'un nom propre peuvent admettre l'adverbe correspondant. Ces formations, limitées à des domaines particuliers (critique, politique, publicité) sont emphatiques par nature ; il convient de ne pas en abuser.

Dante → dantesco → **dantescamente**   *à la manière de Dante*

Pirandello → pirandelliano → **pirandellianamente**   *à la manière de Pirandello*

▶ Les adverbes en -mente s'emploient :
- **au contact direct du prédicat** (verbal ou nominal), généralement après celui-ci ;

> Gli parlò **affettuosamente** della sorella.
> *Il/Elle lui parla affectueusement de sa sœur.*

- emphatiquement **en fin ou en tête de proposition**.

> Leggeva ogni giorno il giornale, **immancabilmente**.
> *Il/Elle lisait tous les jours le journal, immanquablement.*

> **Ostinatamente**, tornava alla carica.
> *Avec obstination, il/elle revenait à la charge.*

274 Adverbes d'attitude en *-oni*

▶ Il existe en italien un petit nombre d'adverbes en **-oni**, dérivés plus ou moins directement de noms ou de verbes, et décrivant des attitudes ou des positions.

> bocca *(bouche)* → bocconi *(à plat ventre)*
> ginocchio *(genou)* → ginocchioni *(à genoux)*
> cavalcare *(chevaucher)* → (a) cavalcioni *(à califourchon)*
> saltellare *(sautiller)* → saltelloni *(à petits sauts)*
> tastare *(tâter)* → a tastoni *(à tâtons)*

ATTENTION L'adverbe carponi *(à quatre pattes)* ne dérive ni d'un nom ni d'un verbe.

▶ Ils se placent **après** le verbe.

> Sua figlia dormiva **bocconi** sul letto.
> *Sa fille dormait à plat ventre sur le lit.*

> Il ragazzo sedeva **a cavalcioni** sul muretto.
> *Le garçon était assis à califourchon sur la murette.*

LES ADVERBES DÉTERMINATIFS (CIRCONSTANCE, NORME)

Ces adverbes apportent une information **circonstancielle** (temps, lieu) ou qui situe l'événement relativement à une **norme** (quantitative ou comportementale).

Les adverbes de temps

Ils situent le procès décrit relativement à un temps de référence ou à un autre procès.

275 ### Références des adverbes de temps

▸ Relation au **moment de l'énonciation** :
– pris comme référence (absolu) ;

ora (maintenant)	ormai, oramai (désormais)
adesso (à présent)	finora (jusqu'à maintenant)

– situé par rapport au temps objectif (extérieur).

oggi (aujourd'hui)	l'altro ieri (avant-hier)
domani (demain)	stamattina (ce matin)
dopodomani (après-demain)	stasera (ce soir)
ieri (hier)	stanotte (cette nuit)

▸ Référence à un **procès quelconque**.

allora (alors)	poi (ensuite)
subito (aussitôt)	dopo (après)
già (déjà)	ancora (encore)
prima (avant)	tuttora (toujours, encore)

▸ Référence à un **temps absolu**.

sempre (toujours)	talvolta (parfois)
mai (jamais)	talora (parfois)
spesso (souvent)	

▸ Référence à une **norme** (ce qui conviendrait).

presto (tôt)	tardi (tard)

276 **Place des adverbes de temps**

La place de ces adverbes est libre et détermine des nuances de sens.

> **Adesso** vado a dormire.
> *Maintenant, je vais me coucher.*   [le moment est venu]
> Vado **adesso** a dormire.
> *Je vais me coucher maintenant.*   [et non à un autre moment]
> Vado a dormire **adesso**.
> *Je vais me coucher tout de suite.*   [sans tarder]

Les adverbes de lieu

Ils situent le procès relativement au lieu de l'énonciation, ou à un lieu déjà nommé ou généralement connu, qu'ils situent implicitement par rapport à une norme.

277 **Référence stricte au lieu de l'énonciation**

▶ **L'espace du locuteur**

• Qui, qua (ici) : qui est plutôt statique, qua implique plutôt un mouvement.

> Io resto **qui**. *Moi, je reste ici.*
> Vieni **qua**! *Viens ici !*

ATTENTION Qui et qua s'orthographient sans accent.

• Quaggiù (ici, en bas) et quassù (ici, en haut) impliquent une vision contrastive du lieu.

> **Quassù** in montagna fa un bel freddo.
> *Ici en montagne, il fait bien froid.*
> **Quaggiù** in pianura c'è spesso nebbia.
> *Ici en bas dans la plaine, il y a souvent du brouillard.*

▶ **L'espace externe**

• Lì, là (là) : ces deux adverbes ont les mêmes nuances que qui et qua.

> Se ne stava **lì** zitto.
> *Il restait là sans rien dire.*
> Andrai **là**, l'estate prossima?
> *Tu iras là-bas, l'été prochain ?*

- Lassù (là-haut) et laggiù (là-bas, tout là-bas) situent contrastivement le lieu éloigné, mais le second est intensif.

REMARQUE Les adverbes désignant l'espace de l'allocuté, costì, costà (là où tu es) sont du registre soutenu (ou de l'usage toscan). Leur emploi n'est pas recommandable.

278 Les adverbes de lieu par rapport au contexte

▶ Ils situent le procès relativement à un lieu **déjà nommé**, au moyen des particules adverbiales qui jouent aussi le rôle de pronoms.

ci   y, ici [espace du locuteur] ; y, là [espace de l'allocuté]
ci, vi   y, là [espace externe prédéfini]
ne   de là [espace externe prédéfini]

Non ho ancora visitato Firenze, ma **ci** verrò.
Je n'ai pas encore visité Florence, mais j'y viendrai.

Non sono mai stato in America, ma **vi** andrò.
Je ne suis jamais allé en Amérique, mais j'y irai.

Rimpiange il proprio paesello: **ne** è partito tanto tempo fa!
Il regrette son village : il en est parti il y a si longtemps !

▶ Ci et vi servent à former des équivalents du français il y a, définissant un espace dont le locuteur se perçoit respectivement proche (ci) ou détaché (vi).

C'è qualcuno? [= **ci** è]
Il y a quelqu'un ? [espace où je suis]

Non **vi** era nessuno.
Il n'y avait personne. [espace dont je me détache]

REMARQUES
- La distinction entre ci et vi tend à s'effacer dans la langue parlée, où ci est plus couramment employé. Vi peut exprimer une nuance de détachement (improbabilité, éloignement).
  La Finlandia è un paese in cui **vi** sono molti laghi.
  La Finlande est un pays où il y a beaucoup de lacs.

- Ivi (là, y) et quivi (là, y) sont de l'usage exclusivement écrit, et même d'un style soutenu. Il vaut mieux en éviter l'usage.

→ Emplois divers de ci et ne **120**.

279   Les adverbes de lieu par rapport à un point de référence

▶ **Distance**

vicino	près
lontano	loin
presso	chez, auprès de
accanto	à côté

Abitiamo **vicino**. Nous habitons tout près.

▶ **Limites d'un espace**

fuori	dehors
dentro	dedans
dappertutto	partout
(d)ovunque	n'importe où, partout
intorno, attorno	alentour
via	dehors, au loin
altrove	ailleurs

Vai **fuori**! Sors !

Vieni **dentro**! Viens à l'intérieur !

Il ladro scappò **via**. Le voleur s'enfuit.

Questi libri si trovano **dappertutto**. Ces livres se trouvent partout.

▶ **Espace horizontal**

avanti, davanti, dinanzi	devant
dietro	derrière
indietro	en arrière

Venite **avanti**! Avancez-vous !

Lui stava **davanti**. Lui, il se tenait devant.

Sono rimasta **indietro**. Je suis restée en arrière.

▶ **Espace vertical**

sopra (au-dessus)	su (en haut)
sotto (en dessous)	giù (en bas)

Vieni **sopra**! ou Vieni **su**! Monte donc !

Scendi **giù**! Descends de là !

REMARQUE Ces adverbes s'emploient aussi pour la plupart comme prépositions pour former des locutions adverbiales : **lontano da** (loin de), **intorno a** (autour de), → 292-301.

Place des adverbes de lieu

Les adverbes de lieu peuvent s'employer en tête ou en fin de proposition.
À l'intérieur de la proposition, ils suivent le verbe.

> **Davanti**, c'era la macchina; lui si nascondeva **dietro**.
> *Devant, il y avait la voiture ; lui, il se cachait derrière.*
>
> Ci portava **quassù** i giornali ogni giorno.
> Ci portava i giornali **quassù** ogni giorno.
> *Il/Elle nous montait les journaux tous les jours.*

Les équivalents de « il y a »

La formule française *il y a* a deux valeurs, spatiale et temporelle.

« Il y a » : valeur spatiale

Pour la **valeur spatiale**, concrète ou abstraite, la formule la plus courante
est *esserci*, *esservi*. Le verbe se conjugue à tous les modes et temps, et
s'accorde au sujet grammatical qui le suit obligatoirement.

> C'è un libro sul tavolo.
> *Il y a un livre sur la table.*
>
> Se ci fossero difficoltà, avvertimi.
> *S'il y avait des difficultés, avertis-moi.*

ATTENTION Il ne faut pas confondre *c'è* et *è*.

> C'è un medico./C'è il medico.
> *Il y a un médecin./Le médecin est là.*
>
> È un medico./È medico.
> *C'est un médecin./Il est médecin.*

→ Les adverbes de lieu par rapport au contexte 278.

« Il y a » : valeur temporelle

Si *il y a* fait référence à un **point** temporel passé où est advenu l'événement, et indique la distance à ce point, l'équivalent courant est : **durée**
au singulier ou au pluriel + **fa** (invariable).

> Lo zio è venuto a trovarci **un anno/due anni fa**.
> *Notre oncle est venu nous rendre visite il y a un an/deux ans.*

ATTENTION
- Pour exprimer le passé, il y avait, l'équivalent est : **durée + prima.**

> La guerra era scoppiata **tre settimane prima.**
> Il y avait trois semaines que la guerre avait éclaté.

- Pour exprimer le futur, il y aura, on peut employer la tournure **sarà/saranno + durée** (= cela fera) directement juxtaposée.

> **Sarà un anno/Saranno due anni** domani che è partito.
> Il y aura un an/Il y aura deux ans demain qu'il est parti.

REMARQUE Deux autres tournures se rencontrent dans la langue écrite soutenue. Elles sont emphatiques :
– durée au pluriel + **or sono** (invariable) ;

> L'episodio avvenne **dieci anni or sono.** *Cet événement s'est produit il y a dix ans.*

– durée au singulier ou au pluriel + **addietro** (invariable).

> Il fatto risaliva a **due anni addietro.** *Le fait remontait à deux ans plus tôt.*

▸ Si il y a désigne une durée **pendant laquelle** s'est déroulé l'événement, l'équivalent est **da** (depuis) + **durée.**

> Studio musica **da due anni.**
> Il y a deux ans que j'étudie la musique.
> J'étudie la musique depuis deux ans.

> Non ci incontravamo ormai **da mesi.**
> Il y avait désormais plusieurs mois que nous ne nous étions pas rencontrés.

Les adverbes de quantité

283 Les adverbes de quantité proprement dits

▸ Ils indiquent de manière non numérique une mesure par rapport à une norme sous-entendue ; ils qualifient donc un groupe verbal, un adjectif ou certains autres adverbes.

▸ **Quasi** (presque) se place **avant** un verbe ou un adjectif.

> Ho **quasi** finito.
> J'ai presque fini.

> Erano **quasi** disperati.
> Ils étaient quasiment désespérés.

REMARQUE Redoublé, il se place en tête de phrase pour exprimer une intention atténuée.

> **Quasi quasi**, mi prenderei una vacanza.
> *J'ai presque envie de prendre des vacances.*

▶ **Anche** (*aussi, même*) se place **avant** un verbe, un nom ou un pronom.

> È venuto **anche** lui.
> *Il est venu lui aussi.*

> **Anche** il sindaco sarebbe implicato nella truffa.
> *Même le maire serait impliqué dans cette escroquerie.*

> Gli ho **anche** offerto un caffè.
> *Je lui ai même offert un café.*

▶ **Pure** (*aussi, donc, même*) se place **avant** ou **après** un verbe, un nom ou un pronom, avec diverses valeurs.

> Lui è stato promosso, e io **pure**.
> *Il a été reçu, et moi aussi.*

> Vieni **pure**, non aver paura.
> *Viens donc, n'aie pas peur.*

> Dopo la torta, si è **pure** mangiato due gelati.
> *Après le gâteau, il a aussi mangé deux glaces.*

> **Pure** il prefetto era presente.
> *Même le préfet était présent.*

284 Indéfinis en fonction d'adverbes de quantité

▶ Ce sont des indéfinis employés absolument (sans nom). Ils sont invariables et leur forme correspond au masculin singulier de l'adjectif-pronom.

poco	peu
alquanto	quelque peu
parecchio	pas mal
molto, tanto, assai	beaucoup
troppo	trop
altrettanto	autant

▶ Ils se placent **après** le verbe.

> La sua salute è **alquanto** migliorata.
> *Sa santé s'est quelque peu améliorée.*

> Ho dovuto correre **parecchio** per arrivare in tempo.
> *J'ai dû courir pas mal pour arriver à temps.*

285 ## Locutions agglutinées de quantité

▶ La plupart des adverbes de quantité sont des locutions **agglutinées** en un seul mot, dont le sens quantitatif découle de la signification du nom qu'elles contiennent. En français ce sont quelquefois des locutions figées, mais dont les constituants sont encore séparés.

abbastanza	*assez*
non... affatto	*pas du tout*
almeno	*au moins*
ancora	*encore*
appena	*à peine*
assai	*beaucoup*

▶ **Almeno** (*au moins*) peut se placer avant ou après la proposition.

> **Almeno**, non è andato via.
> *Du moins, il n'est pas parti.*

> Ma ascoltami, **almeno**!
> *Mais écoute-moi, au moins !*

▶ Les autres locutions se placent ordinairement :
– après le verbe ;

> Questo ragazzo non legge **abbastanza**.
> *Ce garçon ne lit pas assez.*

– entre un auxiliaire ou un modal et le verbe principal ;

> Il vigile mi ha **appena** ascoltato.
> *L'agent m'a à peine écouté.*

> Non voleva **affatto** sentirne parlare.
> *Il ne voulait absolument pas en entendre parler.*

– entre la copule et le prédicat nominal.

> Il portiere era **assai** arrabbiato.
> *Le gardien était très en colère.*

REMARQUE
• Employé sans négation, **affatto** peut avoir le sens de *tout à fait*, mais, isolé comme mot-phrase, il est négatif et équivaut à *pas du tout*.

> Hai finito il tuo lavoro? **Affatto**! *Tu as fini ton travail ? Pas du tout !*

• **Appena**, facultativement précédé de **non**, a valeur temporelle.

> **(Non) appena** mi ha visto, ha scantonato.
> *À peine m'a-t-il vu qu'il a tourné le coin de la rue.*

Locutions agglutinées à plusieurs valeurs

● Ces valeurs multiples sont la quantité, la durée, la relation à une norme implicite.

inoltre	*en outre*
piuttosto	*plutôt*
perfino	*même*
addirittura	*carrément*

● **Inoltre** (*en outre*) s'emploie surtout en tête de phrase.

Inoltre, è un bugiardo.
En outre, c'est un menteur.

● **Piuttosto** (*plutôt*) se place au contact du verbe ou du prédicat nominal, et aussi en tête de phrase.

Vieni **piuttosto** domani.
Viens plutôt demain.

È una ragazza **piuttosto** alta.
C'est une fille plutôt grande.

Piuttosto, dimmi se te la senti.
Dis-moi plutôt si tu veux bien.

● **Perfino** (*même*), sa variante recherchée persino et **addirittura** (*carrément, tout simplement*) s'emploient au contact du verbe ou du prédicat nominal.

Era **perfino** andato al commissariato.
Il était même allé au commissariat.

È **addirittura** un farabutto.
C'est carrément une fripouille.

Les adverbes d'évaluation

Peu distincts des précédents, ces adverbes définissent le **degré de certitude** du procès.

287 Adverbes d'évaluation en -*mente*

▶ Ils sont formés sur un adjectif qui qualifie la plus ou moins grande probabilité.

certamente	*certainement*
sicuramente	*à coup sûr*
probabilmente	*probablement*
verosimilmente	*vraisemblablement*
ovviamente	*évidemment*

▶ Ils se placent en tête de la proposition ou avant le verbe ou le prédicat nominal.

Probabilmente, domani partirò.
Il est probable que demain je partirai.

La notizia del golpe è **ovviamente** una balla.
La nouvelle du putsch est évidemment un bobard.

288 Adjectifs adverbialisés et locutions agglutinées

certo (*certainement*)	nemmeno (*même pas*)
proprio (*vraiment*)	neppure (*même pas*)
appunto (*précisément*)	per nulla (*pas du tout*)
davvero (*vraiment*)	per niente (*pas du tout*)
neanche (*même pas*)	

▶ **Certo**, **appunto** et **davvero** peuvent occuper toutes les places.

Certo, è un buon ragazzo.
Certes, c'est un bon garçon.

È **certo** un buon ragazzo.
C'est certainement un bon garçon.

È un buon ragazzo, **certo**.
C'est un bon garçon, bien sûr.

▶ **Proprio** se place :
– après le verbe ;

> Credo **proprio** che potrà farsi eleggere deputato.
> *Je crois vraiment qu'il pourra se faire élire député.*

– entre verbe subordonné et verbe principal ;

> Laura voleva **proprio** partire.
> *Laura voulait vraiment partir.*

– entre copule et prédicat nominal ;

> Era **proprio** stufa.
> *Elle en avait vraiment assez.*

– en tête de proposition, où il a valeur emphatique.

> **Proprio** lui fa la predica agli altri!
> *Et c'est lui qui fait la leçon aux autres !*

▶ **Neanche, nemmeno, neppure** et **per nulla** s'emploient dans les mêmes conditions que proprio. Les trois premiers peuvent être suivis de la construction affirmative.

> Non legge **neanche** il giornale.
> *Il ne lit même pas le journal.*

> **Neppure** a me ha mandato l'invito.
> *À moi non plus, il n'a pas envoyé d'invitation.*

> Non s'interessa **per nulla** di politica.
> *Il ne s'intéresse nullement à la politique.*

REMARQUE En tête de proposition, **per nulla** se construit avec **non** et a un autre sens.
Non per nulla... *Ce n'est pas pour rien que...*

Les adverbes interrogatifs

289 **Adverbes interrogatifs directs**

Ils expriment à eux seuls une question.

• Manière : come? *(comment ?)*

• Lieu : dove? *(où)* ?, da dove? *(d'où ?)*

• Temps : quando? *(quand ?)*, da quando? *(depuis quand ?)*, per quando? *(pour quand ?)*

• Quantité : quanto? *(combien ?)* (per) quanto tempo? *(pendant combien de temps ?)*

• Cause : perché? *(pourquoi ?)*

Les degrés de l'adverbe

290 ## Formes possibles

▶ Peuvent avoir les degrés comparatif et superlatif :
– les adverbes de manière, à l'exception des adverbes d'attitude en -oni ;

più/meno/tanto rapidamente	plus/moins/aussi rapidement
molto rapidamente, rapidissimamente	très rapidement
il più rapidamente	le plus rapidement

– les adverbes de lieu vicino (près) et lontano (loin) ;

I miei amici _a_bitano **vicin_i_ssimo.**
Mes amis habitent tout près.

– les adverbes de temps presto (tôt), tardi (tard), spesso (souvent).

Mio padre me lo diceva **spess_i_ssimo**: « Dovresti alzarti **più presto**
la mattina. »
_Mon père me le disait très souvent : « Tu devrais te lever plus tôt le
matin. »_

▶ Molto (beaucoup) et poco (peu) n'admettent que le superlatif absolu.

Firenze mi piace **molt_i_ssimo.**
J'aime énormément Florence.

Ci credo **poch_i_ssimo.**
Je n'en crois rien.

291 ## Formes particulières

▶ À bene (bien) et male (mal) correspondent des formes spécifiques de
comparatif de supériorité.

bene (bien) → meglio (mieux)

male (mal) → peggio (pire)

▶ Pour le superlatif absolu, benissimo et malissimo sont plus courants que
ottimamente (excellemment) et pessimamente (exécrablement).

REMARQUE Le degré peut aussi être exprimé par des diminutifs, des augmentatifs ou des
péjoratifs (→ 385-389).

LES LOCUTIONS ADVERBIALES

Les locutions adverbiales sont des constructions généralement formées d'une préposition et d'un nom ou d'un adjectif. Elles confèrent à ces derniers une valeur circonstancielle.

Les formations adverbiales libres

292 Définition de la locution adverbiale libre

▶ Tout nom ou autre élément substantivé peut jouer le rôle d'adverbe : il suffit de le faire précéder d'une préposition (→ 302-350) et que le sens du nom se prête à l'expression de la manière, de la durée, de l'espace, de la modalité.

▶ Ces formations sont syntaxiquement **libres** : le nom peut être déterminé, qualifié, variable en genre et en nombre.

> Gioco a tennis **la domenica/tutte le domeniche.**
> *Je joue au tennis le dimanche/tous les dimanches.*

293 Locutions adverbiales libres de manière

Se prêtent à l'expression de la manière (cause, fin, moyen) et du temps :
– l'infinitif de la plupart des verbes ;

> **Col troppo guardare** la televisione, ci si abbrutisce.
> *À trop regarder la télévision, on s'abrutit.*

– les noms de procès ;

> L'ho incontrato **durante la passeggiata.**
> *Je l'ai rencontré en me baladant.*

– les participes passés substantivés.

> Questo documento è una prova schiacciante **contro l'imputato.**
> *Ce document est une preuve accablante contre l'accusé.*

294 ## Locutions adverbiales libres de lieu et de temps

▶ Les noms concrets qui désignent un **lieu** acquièrent valeur de circonstanciels avec les prépositions spatiales comme davanti (*devant*), dietro
(*derrière*), etc.

> Stavamo ad aspettare **davanti alla chiesa/dietro al palazzo.**
> *Nous attendions devant l'église/derrière l'immeuble.*

▶ Les noms d'unités de temps ont valeur de circonstanciels avec des
prépositions temporelles comme da (*depuis*), fino a (*jusqu'à*), durante
(*pendant*).

ora	*heure*
giorno	*jour*
settimana	*semaine*
mattina	*matin*
sera	*soir*
notte	*nuit*
stagione	*saison*

> Il cane dormiva **da due ore.**
> *Le chien dormait depuis deux heures.*

> Aspetterò **fino a primavera: durante l'inverno** non viaggio.
> *J'attendrai jusqu'au printemps : l'hiver, je ne voyage pas.*

REMARQUE Comme en français, la préposition peut être effacée dans certains cas : répétition,
habitude ou durée.

> Gioco a tennis **la domenica.** *Je joue au tennis le dimanche.*
> Ho dormito poco (durante) **la notte scorsa.** *J'ai peu dormi (pendant) la nuit passée.*

Les formations adverbiales figées

295 ## Définition de la locution adverbiale figée

La locution adverbiale figée fonctionne comme un tout indissociable :
le nom, l'adjectif ou le verbe ne peuvent être modifiés et quelquefois
n'existent plus que dans la locution, comme dans nel frattempo (*entre-
temps*) où le nom n'est plus usité comme substantif variable en genre,
nombre et fonction syntaxique.

296 Locutions adverbiales figées de temps

una volta, un tempo	*autrefois*
in tempo	*à temps*
per sempre	*(pour) toujours*
in passato	*par le passé*
di quando in quando	*de temps à autre*
di tanto in tanto	*de temps en temps*
d'ora in avanti	*dorénavant*
or ora	*à l'instant*
fra poco	*bientôt*
poco fa	*il y a peu*
di buon'ora	*de bonne heure*

297 Locutions adverbiales figées de lieu

nei dintorni	*aux alentours*
nei pressi	*au voisinage*
nei paraggi	*dans les parages*

298 Locutions adverbiales figées de quantité

a bizzeffe	*à foison*
press'a poco	*à peu près*
all'incirca	*environ*
né più né meno	*ni plus ni moins*
fin troppo	*bien trop*

299 Locutions adverbiales figées d'évaluation

senza dubbio	*sans aucun doute*
per l'appunto	*précisément*
neanche per sogno	*jamais de la vie*

ATTENTION Senza dubbio (*sans aucun doute*) n'a pas en italien la valeur de probabilité qu'a le français « sans doute », dont l'équivalent est probabilmente (*probablement*) ou possibilmente (*il est possible que*).

300 **Locutions adverbiales figées de manière**

Les locutions de manière sont les plus nombreuses et les plus pittoresques. Elles sont généralement formées de in, di, a + nom de procès ou de qualité.

a perdifiato	*à perdre haleine*
a rotta di collo	*à tombeau ouvert*
a più non posso	*jusqu'à n'en plus pouvoir*
in un batter d'occhio	*en un clin d'œil*
in fretta	*en hâte*
in fretta e furia	*en toute hâte*
di corsa	*au trot*
a precipizio	*précipitamment*

Scese le scale **a precipizio**.
Il a descendu les escaliers quatre à quatre.

301 **Locutions *alla* + adverbe ou adjectif**

C'est une formation qui sous-entend une notion de manière.

▸ **Alla + adverbe.**

alla meglio	*au mieux*
alla bell'e meglio	*tant bien que mal*
alla meno peggio	*tant bien que mal*

▸ **Alla + adjectif** féminin sans nom support.

alla svelta	*rapidement*
alla buona	*simplement*
alla stracca	*mollement*
alla garibaldina	*à la hussarde*
all'inglese	*à l'anglaise*

Ceneremo **alla buona**.
Nous dînerons à la bonne franquette.

Se la son filata **all'inglese**.
Ils/Elles ont filé à l'anglaise.

REMARQUE Cette construction figure notamment dans des expressions culinaires, par exemple pour les pâtes.

alla bolognese	[litt. *à la bolonaise*, se dit d'une sauce à la viande]
alla carbonara	[litt. *à la charbonnière*, se dit d'une sauce aux lardons frits et œufs]
alla napoletana	[litt. *à la napolitaine*, se dit d'une sauce à la tomate]

LE GROUPE VERBAL

Les éléments
de relation

ITALIEN

Les prépositions

▶ Les éléments de relation sont des **mots-outils**. Ils ne peuvent être employés isolément. Ils définissent les rapports syntaxiques entre les unités de l'énoncé.

• Les **prépositions** définissent :
  – la relation entre le verbe et ses compléments indirects ;
  – la valeur syntaxique d'un nom.

• Les **conjonctions** définissent les rapports logiques entre propositions (→ La phrase complexe 437-497).

• Les **préfixes**, les **suffixes** et les **infixes** définissent les rapports de dérivation.

▶ Les prépositions, les conjonctions et les préfixes ainsi que les adverbes ont souvent la même origine. Par exemple, les formes suivantes sont toutes dérivées du latin ANTE (*avant*) :

préfixe   **ante**porre (*placer avant*)

préposition, adverbe   **davanti** (*devant*)

conjonction   **anziché** (*au lieu de*)

NOTIONS GÉNÉRALES SUR LES PRÉPOSITIONS

302   Fonction et sens des prépositions

▶ Les prépositions sont des **mots-outils** qui s'accolent au nom et s'agglutinent parfois à lui pour former des locutions prépositionnelles.

▶ Elles servent à unir le **verbe** à certains de ses **compléments** indirects : cette relation de dépendance est dite « rection ».

▶ Elles changent la fonction syntaxique d'un **nom** et lui confèrent une valeur d'adjectif ou d'adverbe.

> Le sens fondamental des prépositions est l'indication d'une relation spatiale concrète ; celle-ci passe à une valeur analogique temporelle, puis à diverses valeurs appliquées à des notions abstraites (noms de processus ou d'action) ; la préposition devient une conjonction.

> Le sens fondamental s'adapte à celui des noms, adjectifs, verbes, adverbes auxquels la préposition s'attache.

> Pour chaque préposition décrite dans cet ouvrage, seront énumérés successivement :
> – les éventuels changements de **forme** ;
> – les principales **valeurs sémantiques**, spatiales et temporelles, concrètes et abstraites ;
> – les principales **fonctions syntaxiques**, internes à la phrase et interpropositionnelles (valeur de conjonction).

303 La forme des prépositions

> Du point de vue de la forme on peut distinguer :

• les **prépositions primaires** (preposizioni proprie), directement héritées du latin, comme di (de), per (pour, par) ;

• les **prépositions « dérivées »** (preposizioni improprie) :
– appartenant originellement à une autre catégorie (nom, adverbe), comme senza (sans, < du latin ABSENTIA, nom à l'ablatif), eccetto (sauf, participe passé de eccepire, faire exception) ;
– étant originellement formées d'une suite de prépositions agglutinées devenues indissociables, comme davanti (devant, < DE + AB + ANTE) ;

• les **locutions prépositionnelles**, constructions adverbiales comprenant un adverbe, comme vicino a (près de), un nom, comme nel mezzo di (au milieu de) ou un verbe, comme a prescindere da (en faisant abstraction de).

> ATTENTION Seul l'usage fixe certains choix plutôt que d'autres, attache telle ou telle préposition à certains noms, l'exige (ou la préfère) dans la construction de certains verbes. Il est donc recommandable de mémoriser autant que possible :
– les emplois observés de préposition + nom ;
– pour les verbes, non seulement leur sens et leur conjugaison, mais la construction de leurs compléments (rection), que seuls quelques bons dictionnaires mentionnent systématiquement.

LES ÉLÉMENTS DE RELATION

LES PRÉPOSITIONS PRIMAIRES

La préposition *di*

Elle correspond au français *de*. Elle est « vide » : son sens n'est défini que par la signification des mots qu'elle lie et la relation pouvant exister entre eux.

304 Formes de la préposition *di*

▶ **Di** subit facultativement une **élision** devant voyelle, mais il est recommandable de ne la pratiquer que devant des mots commençant par **i-** : **d'**Italia (*d'Italie*).

▶ **Di** se soude à l'article défini et forme avec lui les **prépositions-articles** (→ 342-343) et le **partitif** (→ 52-53), qui peut servir de pluriel à l'article indéfini : del, dello, etc.

305 Valeurs de limitation de la préposition *di*

▶ **Di** indique généralement une relation de **restriction** : l'ensemble que désigne le nom est délimité par un autre nom. Par exemple, un pezzo **di** legno (*un morceau de bois*) est, de tous les morceaux possibles, un de ceux qui sont pris dans l'ensemble de la matière bois.

▶ **Valeur de spécification, d'appartenance**

un libro **di** geografia	*un livre de géographie*
i miei cugini **di** Milano	*mes cousins de Milan*
la città **di** Roma	*la ville de Rome*
la porta **della** casa	*la porte de la maison*
nessuno **degli** studenti	*aucun des étudiants*

▶ **Valeur de matière**

una statua **di** bronzo	*une statue de bronze*
una torta **di** mele	*une tarte aux pommes*

▶ **Valeur de quantité**

un pacco **di** venti sigarette	*un paquet de vingt cigarettes*
un biglietto **di** cinquanta euro	*un billet de cinquante euros*
un'anguria **di** tre chili	*une pastèque de trois kilos*

306   Valeurs temporelles de la préposition *di*

▶ **Valeur statique**

di giorno/**di** notte	*de jour/de nuit*
d'estate/**d'**inverno	*l'été/l'hiver*

▶ **Valeur distributive**

di giorno in giorno	*de jour en jour*
di punto in bianco	*de but en blanc*

307   La préposition *di* dans la phrase

▶ **Di** introduit des compléments indirects impliquant une **restriction**.

discutere **di** politica	*discuter de politique*
interessarsi **di** musica	*s'intéresser à la musique*

▶ **Di** introduit des compléments indirects indiquant un **rapport de tout à partie**.

Il servizio da caffè è composto **di** dodici pezzi.
Le service à café est composé de douze pièces.

▶ **Di** introduit les **comparatifs** de supériorité et d'infériorité.

L'asino è più paziente **del** cavallo.
L'âne est plus patient que le cheval.

▶ **Di** introduit le **superlatif** relatif.

Il *Canzoniere* è la più famosa **delle** opere del Petrarca.
Le Canzoniere est la plus célèbre des œuvres de Pétrarque.

▶ **Di** figure dans des **titres** de livres.

Dei delitti e **delle** pene	*Des crimes et des peines*

308   La préposition *di* : valeur de conjonction

Di introduit les **complétives infinitives** régies par :

− des verbes déclaratifs ou des verbes de pensée ;

Sospettavo **di** essere stato raggirato.
Je soupçonnais avoir été roulé.

− des verbes impliquant l'interruption ou l'achèvement d'un procès.

Smetti **di** preoccuparti.
Cesse de te faire du souci.

La préposition *da*

309 Les deux prépositions *da*

Il y a deux prépositions **da** homonymes d'origine différente :
– l'une exprime une idée générale de **provenance**, de cause ;
– l'autre exprime une idée générale de **destination**, d'adéquation.

ATTENTION L'usage de cette préposition constitue une difficulté pour les francophones, car elle n'a pas d'équivalent unique. En effet elle est employée là où le français utilise *à, de, par*.

310 Formes de la préposition *da*

Da ne subit jamais d'**élision** devant voyelle, sauf dans les formules **d'ora in avanti** et **d'ora in poi** (*dorénavant*). En revanche il n'y a pas d'élision dans fin **da** ora (*dès maintenant*).

Da se soude à l'article défini et forme avec lui les **prépositions-articles** : dal, dallo, etc. (→ 342-343).

311 Valeurs spatiales concrètes de la préposition *da*

Valeur de provenance

Il treno viene **da** Roma.
Le train vient de Rome.

Valeur de séparation

Le Alpi separano l'Italia **dalla** Francia.
Les Alpes séparent l'Italie de la France.

Valeur de traversée

Evita di passare **dal** centro.
Évite de passer par le centre.

Valeur de destination

Vieni **da** me questo pomeriggio.
Viens chez moi cet après-midi.

312 Valeurs spatiales abstraites de la préposition *da*

▶ **Valeur de cause, d'origine, d'agent**

L'ho riconosciuto **dai** suoi vestiti.
Je l'ai reconnu à ses vêtements.

La tua conclusione deriva **da** un ragionamento errato.
Ta conclusion découle d'un raisonnement erroné.

Il *Decameron* è stato scritto **da** Boccaccio.
Le Décaméron a été écrit par Boccace.

▶ **Valeur de but, de conséquence**

Preparami qualcosa **da** mangiare.
Prépare-moi quelque chose à manger.

Era contenta **da** impazzire.
Elle était folle de joie.

▶ **Valeur de destination**

un'automobile **da** corsa	une voiture de course
la sala **da** pranzo	la salle à manger
il ferro **da** stiro	le fer à repasser
un biglietto **da** visita	une carte de visite
un abito **da** cerimonia	un habit de cérémonie

▶ **Valeur d'adéquation**

mangiare **da** re	manger comme un roi
una stanza **da** letto	une chambre à coucher

Questo sbaglio non è **da** lei.
Cette erreur n'est pas digne de vous.

ATTENTION

• Cet emploi s'étend à l'expression d'une caractéristique.

una ragazza **dai** capelli castani	*une jeune fille aux cheveux châtains*
una casa **da** dieci milioni	*une maison à dix millions*

• En revanche, il faut dire un biglietto **di** dieci euro (*un billet de dix euros*), car le billet ne « coûte » pas mais « contient » dix euros.

Valeurs temporelles de la préposition *da*

Da correspond aux deux valeurs de depuis.

▶ **Valeur ponctuelle**

Abito a Parigi (fin) **dal** 1998.
J'habite Paris depuis 1998.

▶ **Valeur durative**

Mi sento poco bene **da** un anno.
Je ne me sens pas bien depuis un an.

La préposition *da* dans la phrase

▶ **Da** introduit obligatoirement le **complément d'agent** des constructions passives.

La casa è stata perquisita **dalla** polizia.
La maison a été perquisitionnée par la police.

▶ **Da** introduit des **compléments** concrets ou abstraits **de provenance** ou abstraits **de cause**.

uscire **dai** ganٍgheri   sortir de ses gonds
morire **dal** caldo   crever de chaud

La préposition *da* : valeur de conjonction

Da introduit des subordonnées **finales** et **consécutives**.

Aveva due clienti **da** visitare.
Il avait deux clients à voir.

Era così stanco **da** non reggersi in piedi.
Il était fatigué au point de ne plus tenir debout.

La préposition *a*

Elle correspond généralement au français à.

Formes de la préposition *a*

▶ Devant un mot commençant par a-, est ajouté un **-d** euphonique : **ad** alta velocità (à grande vitesse).

▶ Devant les autres voyelles, le -d euphonique ne figure que dans des formules figées : **ad** eccezione di (à l'exception de), **ad** opera di (grâce à), **ad** uso di (à usage de).

▶ A se soude à l'article défini et forme avec lui les **prépositions-articles** : al, agli, etc. (→ 342-343).

317 Valeurs spatiales de la préposition *a*

Cette préposition possède un sens fondamental spatial directionnel d'où découlent ses valeurs concrètes et abstraites.

▶ **Valeur concrète ou abstraite, statique et dynamique**

Invece di recarsi **a** Roma, è rimasto **a** Firenze.
Au lieu de se rendre à Rome, il est resté à Florence.

Il muratore appoggia la scala **al** muro.
Le maçon appuie l'échelle contre le mur.

▶ **Valeur concrète ou abstraite de distance**

La stazione è **a** cento metri da casa mia.
La gare est à cent mètres de chez moi.

Da volere **a** potere, ce ne corre.
Entre vouloir et pouvoir, il y a du chemin.

▶ **Valeur distributive abstraite**

Le ballerine entravano **a** due **a** due.
Les danseuses entraient deux par deux.

318 Valeurs temporelles de la préposition *a*

▶ **Valeur dynamique**

Lasciò l'ufficio **alla** solita ora.
Il/Elle a quitté le bureau à l'heure habituelle.

Quest'anno, andrò in Italia **a** giugno.
Cette année, j'irai en Italie en juin.

▶ **Valeur distributive**

a giorni alterni	*un jour sur deux*
una volta **alla** settimana	*une fois par semaine*

La préposition *a* dans la phrase

▶ **A** introduit les compléments indirects désignant le **destinataire** ou le **bénéficiaire**.

Rivolse rimproveri velati **ai** colleghi.
Il/Elle adressa des reproches voilés à ses collègues.

▶ **A** introduit les compléments indirects désignant le **résultat de certaines transformations**.

Il cuoco tagliava la carne **a** cubetti.
Le cuisinier coupait la viande en petits cubes.

Questo trabiccolo cade **a** pezzi.
Cette guimbarde tombe en pièces.

▶ **A** introduit des compléments indirects exprimant la **cause**, l'**instrument**, la **manière**.

La notte mi sveglio **al** minimo rumore.
La nuit, je me réveille au moindre bruit.

Non scrivo più **a** macchina.
Je n'écris plus à la machine.

Parla **a** bassa voce!
Parle à voix basse !

REMARQUE La préposition **a** figure dans de nombreuses locutions figées de manière.

a rotta di collo	*à toute allure*
a passo d'uomo	*au pas*
a viso aperto/scoperto	*à visage découvert*

→ Locutions alla + adverbe ou adjectif **301**.

La préposition *a* : valeurs de conjonction

A introduit les **complétives infinitives** :

– régies par un verbe aspectuel impliquant le commencement ou la poursuite d'un procès ;

Vorrei cominciare **a** studiare economia.
Je voudrais commencer à étudier l'économie.

Non mi piace stare **ad** aspettare senza far nulla.
Je n'aime pas rester à attendre sans rien faire.

I turisti si trattenevano **ad** ammirare il Colosseo.
Les touristes s'attardaient à admirer le Colisée.

– à la voix pronominale, après des adjectifs comme facile (facile) et difficile (difficile).

> È più facile a dirsi che a farsi.
> C'est plus facile à dire qu'à faire.

L'emploi de la préposition **a** est **obligatoire** devant les infinitifs régis par des verbes de **mouvement** concret ou abstrait : andare (aller), venire (venir), entrare (entrer), uscire (sortir) et autres semblables.

> Vado **a** comprare il giornale.
> Je vais acheter le journal.

> Esco **a** fare una passeggiata.
> Je sors me promener.

La préposition *in*

Elle correspond généralement au français *dans/en*.

321 Formes de la préposition *in*

In se soude à l'article défini sous la forme **ne-** et forme avec celui-ci les **prépositions-articles** : nel, nei, etc. (→ 342-343).

322 Valeurs spatiales de la préposition *in*

Cette préposition a originellement une valeur spatiale statique qui désigne l'intérieur d'un espace de référence.

▸ **Valeur statique concrète**

Cette valeur indique que le procès advient à l'intérieur de limites spatiales.

> Quando i miei non ci sono, me ne sto sempre **in** camera.
> Quand mes parents ne sont pas là, je reste toujours dans ma chambre.

> I miei nonni passeggiano **in** ou **nel** giardino.
> Mes grands-parents se promènent dans le jardin.

> La banda suona **in** piazza.
> L'orchestre joue sur la place.

Valeur statique abstraite
Cet emploi implique une valeur limitative.

> Nostro figlio è specializzato **in** psicologia infantile.
> *Notre fils est spécialisé en psychologie de l'enfant.*

> Suo padre commercia **in** vini.
> *Son père vend du vin.*

> Sono venuti **in** dieci/**in** gruppo.
> *Ils sont venus à dix/en groupe.*

Valeur dynamique concrète ou abstraite
Cette valeur exprime le mouvement vers l'intérieur d'un espace.

> Devo andare **in** Inghilterra.
> *Je dois aller en Angleterre.*

> Perché hai voluto impegnarti **in** questo progetto?
> *Pourquoi as-tu voulu t'engager dans ce projet ?*

323 Valeurs temporelles de la préposition *in*

Valeur statique

> È nato **nel** mese di marzo.
> *Il est né au mois de mars.*

Valeur dynamique, de durée

> Verrò **in** giugno.
> *Je viendrai en juin.*

> L'imbianchino ha portato il lavoro a termine **in** una settimana.
> *Le peintre a achevé son travail en une semaine.*

324 La préposition *in* dans la phrase

In introduit des **compléments spatiaux** désignant le point d'arrivée considéré comme intérieur à un espace.

> La nave entra **in** ou **nel** porto.
> *Le bateau entre dans le port.*

In introduit des compléments désignant le **résultat d'une transformation**.

> Devi cambiare i soldi **in** valuta straniera.
> *Tu dois changer ton argent en devises étrangères.*

> La vetrata è esplosa **in** mille pezzi.
> *La verrière a éclaté en mille morceaux.*

325 La préposition *in* : valeur de conjonction

In introduit des **infinitifs substantivés** (avec ou sans compléments) :
– régis par certains verbes ;

L'imputato persisteva **nel** negare.
L'accusé persistait à nier.

– ayant valeur circonstancielle (équivalents d'un gérondif).

Piangeva **nel** raccontarci la triste vicenda.
Il pleurait en nous racontant cette triste affaire.

La préposition *con*

Elle correspond généralement au français *avec* et indique une **coprésence**, contingente ou nécessaire. Ses valeurs sont principalement abstraites.

Pour les formes de con, → 343.

326 Valeur temporelle de la préposition *con*

Con exprime une **valeur de simultanéité**.

Siamo partiti **con** la pioggia e torniamo **col** sole.
Nous sommes partis avec la pluie et nous revenons avec le soleil.

Con l'estate torneranno le belle giornate.
Avec l'été, les beaux jours vont revenir.

327 La préposition *con* dans la phrase

Con introduit divers **compléments circonstanciels** :
– d'accompagnement ;

Ho lavorato tutto il pomeriggio **con** il mio collega.
J'ai travaillé tout l'après-midi avec mon collègue.

– de moyen, de manière, d'instrument.

viaggiare **con** l'aereo	*voyager par avion*
studiare **con** impegno	*étudier avec ardeur*
tagliare **con** il coltello	*couper au couteau*

Lorsqu'en français la **caractérisation** est formulée au moyen de la préposition à, en italien elle est souvent formulée au moyen de **con**.

È una ragazza **con** i capelli castani e **con** gli occhi azzurri.
C'est une fille aux cheveux châtains et aux yeux bleus.

La préposition *con* : valeur de conjonction

Con s'emploie dans des cas où le français emploie *par* :
– avec *cominciare* (*commencer*), *finire* (*finir*) ;

> Cominciò **col** riassumere la situazione.
> *Il/Elle commença par résumer la situation.*

– pour introduire un instrument ou un moyen abstrait.

> **Con** questo ragionamento, intendeva dimostrare la fondatezza della sua posizione.
> *Par ce raisonnement, il/elle entendait démontrer le bien-fondé de sa position.*

La préposition *su*

Elle correspond généralement au français *sur*.

Formes de la préposition *su*

Su se soude à l'article défini et forme avec lui les **prépositions-articles** : sul, sulle, etc. (→ 342-343).

Valeurs spatiales de la préposition *su*

Le sens fondamental de cette préposition est la coïncidence spatiale avec la partie supérieure d'un espace ou d'un volume.

▶ **Valeur concrète statique ou dynamique**

> Il vaso è **sul** tavolo.
> *Le vase est sur la table.*

> La Marcia **su** Roma avvenne nel 1922.
> *La Marche sur Rome eut lieu en 1922.*

▶ **Valeur concrète dérivée, indiquant la proximité**

> L'albergo si trova **sul** lago.
> *L'hôtel est situé au bord du lac.*

▶ **Valeur abstraite statique, de portée ou d'approximation**

> Per il mio dottorato ho scritto una tesi **su** Leopardi.
> *Pour mon doctorat, j'ai fait ma thèse sur Leopardi.*

> Suo marito avrà **sui** trent'anni.
> *Son mari doit avoir dans les trente ans.*

> **Valeur abstraite dynamique**

L'autista è andato **su** tutte le furie.
L'automobiliste est entré dans une colère noire.

331 Valeur temporelle de la préposition *su*

> **Valeur d'imminence ou de quasi-simultanéité**

Gli ospiti partirono **sul** far del giorno/**sul** tardi.
Les invités partirent au point du jour/sur le tard.

Sul momento, non ho capito.
Sur le moment, je n'ai pas compris.

> **Valeur distributive**

uno **su** venti	un sur vingt
nove probabilità **su** dieci	neuf chances sur dix

332 La préposition *su* dans la phrase

> **Su** introduit des **compléments indirects spatiaux** de verbes de mouvement.

Il gatto saltò **sul** muretto.
Le chat a sauté sur la murette.

> **Su** introduit un **complément de cause** ou **de moyen** dans certaines constructions figées.

lavori **su** ordinazione	travaux sur commande
abiti **su** misura	vêtements sur mesure
giurare **sul** proprio onore	jurer sur son honneur
contare **sulla** fortuna	compter sur la chance

333 La préposition *su* : valeur de conjonction

Su introduit des infinitifs substantivés (propositions complétives infinitives) ou des participes passés substantivés, avec des verbes de communication et de pensée.

Riflettevo **sull**'accaduto/**sul** da farsi.
Je réfléchissais à ce qui était arrivé/à ce qu'il fallait faire.

La préposition *per*

Elle correspond à plusieurs prépositions du français, *par, pour, à travers*.
Son sens concret, originellement, est d'indiquer le parcours complet
d'un espace à deux limites, la plus proche et la plus éloignée.

334 Valeurs spatiales concrètes de la préposition *per*

▶ **Valeur de parcours ou de traversée, d'occupation d'un espace**

passeggiare **per** la città	*se promener à travers la ville*
passare **per** Napoli	*passer par Naples*
sdraiarsi **per** terra	*s'étendre par terre*
andare **per** mare	*aller par bateau*

▶ **Valeur de destination concrète**

partire **per** l'Italia	*partir pour l'Italie*
cadere **per** terra	*tomber par terre*

REMARQUE **Passare dal** centro/**da** Napoli n'impliquent pas d'idée d'étendue : ils sont conçus comme des points. À l'opposé, **passare per** il centro/**per** Napoli, c'est traverser ce qui est conçu comme une étendue.

335 Valeurs spatiales abstraites de la préposition *per*

▶ **Valeur de moyen ou de manière**

Bisogna avvisarlo **per** lettera raccomandata.
Il faut l'informer par lettre recommandée.

L'ho detto **per** scherzo.
Je l'ai dit par plaisanterie.

Ho acquistato questi jeans **per** pochi euro.
J'ai acheté ce jean (pour) quelques euros seulement.

▶ **Valeur d'attribution ou de but**

Questo regalo è **per** te.
Ce cadeau est pour toi.

Lottiamo **per** la libertà.
Nous nous battons pour la liberté.

Il pilota si allenava **per** partecipare al rally.
Le pilote s'entraînait pour participer au rallye.

336 Valeurs temporelles de la préposition *per*

Valeur de totalité d'une durée

Ho studiato musica (**per**) dieci anni.
J'ai étudié la musique (pendant) dix ans.

Un signore ha tossito **per** tutto lo spettacolo.
Un monsieur a toussé pendant tout le spectacle.

ATTENTION Si le nom est celui d'une mesure de temps, la préposition peut être effacée ; elle est **obligatoire** avec un nom de procès.

Valeur de terme d'une durée

Devo finire **per** giovedì.
Je dois finir pour jeudi.

337 La préposition *per* dans la phrase

Per introduit un complément indirect exprimant une **destination** concrète ou abstraite (destinataire), un **terme d'échange**.

Lascerò l'Italia **per** l'America.
Je quitterai l'Italie pour l'Amérique.

Abbiamo affittato l'appartamento **per** una grossa somma.
Nous avons loué l'appartement pour une grosse somme.

Per introduit divers compléments circonstanciels de **lieu**, **cause**, **moyen**, **manière**, etc. sous forme de nom ou de proposition.

Spiegami la cosa **per** sommi capi.
Explique-moi ça dans les grande lignes.

Tremava tutto **per** la febbre.
Il était tout tremblant de fièvre.

Per introduit un complément circonstanciel de **but**.

Lui l'ha fatto **per** i soldi, non **per** la gloria, figurati!
Il l'a fait pour l'argent, pas pour la gloire, qu'est-ce que tu crois !

ATTENTION **Per** n'introduit **jamais** le complément d'agent de la construction passive (→ 159-160).

338 La préposition *per* : valeur de conjonction

Per introduit une proposition **subordonnée de but**.

Sono andati nei boschi **per** (cercare) funghi.
Ils sont allés aux champignons dans les bois.

Les prépositions *tra* et *fra*

D'origine différente, elles sont rigoureusement équivalentes par le sens : elles correspondent généralement aux prépositions *entre* et *parmi*.

339 Formes des prépositions *tra* et *fra*

▶ **Tra** et **fra** sont employées indifféremment, sauf pour des raisons d'euphonie au voisinage de mots contenant respectivement -t- et -f- : **fra** tutti (*entre tous*), **tra** le fronde (*parmi les frondaisons*).

▶ **Tra** et **fra** sont toujours séparées de l'article défini.

340 Valeur spatiale des prépositions *tra* et *fra*

▶ **Valeur concrète et abstraite**

• **Tra** et **fra** situent un objet dans un **espace indéterminé** :
  – délimité par deux objets ou **deux ensembles d'objets** ;

> Il giardino è **fra** la casa e la strada.
> *Le jardin est entre la maison et la route.*

> Sei sempre **fra** i piedi.
> *Tu es toujours dans mes jambes.*

> Nel 1982 scoppiò la guerra **tra** Gran Bretagna e Argentina.
> *En 1982 la guerre a éclaté entre la Grande-Bretagne et l'Argentine.*

  – désigné par un **nom pluriel ou collectif**.

> Si vedono i tetti rossi **tra** gli alberi.
> *On voit les toits rouges à travers les arbres.*

> Gli scambi culturali **tra** i popoli si stanno intensificando.
> *Les échanges culturels entre les peuples s'intensifient.*

> Siamo felici che tu sia tornato **fra** noi.
> *Nous sommes heureux que tu sois revenu parmi nous.*

• **Tra** et **fra** situent un objet à une **distance** plus ou moins déterminée relativement à la position du locuteur.

> **Fra** due chilometri, troveremo il confine.
> *Dans deux kilomètres, on arrivera à la frontière.*

REMARQUE Avec un pronom (sauf le réfléchi **sé**), **di** est facultativement intercalé.

> Litigano spesso **tra** (di) loro. *Ils se disputent souvent entre eux.*

> Pensava **tra** sé (e sé)... *Il/Elle pensait à part soi...*

341   Valeur temporelle des prépositions *tra* et *fra*

Ces prépositions situent un événement :
– à un **moment indéterminé** délimité par deux points temporels ou deux événements successifs ou alternatifs ;

Vieni a trovarmi **tra** le due e le tre.
Viens me voir entre deux et trois.

Esitava **tra** arrabbiarsi e ridere.
Il/Elle hésitait entre se fâcher et en rire.

– à une **distance** de temps plus ou moins déterminée relativement au moment de l'énonciation.

Sandro tornerà **fra** due giorni.
Sandro reviendra dans deux jours.

Tra non molto avrò finito.
J'aurai fini d'ici peu.

Les prépositions-articles

342   L'article avec *di, a, da, in, su*

Les prépositions **di** (de), **a** (à), **da** (de, par), **in** (dans) et **su** (sur) se soudent à l'article.

	il	lo	la	l'	i	gli	le
di	del	dello	della	dell'	dei	degli	delle
a	al	allo	alla	all'	ai	agli	alle
da	dal	dallo	dalla	dall'	dai	dagli	dalle
in	nel	nello	nella	nell'	nei	negli	nelle
su	sul	sullo	sulla	sull'	sui	sugli	sulle

343   L'article avec *per* et *con*

La préposition **per** ne se soude plus à l'article : les formes pel, pei, etc. sont désuètes. Il en est de même pour **con**, dont seule la forme **col** (= con + il) est encore employée, mais surtout oralement.

LES PRÉPOSITIONS DÉRIVÉES

Elles résultent d'agglutinations de prépositions simples ou de la transformation d'un mot plein en mot-outil. Elles sont plus spécialisées que les prépositions primaires. Certaines s'emploient avec une préposition primaire.

344 Prépositions dérivées uniquement spatiales

Les principales sont :

dentro (à l'intérieur de)	davanti (a) (devant)
presso (chez, auprès de)	accanto a (à côté de)
sopra (au-dessus de)	vicino a (près de)
lungo (le long de)	attorno a (autour de)
lontano da (loin de)	intorno a (autour de)

ATTENTION Avec des pronoms, dentro, presso et sopra se construisent avec **di**.

Franco non ha il coraggio di guardare **dentro di** sé.
Franco n'a pas le courage de regarder en lui-même.

345 Prépositions dérivées fondamentalement temporelles

prima (avant)	durante (pendant, durant)
dopo (après)	entro (sous/avant/d'ici)

Tornerò **dopo di** te, ma comunque **prima di** sera.
Je rentrerai après toi, mais en tout cas avant le soir.

Verrai **prima di** cenare o **dopo** aver cenato?
Tu viendras avant de dîner ou après ?

Si è addormentato **durante** il film.
Il s'est endormi pendant le film.

Devo riconsegnare il mio libro **entro** due mesi/**entro** ottobre.
Je dois remettre mon livre sous deux mois/avant la fin octobre.

ATTENTION

• Devant un pronom, prima et dopo s'emploient avec **di**.

• Prima peut s'employer avec un infinitif, obligatoirement précédé de **di**.

• Dopo peut être suivi d'un infinitif passé, sans **di**.

346   Prépositions dérivées abstraites

circa (a)	à propos de
eccetto	excepté
salvo	sauf
tranne	sauf, excepté
insieme a ou con	avec
mediante	moyennant
tramite	par le moyen/l'intermédiaire de
secondo	selon
senza	sans

Circa il ou **al** pagamento, non ti preoccupare.
En ce qui concerne le paiement, ne te fais pas de souci.

Mangia la carne **insieme al** pane.
Mange ta viande avec du pain.

Posso venire qualunque giorno **eccetto** domani.
Je peux venir n'importe quel jour sauf demain.

Tranne poche eccezioni, gli spettatori si sono entusiasmati.
À quelques exceptions près, les spectateurs ont été enthousiasmés.

Salvo errori od omissioni...
Sauf erreur ou omission...

In questo negozio non si può pagare **mediante** assegno.
Dans ce magasin, on ne peut pas payer par chèque.

L'ho saputo **tramite** un amico.
Je l'ai su par l'intermédiaire d'un ami.

Deciderai **secondo** le circostanze.
Tu décideras selon les circonstances.

ATTENTION Les francophones, pour « tourner » la difficulté qu'ils ont parfois à maîtriser les constructions causales ou instrumentales, ont une certaine tendance à abuser de mediante et tramite qui sont d'un registre formel. À la place de ces formes, on peut employer per mezzo di (au moyen de) ou simplement con (avec) : pagare con un assegno (payer par chèque).

REMARQUE Secondo, isolé, est l'équivalent du français c'est selon.
Se m'interessa? Secondo! *Si cela m'intéresse ? C'est selon !*

Prépositions dérivées à deux valeurs

▶ **Attraverso** *(à travers, par le moyen de)*

- Spatial : franchissement de limites conçues comme espace.

> Caterve di turisti passano **attraverso** il centro storico.
> *Des hordes de touristes passent à travers le centre historique.*

> Guardava dentro **attraverso** il buco della serratura.
> *Il/Elle regardait à l'intérieur par le trou de la serrure.*

- Abstrait.

> Ho contattato l'assessore **attraverso** un mio conoscente.
> *J'ai contacté le conseiller par l'intermédiaire d'un de mes amis.*

> Non ho trovato la soluzione se non **attraverso** lunghe indagini.
> *Je n'ai trouvé la solution qu'après de longues recherches.*

▶ **Contro** *(contre)*

- Spatial.

> La scala è appoggiata **contro** il muro.
> *L'échelle est appuyée contre le mur.*

> La chiatta procedeva lentamente **contro** corrente.
> *La péniche avançait lentement à contre-courant.*

- Abstrait figé (sans déterminant).

> spedizione **contro** assegno   *envoi contre remboursement*

▶ **Dietro** *(derrière)*

- Spatial concret et abstrait.

> Il giardino è **dietro** la casa.
> *Le jardin est derrière la maison.*   [valeur statique]

> La polizia andava **dietro** all'indiziato.
> *La police suivait le suspect.*   [valeur dynamique concrète]

> Non vado **dietro** alla moda.
> *Je ne suis pas la mode.*   [valeur dynamique abstraite]

- Abstrait figé (sans déterminant) : condition.

> **dietro** domanda   *sur demande*

> **dietro** pagamento   *contre paiement*

Din(n)anzi (devant, en face de)

• Spatial, plutôt avec des personnes.

din(n)anzi al sindaco *devant le maire*

• Abstrait.

din(n)anzi ai fatti   *mis(e) en présence des faits*

REMARQUE Cette préposition est du registre formel.

Fuori (hors de)

• Spatial concret et abstrait.

Abbiamo cenato in una trattoria **fuori** porta.
Nous avons dîné dans un restaurant hors les murs.

Ma vivi proprio **fuori** dal tempo!
Mais tu vis vraiment hors de ton temps !

• Abstrait, avec des noms de procès.

Mangiare **fuori** pasto fa male.
Manger en dehors des repas est mauvais pour la santé.

ATTENTION Fuori s'emploie avec **da** si le nom qui suit est déterminé :
fuori dalla casa (*hors de la maison*), avec **di** s'il ne l'est pas : fuori di casa
(*dehors*), et sans préposition ni article dans des formules figées, parmi
lesquelles celles qui peuvent s'écrire en un seul mot : fuori città (*hors de
la ville*), fuoriprogramma (*hors programme*), fuorimano (*loin de tout*).

348 Prépositions dérivées à trois valeurs

Ces prépositions ont un sens fondamental spatial et des valeurs temporelles et abstraites analogiques.

Innanzi (devant)

Si sono sposati **innanzi** (al)l'altare.
Ils se sont mariés devant l'autel.   [valeur spatiale concrète]

Non bisogna impegnarsi **innanzi** tempo.
Il ne faut pas s'engager prématurément. [valeur temporelle]

Innanzi tutto, intendiamoci bene.
Avant tout, entendons-nous bien.   [valeur abstraite
                                            analogique]

REMARQUE **Innanzi** est **littéraire** et **avanti** (*devant, avant*), qui a les mêmes emplois, est **rare**.
Ces deux prépositions peuvent se rencontrer dans la langue écrite, mais il est prudent de
s'abstenir de les employer au-delà des formules figées : **innanzi tempo** (*prématurément*),
avanti Cristo (*avant Jésus-Christ*).

▶ **Oltre** (au-delà)

- Spatial concret et abstrait, relativement à une limite, une ligne, une étendue ou une mesure.

oltre il fiume	au-delà du fleuve
oltre un certo limite	au-delà d'une certaine limite
oltre la pianura	au bout de la plaine
oltre dieci chilometri	plus de dix kilomètres

- Temporel, relativement à un point ou à une durée.

  Non tardare **oltre** mezzogiorno.
  Ne tarde pas au-delà de midi.

  Oltre una certa ora, non connetto più.
  Passée une certaine heure, je ne peux plus me concentrer.

  Oltre una certa età, ci si stanca per un nonnulla.
  Passé un certain âge, on se fatigue pour un rien.

  È rimasto assente (per) **oltre** vent'anni.
  Il est resté absent (pendant) plus de vingt ans.

- Abstrait figé.

  Purtroppo, fumo **oltre** misura.
  Malheureusement, je fume outre mesure.

  È superbo **oltre** ogni dire.
  Il est orgueilleux au-delà de toute expression.

▶ **Sotto** (sous)

- Spatial concret et abstrait.

sotto il livello del mare	au-dessous du niveau de la mer
subito **sotto** Roma	juste au sud de Rome
sotto il vincolo del segreto	sous le sceau du secret

- Temporel, au sens d'imminence.

  Ci siamo visti **sotto** Natale.
  Nous nous sommes rencontrés à l'approche de Noël.

  Siamo **sotto** esami.
  Les examens sont proches.

- Purement abstrait.

sotto giuramento	sous serment

LES LOCUTIONS PRÉPOSITIONNELLES

349 Locutions prépositionnelles nominales

Elles ont généralement un seul sens.

Elles sont formées au moyen d'un mot :
- introduit par une préposition (en majorité **a** et **in**) ;
- et suivi d'une préposition (en majorité **di** et **a**) qui le rattache à un autre nom (parfois un verbe à l'infinitif). Ce second groupe définit la portée de la locution.

ATTENTION Ces constructions sont **figées** : la présence ou l'absence de l'article, le nombre du nom et les prépositions ne peuvent être modifiés.

Locutions spatiales concrètes et abstraites

DÉRIVÉES D'UN NOM

al cospetto di	en présence de
di fronte a	en face de
in cima a	au sommet de
in mezzo a	au milieu de
in capo a	au bout de
nel mezzo di	au beau milieu de

DÉRIVÉES D'UN ADVERBE SUBSTANTIVÉ

al di fuori di	en dehors de
al di sopra di	au-dessus de
al di sotto di	en dessous de
al di là di	au-delà de
al di qua di	en deçà de

Locutions temporelles

al momento di	au moment de
nel mentre di	pendant

Locutions de manière et de moyen

a causa di	à cause de
a dispetto di	en dépit de
a favore di	en faveur de
a forza di	à force de
a meno di	à moins de
a paragone di	en comparaison de
a prescindere da	en faisant abstraction de
a proposito di	à propos de
ai sensi di	aux termes de [la loi, ce contrat]
al pari di	à l'égal de
in base a	sur la base de
in cambio di	en échange de
in compagnia di	en compagnie de
in confronto a	en comparaison de
nei confronti di	vis-à-vis de, à l'égard de
in conseguenza di	en conséquence de
in quanto a	quant à
invece di	au lieu de
per conto di	pour le compte de
per mezzo di	au moyen de
per opera di	grâce à

350 **Constructions adverbiales en fonction de préposition**

Ce sont des combinaisons, assez lourdes, d'un adverbe de manière en -mente et d'une préposition.

> Studiava il greco contemporanea**mente al** latino.
> Il/Elle étudiait le grec en même temps que le latin.

> Trattava le donne differente**mente dagli** uomini.
> Il/Elle traitait les femmes différemment des hommes.

La dérivation

Un mot comprend :
- un **radical**, qui constitue la désignation d'un être, d'un procès ou action ou d'une relation (c'est sa valeur sémantique de référence à une réalité, perçue ou conçue) ;
- une **désinence**, placée après le radical, qui définit sa catégorie grammaticale (nom, adjectif, verbe, adverbe) et détermine les fonctions syntaxiques (sujet, prédicat, épithète, complément) que le mot peut remplir dans un énoncé ;
- éventuellement un élément placé avant le radical (**préfixe**).

351 Fonctions et formes de la dérivation

La dérivation est l'opération qui consiste :
- à **appliquer une désinence et éventuellement un préfixe à un radical** pour former un mot et définir à la fois un sens et des possibilités de relation avec d'autres mots ;
- à **transférer** un mot d'une **catégorie grammaticale** dans une autre en modifiant la désinence.

Exemple : le radical **legg-** (idée de *lire*) peut être suivi de plusieurs désinences et figurer dans des mots appartenant à diverses catégories grammaticales.

NOMS	VERBES
leggio (*pupitre, instrument*)	**legg**ere (*lire*)
leggenda (*légende, objet*)	ri**legg**ere (*relire*)

ADJECTIFS	ADVERBES
leggibile (*lisible*)	**legg**ibilmente (*lisiblement*)
il**legg**ibile (*illisible*)	il**legg**ibilmente (*illisiblement*)

▶ La dérivation s'opère de trois façons.

• La **préfixation** place un élément de relation « avant » le radical et **ne modifie pas** la catégorie grammaticale du mot.

contento (content)   scontento (mécontent)

vincere (gagner)   **stra**vincere (gagner haut la main)

• La **suffixation** place un élément « après » le radical et **modifie** le plus souvent la catégorie grammaticale.

bello (beau)   bell**ezza** (beauté)

cambiare (changer)   cambia**mento** (changement)

• L'**infixation** intercale un élément entre le radical et la désinence et **ne modifie pas** la catégorie grammaticale.

lupo (loup)   lup**acchiott**o (louveteau)

giallo (jaune)   giall**astro** (jaunâtre)

ATTENTION Un dérivé peut être obtenu simultanément par préfixation et suffixation (parasynthétique).

largo (large)   **al**l**argare** (élargir)

LA PRÉFIXATION

352 Le rôle des préfixes

▶ Les préfixes s'appliquent à une unité déjà définie (nom, verbe, adjectif, adverbe) et ne modifient pas la catégorie grammaticale.

▶ Ils se comptent par centaines. Un certain nombre sont des prépositions agglutinées à un nom, un adjectif ou un verbe, sous des formes variables.

REMARQUE Le sens des préfixes est généralement le même en italien et en français.

353 Les préfixes négatifs

▶ La plupart des préfixes privatifs sont communs à l'italien et au français.

amorale   **a**moral

illogico   **il**logique

nonconformista   **non** conformiste

senzatetto   **sans** abri

▶ **Dis-** correspond au français *dé(s)-*, et à *in-* et *mal-*.

disarmare	**dés**armer
disabitato	**in**habité
disattento	**in**attentif
disonesto	**mal**honnête
disonore	**dés**honneur
disadatto	**in**adapté
disagevole	**mal**aisé

354 ## Les préfixes spatiaux et temporels

Leur sens concret peut s'adapter à celui du radical et exprimer une notion concrète ou abstraite.

CONCRET		ABSTRAIT	
accorrere	accourir	**ac**condiscendere	condescendre
convivere	cohabiter	**con**nazionale	compatriote
fuoruscito	réfugié	**fuori**classe	hors pair
trafiggere	transpercer	**tra**lasciare	négliger
transalpino	transalpin	**tras**andato	négligé
soprammobile	bibelot	**sopran**numero	surnombre
sottobosco	sous-bois	**sotto**stare	se plier

355 ## Les préfixes intensifs

▶ La plupart des préfixes intensifs sont également communs à l'italien et au français.

archidiocesi	**archi**diocèse
arciprete	**archi**prêtre
extrafino	**extra**-fin
ipermercato	**hyper**marché
supermercato	**super**marché
ultrasinistra	**extrême**-gauche

Stra- sert à former des verbes et des adjectifs.

cuocere (cuire)   **stra**cuocere (trop cuire)
fare (faire)   **stra**fare (en faire trop)
parlare (parler)   **stra**parlare (divaguer)
carico (chargé)   **stra**carico (surchargé)
ricco (riche)   **stra**ricco (riche comme Crésus)

356 Les préfixes négatifs ou intensifs

Trois préfixes ont en italien une double valeur.

Les préfixes **de-** et **di-**.

• Ils ont le plus souvent une valeur négative (annuler une action).

decolorare   décolorer
decongelare   décongeler
dimettere   démettre

• Ils ont aussi une valeur intensive.

degustare   déguster
dilavare   délaver

REMARQUE Dans certains cas, le verbe simple peut avoir un autre sens, ou n'existe pas.

battere (battre)   **di**battere (débattre)
pendere (pendre)   **di**pendere (dépendre)
–   **di**latare (dilater)
–   **di**menticare (oublier)

Le préfixe **s-**.

• Il est négatif devant un verbe, un adjectif, un nom.

scaricare   décharger
scontento   mécontent
sconveniente   inconvenant
scortese   discourtois
sleale   déloyal
sproporzione   disproportion

• Il peut être intensif devant un verbe

beffeggiare (se moquer)   **s**beffeggiare (se gausser)
trascinare (traîner)   **s**trascinare (traîner avec peine)

357 Cas particulier : le préfixe *ri-*

▶ Sa **forme** s'adapte à l'initiale du radical : **ri-**, **re-**, **ra-** ou **ria-**.

▶ Il indique une **répétition**. Avec cette valeur, il est **productif** : il est presque toujours possible, comme en français, de former un dérivé.

riscrivere	*réécrire*
ricaricare	*recharger*

▶ Il peut indiquer l'**annulation** d'une action antérieure.

ritrovare	*retrouver* [après avoir perdu]
reintegrare	*réintégrer* [après avoir exclu]
raddrizzare	*redresser* [ce qui n'est plus droit]
raccomodare	*réparer* [ce qui est abîmé]
ricredersi	*se raviser, se déjuger* [après avoir pris position]

▶ Il exprime la **réciprocité**, si l'action est la même, « retournée » vers son premier agent, et peut impliquer une idée d'opposition.

rispedire	*réexpédier*
riamare	*aimer en retour*
reagire	*réagir*
ribattere	*répliquer*
ritorcere	*rétorquer*

▶ À la notion de répétition s'apparente analogiquement une valeur **intensive** (faire une chose « plusieurs fois », c'est la faire « beaucoup »).

stagnare (*stagner*) **ri**stagnare (*s'étaler, cesser de couler*)

splendere (*briller*) **ri**splendere (*briller vivement, resplendir*)

REMARQUE Dans ce cas, la fusion **ri- + a** donne :
– **ra**, lorsque la variante avec **ri-** existe déjà ;
– **ria**, lorsqu'il n'y a pas d'autres variantes du verbe avec **ri-**.

rassettare (*bien ranger*) ≠ **ri**assettare (*réaménager*)
rassicurarsi (*se rassurer*) ≠ **ri**assicurarsi (*renouveler son assurance*)
rappresentare (*représenter*) ≠ **ri**presentare (*présenter à nouveau*)

▶ Certains verbes n'existent qu'avec ce préfixe : **ri**muginare (*ruminer, ressasser*), **ri**mboccare (*retrousser ses manches*).

Dans des couples **verbe simple/dérivé**, les significations ont pu se différencier : c'est généralement le dérivé qui a acquis une signification plus restreinte ou analogique.

compensare (compenser, payer)	**ri**compensare (récompenser)
flettere (plier, fléchir)	**ri**flettere (réfléchir)
girare (tourner)	**ri**girare (duper)
lasciare (laisser)	**ri**lasciare (délivrer)
levare (lever)	**ri**levare (remarquer)
piangere (pleurer)	**rim**piangere (regretter)

LA SUFFIXATION

358 Le rôle des suffixes

Les suffixes sont des éléments qui déterminent le plus souvent un changement de catégorie grammaticale, à partir d'un mot déjà constitué.

Lorsque la catégorie grammaticale ne change pas, la **valeur logique** est modifiée.

lavoro (travail) → lavor**atore** (travailleur)
action   → agent

359 Les deux types de suffixation

La suffixation est dite « en éventail » lorsque d'une même forme de base dérivent des formes constituées du radical et d'un seul suffixe.

oper-**are**	opérer
oper-**atore**	opérateur
oper-**azione**	opération
oper-**ativo**	opérationnel
oper-**abile**	opérable
oper-**oso**	laborieux

La suffixation est dite « cumulative » quand un dérivé produit à son tour un autre dérivé et ainsi de suite.

nazione	→	nazion**ale**	→	nazion**alista**	→	nazion**alistico**
nation	→	national	→	nationaliste	→	nationaliste
				[nom et adjectif]		[adjectif]

Les deux types de suffixation se combinent très souvent.

idea → ideale
idée → idéal

→ idealizzare
idéaliser

→ idealista
idéaliste
[nom et adjectif]

→ idealizzazione
idéalisation
→ idealizzabile
idéalisable

→ idealistico
idéaliste
[adjectif]

Nom → Nom

360 Noms d'opérateurs

Ils désignent les **agents** d'une action. Ils dérivent du nom désignant l'objet, l'instrument ou le lieu normal de cette action.

bottega (boutique)	bottegaio (boutiquier)
barca (barque)	barcaiolo (batelier)
sagrestia (sacristie)	sagrestano (sacristain)
biblioteca (bibliothèque)	bibliotecario (bibliothécaire)
campana (cloche)	campanaro (sonneur de cloches)
camera (chambre)	cameriera (femme de chambre, serveuse)
banca (banque)	banchiere (banquier)
piano (piano)	pianista (pianiste)

361 Noms spatiaux

Ils désignent un **contenant** ou un **site** habituel.

colombo (pigeon)	colombaia (pigeonnier)
schiena (dos)	schienale (dossier)
formula (formule)	formulario (formulaire)
pala (pelle)	palata (pelletée)
libro (livre)	libreria (librairie)
pino (pin)	pineta (pinède)
olivo (olivier)	oliveto (oliveraie)
sale (sel)	saliera (salière)
brace (braise)	braciere (brasero)
fieno (foin)	fienile (fenil)

Noms collectifs

Ils désignent un **ensemble** d'objets ou d'êtres.

bosco (bois)	bos**caglia** (fourrés)
borghese (bourgeois)	borghe**sia** (bourgeoisie)
scoglio (écueil)	scog**liera** (côte rocheuse)
cavallo (cheval)	caval**leria** (cavalerie)
foglia (feuille)	fogli**ame** (feuillage)
scalino (marche)	scalin**ata** (perron)

REMARQUE

• Le suffixe **-aglia** désignant un ensemble d'êtres humains est péjoratif : gent**aglia**, pleb**aglia**, can**aglia** (racaille).

• Le suffixe **-eria** désigne aussi un site : salum**eria** (magasin de charcuterie).

Noms d'état ou d'action

piede (pied)	ped**ata** (coup de pied)
artigiano (artisan)	artigian**ato** (artisanat)
giornale (journal)	giornal**ismo** (journalisme)

Nom → Adjectif

Adjectifs d'appartenance

▶ Appartenance à un **lieu**.

isola (île)	isol**ano** (insulaire)
montagna (montagne)	montan**aro** (montagnard)
Francia (France)	franc**ese** (français)
corte (cour)	cort**igiano** (courtisan)
contado (campagne)	contad**ino** (paysan)
campagna (campagne)	campagn**olo** (campagnard)

REMARQUE Les adjectifs dérivés peuvent aussi être employés comme noms.

▶ Appartenance à un **ensemble**, un **événement**, une **durée**.

popolo *(peuple)*	popol**are** *(populaire)*
crepuscolo *(crépuscule)*	crepuscol**are** *(crépusculaire)*
secolo *(siècle)*	secol**are** *(séculaire)*
sera *(soir)*	ser**ale** *(vespéral)*

▶ Appartenance à une **institution**, un **domaine d'activité**, un **comportement**.

commercio *(commerce)*	commerci**ale** *(commercial)*
paese *(village)*	paes**ano** *(villageois)*
ferrovia *(chemin de fer)*	ferrovi**ario** *(ferroviaire)*
scuola *(école)*	scol**astico** *(scolaire)*
polizia *(police)*	polizi**esco** *(policier)*
corte *(cour)*	cort**ese** *(courtois)*
pace *(paix)*	paci**fico** *(pacifique)*
costa *(côte)*	cost**iero** *(côtier)*
abuso *(abus)*	abus**ivo** *(abusif)*
impiegato *(employé)*	impiegat**izio** *(de bureau)*
dolore *(douleur)*	dolor**oso** *(douloureux)*

REMARQUE Le suffixe **-esco** est parfois péjoratif : bambinesco *(puéril)*, carnevalesco *(carnavalesque)*, pazzesco *(dingue)*.

365 Adjectifs de caractérisation

Ils qualifient le rapport à un **phénomène**, une **matière**, un **objet**, une **forme**.

fortuna *(chance)*	fortun**ato** *(chanceux)*
velluto *(velours)*	vellut**ato** *(velouté)*
neve *(neige)*	nev**oso** *(neigeux)*
baffi *(moustache)*	baff**uto** *(moustachu)*
punta *(pointe)*	punt**uto** *(pointu)*

Adjectifs de matière ou de catégorie naturelle

carta (papier)	cart**aceo** (de papier)
cute (peau)	cut**aneo** (cutané)
ferro (fer)	f**e**rr**eo** (de fer)
sangue (sang)	sangu**igno** (sanguin)
febbre (fièvre)	febbr**ile** (fébrile)

REMARQUE

• Les adjectifs en **-ino** désignant au sens propre une espèce animale sont formés sur un radical étymologique qui n'existe plus comme substantif indépendant.

bovino (bovin)	< bove	moins fréquent que **bue**
equino (chevalin)	< lat. EQUUS	aujourd'hui **cavallo**
ovino (ovin)	< lat. OVIS	aujourd'hui p**e**cora
suino (porcin)	< lat. SUS	aujourd'hui **maiale, porco**

• Les dérivés de la forme actuelle ont un sens analogique ou restrictif.

un viso cavallino	un visage chevalin
occhi porcini	des yeux porcins

ATTENTION Le suffixe **-eo** sert aussi à former des adjectifs dérivés de noms propres (→ 368), comme erc**u**le**o** (herculéen), med**i**ce**o** (médicéen). C'est une formation savante, dont il existe une variante -**e**o : ariost**e**o (ariostesque). Il faut donc prendre la précaution, pour ces adjectifs, de s'assurer de la place de l'accent tonique.

Cas particuliers : adjectifs en -ico

Les suffixes **-ico**, -**a**tico, -**i**tico, -**a**stico et -istico servent à former principalement des adjectifs dérivés **de noms abstraits** de procès ou d'action, ou **de noms d'agent**.

igiene (hygiène)	igi**e**nico (hygiénique)
prosod**i**a (prosodie)	pros**o**dico (prosodique)
an**a**lisi (analyse)	anal**i**tico (analytique)
diploma (diplôme)	diplom**a**tico (diplomatique)
dramma (drame)	dramm**a**tico (dramatique)
problema (problème)	problem**a**tico (problématique)
artista (artiste)	art**i**stico (artistique)
calcio (football)	calc**i**stico (du football)
entusiasmo (enthousiasme)	entusi**a**stico (enthousiaste)

368 **Cas particuliers : adjectifs dérivés de noms propres**

Les adjectifs dérivés de noms propres (par exemple d'écrivains) se forment pour la plupart avec **-ano** et **-esco**.

Pirandello	pirandell**iano** (*pirandellien*)
Dante	dant**esco** (*dantesque*)

ATTENTION Lorsque les deux existent, comme dans boccacc**iano**/boccac-c**esco** (*boccacien*), -ano indique une appartenance neutre, -esco plutôt la manière ou une caractéristique de l'œuvre.

REMARQUE

• D'Ariosto devient ariost**eo** et ariost**esco** (*ariostesque*).

l'opera omnia ariost**ea**	*l'œuvre complète de l'Arioste*
l'ironia ariost**esca**	*l'ironie ariostesque*

• La différence machiavell**iano**/machiav**ellico** est la même qu'en français de *Machiavel/machiavélique*.

Nom → Verbe

369 **Verbes à formation nominale directe**

La dérivation se fait par l'adjonction de toutes les désinences de la conjugaison au radical du nom ; elle produit en majorité des verbes en **-are** et **-ire**.

sci (*ski*)	sci**are** (*skier*)
veste (*vêtement*)	vest**ire** (*vêtir*)
custode (*gardien*)	custod**ire** (*garder*)

REMARQUE Parfois s'intercale, entre le radical et les désinences en -are, la voyelle **-i-** : differenza → differen**zi**are (*différencier*).

370 **Suffixes verbaux complexes**

Ils comprennent un élément entre le radical et les désinences verbales, et désignent un **procès** ou la **réalisation** d'un geste, d'un objet, etc.

alba (*aube*)	alb**eggiare** (*faire jour*)
canale (*canal*)	canal**izzare** (*canaliser*)
nido (*nid*)	nid**ificare** (*nidifier*)

REMARQUE **-izzare**, variante savante de **-eggiare**, sert à former les **néologismes techniques** : ionizzare (*ioniser*).

Verbes parasynthétiques (préfixe + nom + suffixe)

▶ Le radical est précédé d'un **préfixe**, et généralement le verbe se forme directement sur le radical ; la majorité des formations produisent des verbes en **-are**.

caffeina *(caféine)*	**de**caffein**are** *(décaféiner)*
ramo *(branche)*	**di**ram**are** *(ramifier)*
bosco *(bois)*	**dis**bosc**are** *(déboiser)*
faccia *(face)*	**rin**facci**are** *(reprocher)*
natura *(nature)*	**s**natur**are** *(dénaturer)*
bandiera *(drapeau)*	**s**bandier**are** *(déployer)* [un drapeau]
vaso *(vase)*	**tra**vas**are** *(transvaser)*

▶ Avec le préfixe **a-** :
– si le radical commence par une consonne, celle-ci est redoublée ;

bottone *(bouton)*	**ab**botton**are** *(boutonner)*
fatica *(fatigue)*	**af**fatic**are** *(fatiguer)*
ruggine *(rouille)*	**ar**ruggin**ire** *(rouiller)*

– s'il commence par une voyelle, s'intercale un **-d-**.

esca *(appât)*	**ad**escar**e** *(appâter)*

▶ Avec le préfixe **in-**, il y a diverses variantes, selon l'initiale du radical.

amore *(amour)*	**in**namor**are** *(séduire)*
lume *(lumière)*	**il**lumin**are** *(éclairer)*
pietra *(pierre)*	**im**pietr**ire** *(pétrifier)*
scatola *(boîte)*	**in**scatol**are** *(mettre en boîte)*
scheletro *(squelette)*	**i**scheletr**ire** *(devenir squelettique)*

Verbes formés sur un nom d'instrument

Cette formation produit en majorité des verbes en **-are** parfois parasynthétiques.

falce *(faux)*	falci**are** *(faucher)*
sega *(scie)*	seg**are** *(scier)*
pialla *(rabot)*	piall**are** *(raboter)*
pugnale *(poignard)*	pugnal**are** *(poignarder)*
coltello *(couteau)*	**ac**coltell**are** *(frapper à coups de couteau)*

373 Verbes formés sur un nom d'objet

Ces verbes désignent une transformation et dérivent du nom de l'objet **résultant** de cette opération. La dérivation est généralement parasynthétique.

fetta *(tranche)*   **aff**etta**re** *(couper en tranches)*
briciola *(miette)*   **s**briciol**are** *(émietter)*
boccone *(bouchée)*   **s**boccon**cellare** *(grignoter)*

Adjectif → Nom

Les suffixes sont spécialisés et indiquent un rapport spécifique entre l'adjectif et le nom (→ Adjectifs à valeur de nom 97).

374 Noms de possession ou d'exercice de la qualité

▸ Dérivés de **participes présents-adjectifs** en -ante, -ente.

arrogante *(arrogant)*   arrog**anza** *(arrogance)*
compiacente *(complaisant)* compiac**enza** *(complaisance)*

▸ Dérivés d'autres adjectifs.

alto *(haut)*   al**tezza** *(hauteur)*
allegro *(gai)*   allegr**ia** *(gaieté)*
altero *(hautain)*   alter**igia** *(morgue)*
ateo *(athée)*   ate**ismo** *(athéisme)*
bianco *(blanc)*   bian**core** *(blancheur)*
bravo *(habile)*   brav**ura** *(habileté)*
fedele *(fidèle)*   fedel**tà** *(fidélité)*
felice *(heureux)*   feli**cità** *(bonheur)*
furbo *(rusé)*   furb**izia** *(ruse)*
testardo *(entêté)*   testard**aggine** *(entêtement)*
superbo *(orgueilleux)* supe**rbia** *(orgueil)*

Noms d'un ensemble d'objets possédant la qualité

Les noms en **-ume** sont collectifs (non comptables) et généralement péjoratifs.

marcio (pourri)	marci**ume** (pourriture) [choses pourries]
s**u**dicio (sale)	sudici**ume** (saletés)
vecchio (vieux)	vecchi**ume** (vieilleries)

Adjectif → Verbe

Cette dérivation produit des verbes dont le sens est **manifester qu'on est** (état), **devenir** (procès) ou **rendre** (action) **+ adjectif.**

Verbes à formation adjectivale directe

calmo (calme)	calm**are** (calmer)
bianco (blanc)	bianch**eggiare** (être blanc)
fraterno (fraternel)	fratern**izzare** (fraterniser)
beato (bienheureux)	beat**ificare** (béatifier)

Verbes parasynthétiques (préfixe + adjectif + suffixe)

Le radical est précédé d'un **préfixe**, et généralement le verbe se forme directement sur le radical ; les verbes résultants sont en **-are** et **-ire.**

largo (large)	**al**largare (élargir)
nero (noir)	**an**nerire (noircir)
rozzo (grossier)	**di**rozzare (dégrossir)
magro (maigre)	**di**magrire (maigrir)
acerbo (amer)	**dis**acerbare (adoucir)
bianco (blanc)	**im**biancare (blanchir)
aspro (âpre)	**in**asprire (aigrir)
allegro (gai)	**ral**legrare (réjouir)
sereno (serein)	**ras**serenare (rasséréner)
gi**o**vane (jeune)	**rin**giovanire (rajeunir)
folto (touffu)	**s**foltire (éclaircir)
bizzarro (bizarre)	**s**bizzarr**irsi** (se passer un caprice)

Verbe → Nom

L'**infinitif** est un nom représentant la proposition : il peut être précédé d'un déterminant.

Il troppo lavorare mi stanca.

Trop travailler me fatigue.

378 Déverbaux et dérivés verbaux

▶ Certains noms venant d'un verbe sont formés seulement du radical de celui-ci, affecté des marques du nom (genre-nombre). On les appelle **déverbaux** ; leur genre est arbitraire.

lavor**are** (*travailler*)   lavor**o** (*travail*)

vol**ere** (*vouloir*)   vog**lia** (*envie*)

abbandon**are** (*abandonner*)   abbandon**o** (*abandon*)

▶ Les noms formés au moyen d'un préfixe et/ou d'un suffixe sont nommés **dérivés verbaux**.

lavor**are** (*travailler*)   lavor**azione** (*fabrication*)

vol**ere** (*vouloir*)   vol**ontà** (*volonté*)

379 Noms d'agent ou d'instrument

▶ Le suffixe **-one** ne s'emploie que pour un **agent humain**.

chiacchier**are** (*bavarder*)   chiacchier**one** (*bavard*)

spacc**are** (*casser*)   spacc**one** (*vantard*)

▶ D'autres suffixes s'emploient pour un **agent humain** ou un **instrument non humain**.

cacci**are** (*chasser*)   caccia**tore** (*chasseur*)

dirigere (*diriger*)   diret**trice** (*directrice*)

lav**are** (*laver*)   lava**trice** (*machine à laver*)

difendere (*défendre*)   difen**sore** (*défenseur*)

ascendere (*monter*)   ascen**sore** (*ascenseur*)

comand**are** (*commander*)   comand**ante** (*commandant*)

disinfett**are** (*désinfecter*)   disinfett**ante** (*désinfectant*)

imbianchire (*blanchir*)   imbianch**ino** (*peintre*)

accendere (*allumer*)   accend**ino** (*briquet*)

Noms d'accessoire

Ils désignent l'**instrument**, le **lieu** propre à l'action, une **partie d'un mécanisme**.

fermare (*fixer*)	ferm**aglio** (*fermoir*)
inginocchiarsi (*s'agenouiller*)	inginocchia**toio** (*prie-Dieu*)
dormire (*dormir*)	dormi**torio** (*dortoir*)
fondere (*fondre*)	fond**eria** (*fonderie*)

Noms de processus, d'action ou de résultat

▶ Ce peut être le nom de l'**événement**, ou celui de l'**objet résultant** d'une transformation.

▶ Noms ayant des suffixes **indépendants**.

lavare (*laver*)	lav**aggio** (*lavage*)
calpestare (*piétiner*)	calpest**io** (*piétinement*)
censire (*recenser*)	cens**imento** (*recensement*)
eleggere (*élire*)	ele**zione** (*élection*)

REMARQUE Le suffixe -aggio ne s'applique qu'à la classe en -are.

▶ Noms ayant des suffixes apparentés à la **flexion verbale**. Ils correspondent à des participes présents ou passés ou à des formes disparues de la conjugaison latine.

adunare (*réunir*)	adun**anza** (*réunion, séance*)
dipendere (*dépendre*)	dipend**enza** (*dépendance*)
accendere (*allumer*)	accen**sione** (*allumage*)
reprimere (*réprimer*)	repres**sione** (*répression*)
chiudere (*fermer*)	chius**ura** (*fermeture*)
fornire (*fournir*)	fornit**ura** (*fourniture*)
nevicare (*neiger*)	nevic**ata** (*chute de neige*)
ululare (*hurler*)	ulul**ato** (*hurlement de loup*)
muggire (*mugir*)	mugg**ito** (*mugissement*)
tremare (*trembler*)	trem**ito** (*tremblement*)
dormire (*dormir*)	dorm**ita** (*somme*)
spremere (*presser*)	sprem**uta** (*jus de fruits*)

mordere (mordre)	morso (morsure)
succedere (arriver)	successo (issue)
difendere (défendre)	difesa (défense)
scuotere (secouer)	scossa (secousse)
piangere (pleurer)	pianto (pleur)
friggere (frire)	fritto (friture)
fingere (feindre)	finta (feinte)
sconfiggere (vaincre)	sconfitta (défaite)

Verbe → Adjectif

382 Adjectifs actifs

On définit comme « actif » un adjectif qualifiant ce qui fait ou est capable de faire l'action.

tenere (tenir)	tenace (tenace)
dividere (séparer)	divisorio (mitoyen)
fuggire (fuir)	fuggitivo (fugitif)

REMARQUE Quand le verbe a un participe passé lié à un parfait fort, **-ivo** s'y applique.

alludere (faire allusion)	alluso → allusivo (allusif)
permettere (permettre)	permesso → permissivo (permissif)

383 Adjectifs passifs

On définit comme « passif » un adjectif qualifiant ce qui subit ou peut subir l'action.

• Le suffixe **-abile** s'applique aux verbes en -are.

amare (aimer)   amabile (aimable)

• Le suffixe **-ibile** s'applique aux verbes en -ere et -ire.

leggere (lire)   leggibile (lisible)

costruire (construire)   costruibile (constructible)

• Le suffixe **-evole** s'applique aux verbes en -are et -ere.

lodare (louer)   lodevole (louable)

cedere (céder)   cedevole (souple)

REMARQUE La morphologie du verbe comprend deux formes à valeur d'adjectif :
– le participe présent (actif), comme **incoraggiante** (encourageant) ;
– le participe passé (passif), comme **caduto** (tombé).

LES ÉLÉMENTS DE RELATION

L'INFIXATION

Le rôle des infixes

▶ Les infixes se placent entre le radical et la désinence. Ce sont des **modificateurs sémantiques**. Ils ne modifient pas la classe du mot dans lequel ils entrent.

▶ Ce sont des éléments qui expriment une **vue du locuteur**, dans laquelle mesure objective et évaluation subjective sont le plus souvent liées.

• Pour les **noms** et **adjectifs** :
 – les formes diminutives sont mélioratives (affectives) ou péjoratives ;
 – les formes augmentatives sont souvent péjoratives.

• Pour les **verbes** :
 – les formes diminutives sont atténuatives (en bien ou en mal) et éventuellement fréquentatives ;
 – les formes augmentatives sont toujours péjoratives.

Les diminutifs communs au nom et à l'adjectif

▶ Les infixes les plus courants et les plus neutres sont **-in-** et **-ett-**.

pensiero (cadeau)	pensierino (petit cadeau)
bello (beau)	bellino (joli, mignon)
camera (chambre)	cameretta (chambrette)
basso (petit)	bassetto (plutôt petit)

▶ D'autres infixes impliquent une nuance de gracilité ou d'insuffisance, qui n'exclut pas la sympathie ou a valeur d'euphémisme.

sasso (caillou)	sassolino (petit caillou)
magro (maigre)	magrolino (maigrelet)
casa (maison)	casuccia (toute petite maison)
caldo (chaud)	calduccio (bien chaud)

▶ L'infixe **-ott-**, à l'inverse, allie une nuance de solidité à la petitesse.

ragazza (fille)	ragazzotta (bonne grosse petite)
basso (petit)	bassotto (petit et trapu)

REMARQUE Il désigne aussi des animaux jeunes.

aquila (aigle) → aquilotto (aiglon)   lepre (lièvre) → leprotto (levraut)

386 Les diminutifs propres au nom

▶ L'infixe -ell- (de peu d'importance) porte une nuance de sympathie condescendante. Il s'applique à quelques adjectifs.

asino (âne)	asinello (ânon)
albero (arbre)	alberello (arbrisseau)
paese (village)	paesello (petit village)
cattivo (méchant)	cattivello (vilain, coquin)

▶ Certains infixes ont le sens de de peu d'intérêt, de peu de valeur.

bastone (bâton)	bastoncino (baguette)
fatto (fait)	fatterello (petite affaire)
libro (livre)	libriccino (plaquette)
festa (fête)	festicciola (sauterie)
donna (femme)	donnicciola (bonne femme)
campo (champ)	campicello (lopin)
poesia (poésie)	poesiola (bluette)
pietra (pierre)	pietruzza (caillou)

▶ D'autres infixes ont le sens de sans valeur, de rien du tout.

avvocato (avocat)	avvocatuccio (avocaillon)
libro (livre)	libercolo (méchant libelle)
poeta (poète)	poetucolo (poétereau)
donna (femme)	donnucola (femme de rien)
fiume (fleuve)	fiumiciattolo (bout de rivière)

▶ L'infixe -acchiott-, qui désigne à proprement parler des petits d'animaux, comporte une notion d'indulgence amusée : il s'apparente à -ott-.

lupo (loup)	lupacchiotto (louveteau)
volpe (renard)	volpacchiotto (renardeau)
furbo (malin)	furbacchiotto (petit malin)

387 Les augmentatifs et péjoratifs propres au nom

amore (amour)	amorazzo (amour honteux)
furbo (malin)	furbacchione (vieux renard)
medico (médecin)	medicastro, mediconzolo (médicastre)

Les augmentatifs et péjoratifs propres à l'adjectif

▶ Les infixes qui s'appliquent à des adjectifs de couleur ou de saveur indiquent une qualité atténuée ou insuffisante.

blu *(bleu)*	blu**astro** *(bleuâtre)*
rosso *(rouge)*	ross**iccio** *(vaguement rouge)*
giallo *(jaune)*	giall**igno** *(jaunasse)*
aspro *(aigre)*	aspr**igno** *(aigrelet)*
verde *(vert)*	verd**ognolo** *(caca d'oie)*
amaro *(amer)*	amar**ognolo** *(vaguement amer)*

▶ L'infixe **-icci-** s'applique à quelques adjectifs ou verbes dénotant des états physiques.

malato *(malade)*	malat**iccio** *(maladif)*
attaccare *(coller)*	attaccat**iccio** *(poisseux, collant)*

▶ L'infixe **-occi-** s'applique à des caractéristiques physiques humaines avec un sens d'atténuation qui n'est pas flatteur.

bello *(beau)*	bell**occio** *(pas vraiment beau)*
grasso *(gras)*	grass**occio** *(grassouillet)*

▶ L'infixe **-issim-**, superlatif absolu de l'adjectif et exceptionnellement du nom (→ 104), est un augmentatif neutre, dont la nuance d'évaluation dépend du sens de l'adjectif (ou du nom).

grande *(grand)*	grand**issimo** *(immense)*
bello *(beau)*	bell**issimo** *(magnifique)*

Les augmentatifs et péjoratifs communs au nom et à l'adjectif

Les deux valeurs, augmentative et péjorative, sont souvent associées.

▶ L'infixe **-on-** est l'augmentatif le plus courant.

• Il s'applique souvent à des termes déjà par eux-mêmes négatifs, pour les aggraver. Si le terme est neutre, il tire vers une acception négative.

libro *(livre)*	libr**one** *(pavé)*
ghiotto *(gourmand)*	ghiott**one** *(goinfre)*
pigro *(paresseux)*	pigr**one** *(tire-au-flanc)*
uomo *(homme)*	om**one** *(colosse)*

- Les noms féminins peuvent passer au masculin ou conserver leur genre et la désinence féminine ; parfois les deux formes existent.

donna (femme)	donn**one** (virago)
	donn**ona** (très grosse femme)
mano (main)	man**one**, man**ona** (paluche, battoir)
furbo (rusé)	furb**one** (gros malin)
	furb**ona** (grosse maline)

REMARQUE Les équivalents français sont souvent des quasi-synonymes désobligeants.

▶ L'infixe **-acci-** est purement péjoratif.

libro (livre)	libr**accio** (méchant livre)
voce (voix)	voci**accia** (voix désagréable)
avaro (avare)	avar**accio** (harpagon)

390　Les combinaisons d'infixes

▶ **Combinaisons cumulatives d'infixes**

Elles redoublent le sens de l'infixe ; les plus fréquentes sont :
– deux diminutifs ;

poco (peu)	poch**ettino** (tout petit peu)
gonna (jupe)	gonn**ellina** (jupette)
buco (trou)	buch**erellino** (trou d'épingle)

– péjoratif + augmentatif.

uomo (homme)	om**accione** (armoire à glace)
buono (bon)	bon**accione** (bonasse)

▶ **Combinaisons contradictoires d'infixes**

- Atténuation ou approximation.

basso (petit)	bass**ottino** (trapu et plutôt petit)

- Atténuation corrigée.

pazzo (fou)	pazz**erellone** (foufou)

391 Les infixes de verbes

Les infixes de verbes définissent la nature ou l'exécution de l'action par rapport à la normale. Ces infixes sont atténuatifs et fréquentatifs.

▶ Infixes **itératifs** (répétition) : ils sont **neutres**.

saltare (*sauter*)	salt**ell**are (*sautiller*)
bucare (*trouer*)	buch**erell**are (*cribler*)
fischiare (*siffler*)	fischi**ett**are (*siffloter*)

▶ Infixes **péjoratifs** : ils sont parfois renforcés par un préfixe intensif.

rubare (*voler*)	rub**acchi**are (*chaparder*)
cantare (*chanter*)	cant**icchi**are (*fredonner*)
dormire (*dormir*)	dorm**icchi**are (*sommeiller*)
lavorare (*travailler*)	lavor**icchi**are (*travailloter*)
mangiare (*manger*)	mangi**ucchi**are (*chipoter*)
baciare (*embrasser*)	sbaci**ucchi**are (*bécoter*)
leggere (*lire*)	leggi**ucchi**are (*lisotter*)

392 Les infixes d'adverbes

Quelques adverbes seulement admettent des infixes.

bene (*bien*)	ben**in**o (*pas mal*)
	ben**on**e (*très bien*)
male (*mal*)	mal**ucci**o (*plutôt mal*)
presto (*tôt*)	prest**in**o (*assez tôt*)
poco (*peu*)	poch**in**o (*guère*)

Come va? Mah, benino.
Comment va ? Ma foi, pas mal.

La cosa gli è andata maluccio.
Les choses se sont plutôt mal passées pour lui.

Cerca di arrivare prestino.
Essaie d'arriver un peu en avance.

393 **L'usage des infixes**

▶ À la différence du français actuel qui les emploie très peu, l'italien fait un usage abondant des diminutifs, augmentatifs, mélioratifs et péjoratifs, mais dans certaines limites de forme et de sens.

▶ On évite les formes qui seraient **cacophoniques** ou **ambiguës**.

• L'infixe **-ett-** est impossible avec letto (*lit*) : on dira donc lettino ou lettuccio.

• L'infixe **-in-** est impossible avec contadino (*paysan*) : on dira donc contadinello et contadinotto. Avec matto (*fou*), on dira matterello (*foufou*), car mattino = *matin*.

▶ Certaines formes altérées ont acquis un sens précis.

> povero (*pauvre*) pover**etto**! (*le pauvre !*)
> pover**ino**! (*pauvre diable !*)
> pover**accio**! (*le malheureux !*)
> un pover**ello** (*un petit pauvre*)

▶ Certains dictionnaires de la langue italienne indiquent les infixes admis et leurs nuances (→ Bibliographie).

La composition

394 **Définition de la composition**

▸Par ce procédé une proposition entière ou une partie de proposition peut être convertie en un élément qui fonctionne comme un nom ou un adjectif.

> Qualcosa accende il sigaro. → un accendisigaro
> *Quelque chose allume le cigare.* → *un allume-cigare*

▸Les éléments constituants sont :

– soit **non autonomes**, s'ils ne figurent que liés à d'autres ;

> psico- + logia → psicologia
> *psycho-* + *logie* → *psychologie*
>
> anglo- + -filia → anglofilia
> *anglo-* + *-philie* → *anglophilie*

– soit **autonomes**, s'ils sont susceptibles d'être utilisés seuls.

> tritare + carne → tritacarne
> *hacher* + *viande* → *hachoir à viande*

ATTENTION À la différence du français qui écrit les mots composés tantôt séparés (*porte-manteau*), tantôt en un seul mot (*tournebroche*), les mots composés italiens sont toujours écrits **en un seul mot**.

395 **Les éléments non autonomes**

▸Les éléments non autonomes se comptent par centaines. Ils sont généralement d'**origine savante**. Leur sens est le même dans toutes les langues modernes, car ils servent ordinairement à forger des néologismes techniques dans différentes disciplines. Voici quelques exemples destinés à illustrer la formation lexicale.

▸**Un élément non autonome** qualifie l'élément autonome.

> **moto**nave   *navire à moteur*
>
> **xeno**fobia   *xénophobie*
>
> **aero**portato   *aéroporté*
>
> **auto**controllo *contrôle de soi*
>
> **foto**sintesi   *photosynthèse*
>
> **tele**giornale   *journal télévisé*

▶ En présence de **deux éléments non autonomes**, c'est le premier qui qualifie le second.

demo-	-crazia	démocratie
demo-	-crate	démocrate
antropo-	-fagia	anthropophagie
antropo-	-fago	anthropophage
anglo-	-filia	anglophilie
anglo-	-filo	anglophile
stereo-	-fonia	stéréophonie
	-fonico	stéréophonique
tele-	-grafia	télégraphie
tele-	-grafo	télégraphe
psico-	-logia	psychologie
psico-	-logo	psychologue
cardio-	-patia	cardiopathie
	-patico	cardiopathique
tele-	-scopia	téléscopie
	-scopio	téléscope

▶ Ce type de formation est **productif**, et donne lieu notamment à des néologismes comme burocrazia (*bureaucratie*), formé sur un élément autonome (ici le gallicisme *bureau*). Il s'étend dans de nombreux domaines de la vie moderne : fotoromanzo (*roman-photo*).

396 Les composés à base verbale : noms d'instruments

▶ Les plus courants sont des noms d'instruments et outils ; il existe par exemple plusieurs dizaines de composés avec le verbe portare (*porter*), de portabagagli (*porte-bagages, porteur*) à portavoce (*porte-voix, porte-parole*).

▶ Ces noms résultent de la réduction d'une formule **verbe + complément**, où le verbe est suivi d'un nom au singulier ou au pluriel. C'est le second élément qui qualifie le premier.

> apre le scatole → un apriscatole
> ouvre les boîtes → un ouvre-boîte(s)

REMARQUE La nature de la forme du verbe est discutée : indicatif présent, impératif ou simple intercalation d'une voyelle entre le radical du verbe et le nom.

LES ÉLÉMENTS DE RELATION

▶ Tous les noms résultants sont **masculins**.

- Ils prennent la marque du pluriel si le nom masculin constituant est **comptable**.

  copricapi   couvre-chefs

- Ils sont invariables si le nom masculin constituant est **non comptable**.

  girarrosto   tournebroche(s)

  rompighiaccio   brise-glace

- Ils sont invariables si le nom constituant est **féminin**.

  aspirapolvere   aspirateur(s)

  guardaroba   vestiaire(s)

  tritacarne   hachoir(s)

  attaccapanni   portemanteau(x)

  apriscatole   ouvre-boîte(s)

  lavastoviglie   lave-vaisselle

  scaldavivande   chauffe-plat(s)

REMARQUE Dans certains cas, le nom constituant peut être au singulier ou au pluriel.

  un battitappeto ou un battitappeti   un aspirateur

  un accendisigaro ou un accendisigari   un allume-cigare

  un asciugamano ou un asciugamani   un essuie-main(s)

397 Les composés à base verbale : noms humains

La formation est la même que pour les noms d'instruments à base verbale. Les deux composants peuvent être pris au sens propre, ou l'un des deux dans un sens figuré.

  portalettere   facteur

  guastafeste   trouble-fête

  mangiapreti   bouffeur de curé

  rubacuori   bourreau des cœurs

398 ## Les composés particuliers à base verbale

Le nom résultant est invariable dans des formations plus rares comme :
– deux verbes accolés, à l'impératif ;

bagnasciuga	*ligne de brisement* [vagues]
dormiveglia	*demi-sommeil*
fuggifuggi	*sauve-qui-peut*
saliscendi	*loquet*
tiraemolla	*tergiversation*
toccasana	*panacée*

– un verbe et un adverbe.

posapiano	*lambin*
benestare	*consentement*

399 ## Les composés à base nominale

Ils peuvent être formés de deux noms ou d'un nom et d'un adjectif. La marque du pluriel est le plus souvent arbitraire (→ 44-45).

ATTENTION Un certain nombre de ces composés peuvent aussi s'écrire en deux mots, ce qui a une influence sur le pluriel. Il est donc recommandable de mémoriser, en même temps que ces noms, leur éventuelle variante et leur(s) marque(s) de pluriel.

Deux noms : le premier « est un/ressemble à/peut servir de » ce que désigne le second. C'est le second terme qui qualifie le premier.

il pescecane (*le requin*) → i pescecani, i pescicani

la cassapanca (*le banc-coffre*) → le cassapanche, le cassepanche

Nom + adjectif : la qualification porte sur le nom constituant.

il camposanto (*le cimetière*) → i camposanti, i campisanti

la cassaforte (*le coffre-fort*) → le casseforti

la pastasciutta (*les pâtes*) → le pastasciutte

il ficodindia (*le figuier de Barbarie*) → i fichidindia

ATTENTION Le nom composé girotondo (*ronde*) est invariable, car tondo est en fonction d'adverbe (giro in tondo).

▶ **Nom + adjectif** : la qualification porte sur un attribut d'un nom sous-entendu que le composé sert à désigner.

un piedipiatti *(un flic)* → i piedipiatti
un pellerossa *(un Peau-Rouge)* → i pellirosse

▶ **Adjectif + nom** : l'adjectif qualifie le nom constituant.

il bassorilievo *(le bas-relief)* → i bassorilievi
il biancospino *(l'aubépine)* → i biancospini
la malafede *(la mauvaise foi)* → le malefedi [rare]

REMARQUE Sous l'influence de l'anglais se répand un type de formation où c'est le **premier élément**, nom ou adjectif, qui **qualifie le second**.

scuolabus   *bus qui est une école*
cantautore   *compositeur interprète*

400 Les composés d'adjectifs

Ils ont deux fonctions distinctes.

▶ **Noms** : ils désignent un nom sous-entendu.

l'altopiano *(le plateau)* [ss-ent. *terrain*] → gli altopiani ou altipiani
il sordomuto *(le sourd-muet)* [ss-ent. *individu*] → i sordomuti

▶ **Adjectifs** : ils désignent l'union de deux qualités ; c'est le second qui prend la marque du genre et du nombre.

agrodolce *(aigre-doux)* → agrodolci
dolceamaro *(doux-amer)* → dolceamari

▶ Il existe aussi quelques composés **adverbe + adjectif**, comme sempre-verde *(à feuillage persistant)* et les formations avec bene *(bien)*, male *(mal)*, comme benfatto *(bien fait)* et malaccorto *(malavisé)*, qui prennent les marques de genre et de nombre.

401 Les formations complexes

Il existe enfin un grand nombre de formations où les mots ne sont pas séparés, mais sont étroitement liés sur le plan sémantique. Ce sont des groupes :

– nom + adjectif ;

macchina fotografica   *appareil photo*

– nom + complément de nom ;

    ferro da stiro   *fer à repasser*

– nom + nom en appositon.

    conferenza stampa *conférence de presse*

    legge truffa   *loi scélérate*

    decreto legge   *décret-loi*

CAS PARTICULIER

402 **L'adverbe et la dérivation**

La dérivation qui met en jeu l'adverbe, comme point de départ ou comme résultat, est peu productive et très peu variée.

La dérivation à partir de l'adverbe est quasi-inexistante. On constate quelques emplois sporadiques d'**adverbes en fonction d'adjectifs** : la società bene (*la haute société*).

À partir du nom, la seule dérivation qui existe forme des adverbes désignant des postures à partir d'un nom de partie du corps : ginocchio → ginocchioni (*à genoux*). Elle est limitée à quelques mots et figée.

La formation d'adverbes à partir d'adjectifs se fait au moyen du seul suffixe **-mente**, et produit des adverbes de manière (→ 273).

Une dérivation typique de l'italien est l'emploi, sans modification de forme (marque zéro), de l'adjectif en fonction et construction d'adverbe (→ 98).

    È calmo.

    Il est calme.

    Parla calmo.

    Il parle calmement.

Le **gérondif** est la forme verbale qui a valeur d'adverbe, de manière ou de temps (→ 204).

    Lavorava fischiettando.

    Il/Elle travaillait en sifflotant.

La phrase

Bescherelle

ITALIEN

Les numéros renvoient aux paragraphes.

Notions de base

403 Définitions de « phrase », « énoncé » et « proposition »

▶ On entend ordinairement par « **phrase** » un acte de communication (un **énoncé**) suffisant pour que le destinataire comprenne ce dont on lui parle.

▶ On distingue trois intentions de communication : **informer**, **interroger**, **ordonner**.

▶ Un **énoncé** peut avoir des formes multiples, d'une onomatopée à un ensemble de formulations plus ou moins dépendantes les unes des autres.

▶ L'unité formelle de base est la **proposition simple**, ou « **phrase simple** » (→ 404-436).

▶ Deux ou plusieurs phrases simples peuvent être liées entre elles de différentes façons pour former une **phrase complexe** (→ 437-497).

La phrase simple

Définition de la phrase simple

Une phrase ou proposition simple est :
– une unité **d'énonciation** indépendante et complète ;
– une unité **logique** qui énumère des êtres (personnes, choses) et définit leurs relations et leurs rôles respectifs (agent, patient, objet, destinataire, instrument, lieu, etc.) ;
– une unité **syntaxique**, où les rôles logiques sont représentés par des fonctions syntaxiques (sujet, attribut, prédicat verbal ou verbe, compléments).

LES FONCTIONS SYNTAXIQUES DE LA PHRASE SIMPLE

Les fonctions syntaxiques fondamentales

Elles sont indispensables pour produire un énoncé acceptable (compréhensible).

Le sujet

Le **sujet** peut représenter n'importe quel **rôle** logique (agent, instrument, objet, etc.). Il est obligatoire sauf pour un petit nombre de verbes impersonnels. Dans un énoncé non marqué (sans emphase), le sujet occupe ordinairement la première place de la proposition. Le verbe s'accorde en nombre avec lui.

> **I fiori** appassiscono col caldo.
> sujet
> *Les fleurs se fanent à la chaleur.*

406 **L'attribut**

L'**attribut** ou **prédicat nominal** est un nom (ou pronom) ou un adjectif, relié au sujet par une **copule** (→ 150). La copule s'accorde en nombre avec le sujet. L'attribut s'accorde en genre et en nombre avec le sujet.

> Mio fratello è <u>medico</u>.
> copule + attribut
> Mon frère est médecin.

> Le case del paesello <u>erano</u> <u>malandate</u>.
> copule + attribut
> Les maisons du village étaient délabrées.

407 **Le prédicat verbal**

Le **prédicat verbal** est caractérisé par un **verbe**, qui s'accorde en nombre avec le sujet, et par le **nombre des noms** (valence) qui peuvent l'accompagner (→ 152-154).

> Il macellaio <u>affetta</u> **la carne** con **un coltello**.
> verbe   compléments
> prédicat verbal
> Le boucher coupe la viande en tranches avec un couteau.

Les fonctions syntaxiques secondaires

408 **Les compléments**

▶ Les **compléments** sont définis par la valence du verbe (→ 152-154). En fonction du nom sujet de la proposition, les autres noms (tous ou seulement certains d'entre eux) sont annexés au verbe pour compléter la description de l'événement.

▶ Les compléments sont attachés au verbe soit directement (compléments **directs**), soit au moyen d'une préposition (compléments **indirects**). Les possibilités dépendent du verbe.

> Questa ditta <u>ci</u> fornisce <u>imballaggi</u>.
> = **a noi** indirect   direct
> Cette maison nous fournit des emballages.

> Questa ditta <u>ci</u> rifornisce <u>di imballaggi</u>.
> = **noi** direct   indirect
> Cette maison nous approvisionne en emballages.

ATTENTION Un complément « d'objet » peut être indirect (préposition-nel) et un complément d'« attribution » construit directement.

Paolo intrattiene <u>Giovanni</u> <u>sulla politica</u>.

direct + indirect

Paolo entretient Giovanni de politique.

REMARQUE La fonction complément, qui se prête à des **variations d'ordre** (proximité du verbe, positions relatives) et de **construction** (sans ou avec préposition), est celle qui joue le plus grand rôle dans la structure de la phrase simple.

409 Un cas particulier : l'instrumental

L'instrumental est un **agent secondaire**, une extension de l'agent. C'est un cas typique de **complément surnuméraire**, qui résulte en réalité de la fusion de deux propositions, dont l'une est réduite à son complément.

Giovanni usa un coltello.   + Giovanni taglia il pane a fette.
Giovanni utilise un couteau. + Giovanni coupe le pain en tranches.

→ Giovanni taglia il pane a fette **con un coltello**.
→ Giovanni coupe le pain en tranches avec un couteau.

Les fonctions syntaxiques dérivées

410 L'épithète et l'apposition

▶ Elles résultent de la **réduction** d'une proposition **sujet + copule + attribut** (→ 406).

▶ On a une **épithète** quand l'attribut est un adjectif.

La macchina è rossa. → la macchina **rossa**
La voiture est rouge. → la voiture rouge

▶ On a une **apposition** quand l'attribut est un nom.

Bianchi è dottore. → il **dottor** Bianchi
Bianchi est médecin. → le docteur Bianchi

REMARQUE Les deux termes en apposition se qualifient en réalité réciproquement ; c'est une question d'interprétation de l'interlocuteur.

Il dottore è Bianchi. → il dottor **Bianchi**
Le médecin est Bianchi. → le docteur Bianchi

▶ L'épithète et l'apposition **s'accordent** en genre et en nombre avec le nom support (au pluriel s'il y en a plusieurs).

> i **professori** Maier, Chiappelli e Vallone
> *les professeurs Maier, Chiappelli et Vallone*

411 Le complément de nom

Le complément de nom a la forme **préposition + nom**, et il est la réduction d'une construction attributive ou verbale.

> La casa sta sul colle. → la casa **sul colle**
> *La maison est sur la colline.* → *la maison sur la colline*
> Il cane è di mio padre. → il cane **di mio padre**
> *Le chien est à mon père.* → *le chien de mon père*

412 L'attribut du complément d'objet

L'attribut du complément d'objet est un **nom** ou un **adjectif** associé au complément d'une phrase.

> Tutti lo chiamano **Pippo**.
> *Tout le monde l'appelle Pippo.*
>
> Lo ritengo una persona **onesta**.
> *Je le considère comme un honnête homme.*

REMARQUE Il représente une proposition à prédicat nominal réduite.

> Il comitato proclama: « Il dottor Bianchi è presidente. »
> → Il comitato proclama il dottor Bianchi **presidente**.
> *Le comité proclame : « Le docteur Bianchi est président. »*
> → *Le comité proclame le docteur Bianchi président.*

Les fonctions syntaxiques facultatives

413 La désignation

La désignation (deixis) situe facultativement les participants de l'événement décrit, ou l'événement lui-même, par rapport au locuteur ou à l'allocuté, au moyen des **démonstratifs** (→ 56-57).

> **Questi** libri sono troppo ingombranti.
> *Ces livres sont trop encombrants.* [proches de moi]
>
> Non posso sopportare **quella** gente.
> *Je ne peux pas souffrir ces gens-là.* [mis à distance]

414 La quantification

La quantification peut définir les participants de l'événement par rapport à un ensemble de référence (articles, adjectifs indéfinis) ou quant à leur nombre ou leur position dans un ensemble (→ 64-79).

> Aveva dovuto vendere **alcuni** dei suoi terreni.
> *Il/Elle avait dû vendre quelques-unes de ses terres.*

415 La qualification

▶ La qualification **des participants** se fait facultativement au moyen de l'épithète, de l'apposition et du complément de nom.

> Nelle sue lettere, il pittore **Poussin** vantava le bellezze **di Roma** agli amici **francesi.**
> *Dans ses lettres, le peintre Poussin vantait les beautés de Rome à ses amis français.*

▶ La qualification **du prédicat** se fait :

– pour le **prédicat nominal**, au moyen de l'épithète ;

> Il dottor Bianchi è un **bravo** chirurgo.
> *Le docteur Bianchi est un bon chirurgien.*

– pour le **prédicat adjectival**, au moyen de comparatifs, de superlatifs et d'adverbes ;

> È un ragazzo **molto** simpatico/simpaticissimo.
> *C'est un garçon très sympathique.*

– pour le **prédicat verbal**, au moyen d'adverbes, surtout de manière (remplaçables par *de façon...*).

> Paolo ha **lungamente** ponderato la sua decisione.
> *Paolo a longuement pesé sa décision.*

416 Le complément de phrase

▶ Le complément de phrase est un élément qui n'affecte pas la construction ni le sens du noyau de phrase. Il apporte des informations complémentaires sur les **circonstances** dans lesquelles l'événement a lieu (complément circonstanciel), ou sur la **relation** par rapport à un autre événement, une norme, une convention, une habitude.

▶ Il a généralement la forme d'un **adverbe** ou d'une locution adverbiale de lieu, de temps, de manière, ou d'une construction **préposition + nom**. Il peut être développé en une proposition complète (➜ La coordination-subordination : les circonstancielles 483-497).

> Abbiamo cenato **ieri a casa con gli amici.**
> *Nous avons dîné hier chez nous avec nos amis.*

▶ Indépendant du noyau de phrase, il peut se placer **avant** ou **après** celui-ci, et s'il y a plusieurs de ces compléments, leur ordre est syntaxiquement indifférent, et ne répond qu'à des intentions de mise en valeur.

> **Ieri** abbiamo cenato **a casa con gli amici.**
> *Hier nous avons dîné chez nous avec nos amis.*

> **Con gli amici,** abbiamo cenato **a casa ieri.**
> *Avec nos amis, nous avons dîné chez nous hier.*

417 La fonction qualificative de l'énonciation : un « faux circonstanciel »

Quelques adverbes et locutions adverbiales, placés **avant le noyau propositionnel**, portent non pas sur le contenu de l'énoncé, mais sur l'**énonciation** elle-même, généralement pour en souligner le caractère véridique, sérieux ou plaisant ; ce sont des circonstanciels juxtaposés à la phrase qui suit.

> **Veramente,** questo cavallo è un brocco.
> *Vraiment, ce cheval est un tocard.*
> ≠ Questo cavallo è veramente un brocco.
> *Ce cheval est vraiment un tocard.*

> **Tra parentesi,** l'acconciatura di Maria non mi piace.
> *Soit dit en passant, je n'aime pas la coiffure de Maria.*

> **Dunque,** cerchiamo di vederci più chiaro.
> *Bon, essayons d'y voir plus clair.*

> **Concludendo,** l'edificio andrà demolito.
> *Pour conclure, le bâtiment devra être démoli.*

L'ORDRE DES MOTS

418 L'ordre des mots dans la phrase simple

▶ L'**ordre spontané** en italien est le même qu'en français.

sujet   verbe   complément direct   complément(s) indirect(s)
S   V   CD   CI

▶ L'italien pratique volontiers l'ordre **verbe-sujet**, qui n'est emphatique que s'il y a des compléments.

> È arrivata la stagione dei saldi.
> *La saison des soldes est arrivée.*

> Si presenteranno molti concorrenti.
> *Il se présentera beaucoup de candidats.*

> Parlava lui; io tacevo.
> *C'est lui qui parlait ; moi, je ne disais rien.*

> Questa storia me l'ha raccontata il barista.
> *Cette histoire, c'est le barman qui me l'a racontée.*

▶ L'ordre des compléments est normalement : **le plus « léger »** (généralement direct) **suivi du plus « lourd »** (c'est-à-dire syntaxiquement plus complexe : introduit par une préposition ou accompagné d'une épithète ou d'un complément de nom).

> Il babbo ha regalato un giocattolo al figlio.
> *Le père a offert un jouet à son fils.*

> Il babbo ha regalato al figlio un bel libro illustrato.
> *Le père a offert à son fils un beau livre illustré.*

ATTENTION Cette tendance ne tient pas compte de l'intonation (→ 419).

▶ Lorsqu'il n'y a que des compléments indirects, l'ordre reproduit parfois la **chronologie** de l'événement.

> Il treno va da Parigi a Roma.
> *Le train va de Paris à Rome.*

▶ Sinon, il est variable, et répond à des raisons de **priorité logique**, d'**euphonie**, d'anticipation d'une **ambiguïté** possible.

> Pietro parla del proprio lavoro al fratello.
>   objet   destinataire
> *Pietro parle de son travail à son frère.*

[question : à qui parle Pietro ?]

> Pietro parla al fratello del proprio lavoro.
> *Pietro parle à son frère de son travail.* [priorité : humain]

[question : de quoi parle Pietro ?]

> Pietro parla del progetto col direttore.
> *Pietro parle du projet avec le directeur.* [L'ordre inverse induirait un malentendu : « le directeur du projet ».]

419 L'emphase

▶ L'italien dispose pour marquer l'emphase de deux ressources plus développées qu'en français.

• D'une part une **intonation** plus sensible, et un **accent tonique** libre (imprévisible) qui permet un marquage tonique assez net.

> REMARQUE Le linguiste G. Lepschy a calculé que « pour la phrase **il gatto ha mangiato la carne** (*le chat a mangé la viande*), il y a 240 intonations différentes, chacune avec un sens distinct de celui des autres ». Avec des constructions plus complexes, le nombre des combinaisons (et donc des possibilités de graduer l'emphase) augmente de façon exponentielle.

• D'autre part une liberté plus grande dans l'**ordre de surface** des mots, qui permet de placer à des endroits stratégiques (début ou fin de phrase) les éléments importants. Toute modification d'un ordre non marqué (sujet, verbe, compléments) est emphatique, dans la mesure où elle attire l'attention sur l'élément qui apparaît à une place inhabituelle.

▶ Les procédés proprement syntaxiques de mise en relief sont définissables d'après la **portée** de la modification imposée à une forme conventionnellement non marquée.

▶ Pour le **groupe nominal**, quelle que soit sa fonction, les procédés de mise en relief sont :

– la postposition du possessif ;

> il libro **suo**   *le livre qui est à lui*

– la postposition de certains indéfinis ;

> senza dubbio **alcuno**   *sans le moindre doute*
> una difficoltà **qualsiasi**   *une difficulté quelle qu'elle soit*

– l'emploi du superlatif pour les adjectifs et certains indéfinis (tantissimo, nessunissimo) ;

– l'antéposition de certains adjectifs ;

    con **milanese** astuzia   *avec une astuce bien milanaise*

– l'emploi de pronoms compléments, en opposition ou postposés, comme sujet ;

    Non mi ha risposto **lui**. *Ce n'est pas lui qui m'a répondu.*

– l'emploi de pronoms compléments toniques ;

    Ascolta **me**! *Mais écoute-moi !*

– l'emploi du réfléchi ou datif éthique.

    È riuscito a mangia**rsi** due gelati. *Il a réussi à manger deux glaces.*

▶ Pour le **groupe verbal**, les procédés de mise en relief sont :

– l'emploi narratif du présent ;

    Cesare **espugna** Alesia. *César emporte Alésia.*

– l'emploi narratif de l'imparfait ;

    Cesare **espugnava** Alesia. *César emportait Alésia.*

– l'emploi narratif de l'infinitif ;

    E noi tutti a **ridacchiare**. *Et nous tous de ricaner.*

– l'emploi actualisant du présent pour le futur.

    Domani **parto**. *Demain, je pars.*

▶ Pour l'ensemble du **noyau propositionnel**, les procédés de mise en relief sont :

– l'intonation orale et la ponctuation écrite ;

– l'inversion verbe-sujet (→ 418) ;

– l'ordre « lourd-léger » des compléments (→ 418).

▶ Pour le **complément de phrase**, le procédé principal de mise en relief est son intercalation à l'intérieur du noyau propositionnel.

    Il meccanico ha aggiustato, **in poco più di mezz'ora**, il guasto del motore.

    Le garagiste a réparé, en à peine plus d'une demi-heure, la panne du moteur.

La reprise pronominale

Un procédé emphatique très courant dans la langue parlée est la combinaison d'une modification d'ordre et d'une reprise pronominale, marquée oralement par une pause ou à l'écrit, facultativement, par une virgule.

Soit la phrase :

Giorgio	ha letto	il libro.
S	V	O
Giorgio	a lu	le livre.

La reprise pronominale est :

– **anaphorique** (le nom a déjà été mentionné) ;

Giorgio	il libro	l'ha letto.
S	O	O + V
Giorgio,	le livre,	il l'a lu.

Il libro,	Giorgio	l'ha letto.
O	S	O + V
Le livre,	Giorgio	l'a lu.

Il libro,	l'ha letto	Giorgio.
O	O + V	S
Le livre,	c'est Giorgio qui l'a lu.	

– **proleptique** (le pronom anticipe sur le nom).

Giorgio	l'ha letto	il libro.
S	O + V	O
Giorgio	l'a lu,	le livre.

L'ha letto	Giorgio,	il libro.
O + V	S	O
C'est Giorgio qui l'a lu, le livre.		

L'ha letto,	il libro,	Giorgio.
O + V	O	S
Il l'a lu,	le livre,	Giorgio.

◄ Ces emphases n'ont pas toutes un équivalent en français. La raison en est que l'intonation de phrase et l'accent tonique permettent des différenciations plus nombreuses. Dans certains cas, le présentateur c'est... qui/que... supplée à cette carence.

421 **« C'est... qui... », « c'est... que... »**

▶ L'équivalent italien le plus courant du présentateur emphatique français *c'est... qui/que...* est l'**inversion verbe-sujet**, simple ou contrastive.

> Ha chiuso la porta il bidello.
> *C'est l'appariteur qui a fermé la porte.*
>
> Ha parlato il direttore: il ragioniere è rimasto zitto.
> *C'est le directeur qui a parlé : le comptable n'a rien dit.*

▶ L'italien peut employer par emphase le même présentateur, mais avec une **construction différente**.

> è, è stato, fu, sarà...   + sujet + **a** + verbe à l'**infinitif**
> *c'est, c'était, ce sera...* + sujet + *qui* + verbe conjugué
>
> È stato il vicino ad avvisarlo.
> *C'est le voisin qui l'a averti.*
>
> Non sarò io a spiegargli l'accaduto.
> *Ce n'est pas moi qui lui expliquerai ce qui est arrivé.*

 Le français courant ne « conjugue » pas nécessairement *c'est* ; l'italien le fait **obligatoirement**.

ATTENTION La construction italienne **a + infinitif** est peu naturelle au présent, et il vaut mieux l'éviter.

REMARQUE C'est à tort que la construction **che + verbe conjugué** est critiquée comme gallicisme et considérée comme devant être évitée : elle existe en italien depuis le XIVᵉ siècle. Il n'y a donc aucune raison de ne pas l'employer.

> È il gatto che ha rotto il vaso. *C'est le chat qui a cassé le vase.*

422 **La phrase défective**

▶ Pour donner plus de vigueur à une formulation, on peut utiliser le procédé de la **réduction**. Ce qui en résulte est une phrase défective.

▶ La réduction, le plus souvent exclamative ou faussement interrogative, est généralement une **phrase nominale** dont :
– la copule est effacée ;

> Maddalena, una bellezza!
> *Maddalena, une beauté !*
>
> Tu, qui? Non credo ai miei occhi.
> *Toi, ici ? Je n'en crois pas mes yeux.*

– le verbe est effacé, s'il est aisé à reconstituer (*se trouver, avoir, donner*), ou à un mode non personnel (infinitif, participe passé).

Io, freddo? Mai!
Moi, froid ? Jamais !

Giovanni, vendere la casa?
Giovanni, vendre sa maison ?

REMARQUE

• Les titres de presse font un usage constant de ce type de phrase.

Tifoso Lazio ucciso, nessun indagato. *Supporter (de la) Lazio tué, aucun suspect.*

• Ces phrases sont incomplètes, mais parfaitement interprétables, et leur caractère défectif a pour effet de concentrer l'attention sur le thème et l'essentiel du rhème.

423 La rupture de construction

▶ La rupture de construction (anacoluthe) se produit lorsqu'une phrase commence selon une certaine construction, s'interrompt, et s'achève selon une autre construction ; la reprise pronominale (→ 420) en est le cas le plus simple.

Ø	Hanno rubato	la macchina	di mio fratello.
S	V	nom	complément de nom
On	a volé	la voiture	de mon frère.

Mio fratello, gli hanno rubato la macchina.
Mon frère, on lui a volé sa voiture.

▶ Ce procédé extrait généralement de la phrase sous-jacente un élément qui devient thème de l'énoncé ; la suite est « bricolée » en fonction de cette extraction. Dans l'exemple donné, *di mio fratello* est un élément secondaire, faisant partie du groupe nominal complément direct : cet élément est **thématisé** dans la « version emphatique ».

LA MODALITÉ ÉNONCIATIVE

Les trois intentions de communication peuvent être exprimées, d'une manière plus ou moins emphatique (énergique, insistante), par une forme globale de la phrase :

– informer → phrase **assertive ou affirmative** ;
– interroger → phrase **interrogative** ;
– ordonner → phrase **impérative**.

424 La modalité assertive (affirmative)

▶ C'est la **forme de référence** de l'énonciation ; elle est **non marquée**, c'est-à-dire que les autres modalités sont perçues par le locuteur comme des transformations de celle-ci (expansions, suppressions, déplacements).

▶ Du point de vue logique, elle indique normalement la **constatation**, occasionnelle ou non.

> Il gatto è un felino.
> *Le chat est un félin.*

▶ La forme assertive peut avoir **valeur impérative**.

> E adesso ci mettiamo tutti al lavoro.
> *Et maintenant nous nous mettons tous au travail.*

425 La modalité interrogative : interrogation totale

▶ Dans l'interrogation totale, la question **porte sur la phrase comme ensemble**, et la réponse est alors sì (*oui*) ou no (*non*) ; d'autres réponses courantes sont :

già	bien sûr
certo	certainement
senz'altro	bien sûr
nemmeno per sogno	absolument pas, tu rêves
forse	peut-être
può darsi	cela se peut

> Vieni a cena da noi domani? – Senz'altro.
> *Tu viens dîner chez nous demain ? – Pas de problème.*

> Lo vuoi un cognacchino? – A quest'ora, nemmeno per sogno!
> *Est-ce que tu veux un petit cognac ? – À cette heure-ci, tu rêves !*

◤ En raison de l'emploi très réduit des pronoms personnels sujets en italien (→ 108-109) et de l'usage fréquent de l'ordre **verbe-sujet**, la forme interrogative avec inversion du pronom sujet, courante en français écrit, est inconnue en italien. L'apparente inversion du pronom sujet est en fait une tournure emphatique.

> Parlerai tu con lui?
> *C'est toi qui lui parleras ?*

LA PHRASE

▶ L'interrogation n'entraîne aucune modification de l'ordre des éléments de la phrase et sa seule marque est oralement **l'intonation** (ascendante) et graphiquement l'usage du **point d'interrogation**.

> È arrivato il treno. → È arrivato il treno?
> *Le train est arrivé.* → *Le train est-il arrivé ?*

◤ Il n'existe pas en italien d'équivalent de la tournure française *est-ce que...* ? Dans certains cas, une reprise pronominale peut avoir la même valeur.

> Me la presti la macchina?
> *Est-ce que tu me prêtes ta voiture ?*

426 La modalité interrogative : interrogation partielle

▶ Dans l'interrogation partielle, la question **porte sur une seule partie de la phrase** ; l'élément sur lequel porte l'interrogation apparaît sous forme d'un **adjectif** ou d'un **pronom interrogatif**, placé en tête de phrase.

> Chi ha portato il pacco? – Il postino.
> *Qui a apporté le colis ? – Le facteur.*
>
> Che libro mi consigli? – I Promessi Sposi.
> *Quel livre me conseilles-tu ? – Les Fiancés.*
>
> Dove vai di questo passo? – In biblioteca.
> *Où vas-tu de ce pas ? – À la bibliothèque.*

▶ La réponse est le plus souvent réduite au terme qui a fait l'objet de la question. L'intonation orale et la graphie sont les mêmes que pour l'interrogation totale.

427 La modalité impérative

▶ Pour le cas le plus fréquent, il existe une forme spécifique, le **mode impératif** (→ 189-190, 229).

▶ Le **présent de l'indicatif** ou l'**infinitif** sont des formes de remplacement, atténuées ou intensives.

428 La modalité négative : négation totale

▶ La modalité négative est combinable avec chacune des trois autres (formes **négative**, **interro-négative** et **impérative-négative**).

▶ La négation qui porte sur **l'ensemble de la phrase** se construit en faisant précéder le verbe de **non**.

> Il cavallo non è un felino.
> *Le cheval n'est pas un félin.*

> Non è finito il film?
> *Le film n'est pas fini ?*

> Non litigate.
> *Ne vous disputez pas.*

◤ En français écrit, la négation requiert deux particules, **ne ... pas**. En français parlé le premier élément est souvent omis (*je sais pas*). En italien c'est une particule unique, éventuellement renforcée par mica pour marquer une emphase.

> Non sono (mica) disposto a credergli.
> *Je ne suis pas (du tout) disposé à l'en croire.*

> Non ci puoi mica andare da solo!
> *Tu ne peux tout de même pas y aller tout seul !*

429 La modalité négative : négation partielle

La négation peut porter **sur un élément de la phrase**. La particule **non** précède alors cet élément, et peut être suivie d'une expansion introduite par ma (*mais*) ou bensì (*mais bien*, emphatique).

> Ho letto non la *Divina Commedia*, ma il *Decameron*.
> *J'ai lu non pas la *Divine Comédie*, mais le *Décaméron*.*

> Voleva non trattare, ma imporre.
> *Il/Elle voulait non pas négocier, mais imposer.*

> Questo romanzo, lo ha scritto non Dumas, bensì un suo negro.
> *Ce roman, celui qui l'a écrit n'est pas Dumas, mais bien un de ses nègres.*

◤ Lorsque la phrase **commence par un terme négatif**, à la différence du français, le verbe qui suit est construit à la forme affirmative.

> Nessuna obiezione mi farà rinunciare.
> *Nulle objection ne me fera renoncer.*

> Non tutti sono capaci di tanta pertinacia.
> *Tout le monde n'est pas capable d'une telle ténacité.*

TYPES PARTICULIERS DE PHRASES SIMPLES

Les phrases à verbe support

430 ### Définition des phrases à verbe support

▶ Ce sont des phrases où un verbe dit support est **combiné avec un nom** (souvent abstrait et sans déterminant) qui remplace un verbe ou un adjectif.

▶ Ces constructions suppléent à l'absence de certains verbes, ou permettent de remplacer des tournures trop lourdes. Les principaux verbes qui servent à former ces phrases sont **essere** et **avere**, **dare** et **fare**.

431 ### Phrases avec les verbes supports *essere* et *avere*

▶ **Le verbe support essere**

• **Essere + in + nom d'action** (dérivé de verbe).

Ciò è in contraddizione con i fatti.
C'est en contradiction avec les faits.

Era in dubbio se accettare o rifiutare.
Il/Elle hésitait à accepter ou refuser.

• **Essere + nom + di + nom** (+ **épithète**).

È un uomo di fiducia.
C'est quelqu'un de confiance.

È un uomo di poche parole.
C'est quelqu'un qui parle peu.

▶ **Le verbe support avere**

• **Avere + nom abstrait** est fréquent pour des sensations, des sentiments.

Il gatto ha paura.
Le chat a peur.

• **Avere + nom + épithète**.

Giorgio ha le spalle larghe.
Giorgio a les épaules larges.

REMARQUE Cette construction avec avere peut être remplacée par :
– essere di + nom + épithète ;

Giorgio è di spalle larghe.

– essere + épithète + di + nom.

Giorgio è largo di spalle.

432 **Phrases avec le verbe support** *dare*

Dare est le verbe support de **noms d'action**.

> Darò una scorsa al giornale.
> *Je vais jeter un coup d'œil au journal.*

> dar battaglia   *livrer bataille*
> darsi alla fuga   *prendre la fuite*

REMARQUES

• Si le nom d'action est formé sur l'instrument, la phrase a le sens de *donner un coup de*.
> dare una pedata/una frustata   *donner un coup de pied/un coup de fouet*

• **Dare** est le verbe support de formules semi-figées. Il peut être conjugué.
> Se lo si contraddice, dà in escandescenze. *Si on le contredit, il sort de ses gonds.*
> Mi sa che gli ha dato di volta il cervello. *À mon avis, il a perdu la tête.*

433 **Rappel :** *fare* **verbe passe-partout**

▶ **Fare** est un verbe susceptible de remplacer n'importe quel autre verbe **pour éviter une répétition**.

> Si sposeranno quando potranno farlo.
> *Ils se marieront quand ils pourront le faire.*

▶ Il est d'un emploi plus large en italien qu'en français, et figure dans de nombreuses **expressions figées et semi-figées**, là où le français emploie d'autres verbes.

• Il peut équivaloir à :

  – **créer**, **fabriquer** ou **faire devenir** (+ nom) ;
> Qua bisogna fare una legge.
> *Sur ce point, il faut faire une loi.*

> L'hanno fatto presidente.
> *On l'a élu président.*

  – **causer** (+ verbe à l'infinitif) ;
> Smettila di lamentarti, che mi fai ridere.
> *Arrête de te plaindre, tu me fais rire.*

  – **agir** (absolu) avec l'infinitif ou seul.
> Avrebbe fatto male a non concedergli il prestito.
> *Il/Elle aurait eu tort de ne pas lui accorder un prêt.*

> Lascia perdere, hai fatto abbastanza.
> *Laisse tomber, tu en as fait assez.*

- Dans les expressions figées, il peut se construire :
  - **avec un pronom complément sans antécédent** ;

farcela	*y arriver, s'en tirer*
farne di tutti i colori	*en faire voir de toutes les couleurs*
farla franca	*s'en tirer sans y laisser de plumes*
farla sporca	*jouer un mauvais tour*
per farla breve	*(en) bref*
farsela con qualcuno	*être de connivence avec quelqu'un*

REMARQUE Farcela peut se construire avec **a** + infinitif.

Era convinto che ce l'avrebbe fatta a non perdere il treno.
Il était convaincu qu'il arriverait à ne pas rater son train.

  - **avec un complément de forme figée** (déterminant, nombre).

fare festa	*fêter*
fare le feste a qualcuno	*faire fête à quelqu'un*
far la festa a qualcuno	*faire son affaire/sa fête à quelqu'un*
farci un pensierino	*y penser*
farsi i fatti propri	*s'occuper de ses affaires*

434 ## Phrases avec *fare* comme verbe support

Fare est le verbe support de **noms d'action** ou de **locutions** équivalentes.

fare buona accoglienza a	*faire bon accueil à*
fare la volontà di	*faire les quatre volontés de*
fare la fame	*souffrir la faim*
fare di tutto per	*faire l'impossible pour*

Il équivaut à un autre verbe aisément reconstituable :
  - **avec un nom d'instrument ou de manière** ;

fare a pugni	*se battre à coups de poing*
fare a coltellate	*se battre à coups de couteau*
fare a corsa	*se mesurer à la course*
fare a lotta	*se mesurer à la lutte*
fare a mosca cieca	*jouer à colin-maillard*

REMARQUE Il correspond à l'idée d'affrontement ou au contraire de collaboration ou de convenance.

Quest'abito non fa per te. *Cette robe ne te va pas.*

– **avec un nom de profession**, au sens de *exercer* ;

    Mio fratello fa il meccanico.
    Mon frère est mécanicien.

– **avec un adjectif substantivé**, au sens de *se comporter en* ;

    Ha sempre voluto fare il furbo.
    Il a toujours voulu faire le malin.

– **avec une indication de temps** ;

fare le tre	*rentrer à trois heures* [humain]
	marquer trois heures [montre]
fare le ore piccole	*veiller très tard* [jusqu'aux petites heures]

– au sens de **estimer**, **supposer**, etc.

    Lo facevo più vecchio di te.
    Je le voyais plus âgé que toi.

▶ Avec un nom d'agent ou d'instrument, **fare da** signifie *servir (occasionnellement) de*.

    Uno studente gli faceva da segretario.
    Un étudiant lui servait de secrétaire.

    Questa cartolina mi fa da segnalibro.
    Cette carte postale me tient lieu de signet.

▶ À la forme réfléchie, **farsi** signifie *devenir*, *se faire*.

farsi prete	*se faire prêtre*
farsi grande	*grandir*
farsi in quattro	*se mettre en quatre*
farsi valere	*se mettre en valeur*

À la différence de l'usage français de *se faire*, farsi ne convient pas à l'expression du passif (→ 159-160). Il implique une participation active, responsabilité ou au moins consentement. Il **s'accorde au sujet**.

    La cantatrice si è fatta fischiare.
    La cantatrice s'est fait siffler. [Elle a fait ce qu'il fallait pour cela.]

REMARQUE Fare/Farsi s'emploie couramment au sens de *laisser/se laisser*, notamment dans des phrases impératives ou optatives.

    Ma insomma, fammi parlare! *Mais enfin, laisse-moi parler !*
    Si sono fatti convincere. *Ils se sont laissé convaincre.*

LES INTERJECTIONS OU MOTS-PHRASES

N'importe quel mot, dans un contexte approprié, peut constituer à lui seul une phrase. Cependant, certains mots sont par nature des phrases complètes : ce sont les interjections, exclamatives ou interrogatives.

Les onomatopées

435 ### Les onomatopées expressives

Elles n'ont pas de sens référentiel, mais leur valeur repose sur des valeurs expressives assez générales des sons (phonosymbolisme).

▶ **Voyelles expressives** : leurs valeurs sont assez bien définies.

ah	*ah*	[admiration, souhait]
ahi	*aïe*	[douleur physique]
eh	*eh*	[appel ; doute ; rappel à l'ordre]
ehi	*holà*	[appel ; désapprobation]
ih	*ouh*	[dégoût; désapprobation]
oh	*oh*	[surprise agréable ou désagréable]
ohi	*aïe ; holà*	[douleur morale profonde ; appel]
uh	*ouh, ouh là là*	[devant un excès désagréable]

Ehi, che mi dici!
Holà, que me dis-tu !

Ih, quante arie si dà, quella!
Ouh, quels grands airs elle prend, celle-là !

Uh, che sorpresa!
Ouh là là, quelle surprise !

▶ **Voyelles renforcées** : elles impliquent une attitude d'incertitude, d'indifférence, de détachement.

bah	*bah*	[indifférence]
beh	*ben*	[perplexité]
boh	*bof*	[indifférence]
mah	*bof*	[indifférence]
uffa	*pff*	[impatience]
uhm	*hum*	[doute]
ahimè	*pauvre de moi*	[chagrin]

Lo sai il prezzo di questa collana? – Beh...
Tu le sais, le prix de ce collier ? – Ben...

Non mi ha voluto rispondere. Mah...
Il/Elle n'a pas voulu me répondre. Bof...

Uffa, che scocciatore!
Pff, quel raseur !

436 Les onomatopées imitatives

Elles imitent divers sons.

▶ **Sons naturels** ou **mécaniques**.

eccì	*atchoum*	
din-don	*ding dong*	[cloches]
drin	*dring*	[téléphone, sonnette]
tic-tac	*tic tac*	[montre, horloge]
pam	*pan*	[détonation claire]
zac	*clac*	[détonation, rupture sèche]
zacchete	*vlan, couic*	[coup ou rupture soudains]
pum	*boum*	[détonation sourde, tonnerre]
bum	*boum*	[chute pesante]
patatrac, tonfete	*patatras*	[chute]

REMARQUE

• Tic-tac est parfois employé comme nom sous la forme **ticche tacche**.

Il ticche tacche dell'orologio a pendolo mi dà sui nervi.
Le tic-tac de la pendule me porte sur les nerfs.

• Zac et zacchete ont des variantes : **zaffe, zaffete**.

▶ **Cris d'animaux**.

miao	*miaou*
bau bau	*ouaf ouaf*
muh	*meuh*
hi-ho	*hi-han*
bè, bèe	*bê*
chicchiricchì	*cocorico*
cip cip	*cui-cui*

REMARQUE **Chiù**, onomatopée imitant le cri du petit duc (**assiolo**), est devenu l'appellation courante de cet oiseau nocturne.

LA PHRASE

▶ **Incitations** adressées **à des animaux**.

    arrì   *hue*   [au mulet et à l'âne]

    sciò   –   [pour chasser la volaille]

REMARQUE Sciò s'emploie aussi avec des enfants, ou par plaisanterie, et vaut *ouste* !

ATTENTION Pour les deux catégories précédentes, l'italien a hérité par le biais de la bande dessinée (i fumetti) d'un grand nombre d'onomatopées anglo-saxonnes ; ce sont les mêmes qu'en français.

La phrase complexe

437 Définition de la phrase complexe

▷ La phrase complexe résulte de la **liaison** (coordination ou subordination) **de deux ou plusieurs phrases simples**.

▷ Les phrases complexes peuvent être distinguées d'après le type de relation et de dépendance qui s'établit entre les propositions ou phrases simples qui les constituent :
- la **coordination** (→ 438-449) ;
- la **subordination stricte** (→ Les conjonctives 450-473, → Les infinitives 474-475, → Les relatives 476-482) ;
- la **coordination-subordination** (→ Les circonstancielles 483-497).

▷ Le mode et le temps du verbe de la subordonnée sont déterminés par :
- le **sens**, le **mode** et le **temps** du verbe de la principale ;
- le sens de la **conjonction** qui introduit la subordonnée.

LA COORDINATION

438 Définition de la coordination

▷ La coordination est la juxtaposition de phrases simples par des **marques** (pause, intonation) ou des **connecteurs** (conjonctions).

▷ Les propositions juxtaposées restent **autonomes** quant à leur sens et sont entièrement **indépendantes** les unes des autres quant à leur construction syntaxique.

439 Coordination implicite et explicite

▷ Coordination **implicite** (asyndète) : c'est la simple juxtaposition de propositions séparées seulement par des pauses. Les relations sont implicites (simultanéité ou succession chronologique, contraste, etc.).

> Paolo legge, Maria vorrebbe parlargli, lui non ci bada.
> Paolo lit, Maria voudrait lui parler, lui n'y fait pas attention.

> Coordination **explicite** (polysyndète) : les propositions sont liées par des connecteurs, les conjonctions de coordination (→ 440-447), qui explicitent leur relation.

> Il traffico era intenso **e** pioveva, **ma** siamo partiti lo stesso.
> La circulation était intense et il pleuvait, mais nous sommes partis quand même.

Les conjonctions de coordination

440 La fonction de la conjonction de coordination

> La coordination est marquée par diverses conjonctions qui précisent la relation entre les propositions.

> La coordination lie entre elles les phrases, mais, pour deux phrases qui ont des éléments identiques, la conjonction est « abaissée » de manière à **relier les éléments différents** entre les deux phrases, et à **n'énumérer qu'une fois les éléments identiques**. La répétition de ceux-ci est emphatique.

> Pietro parla e Luca parla. → Pietro **e** Luca parlano.
> Pietro parle et Luca parle. → Pietro et Luca parlent.

> Non dovevi comprare il gelato, **ma** un dolce.
> Tu ne devais pas acheter de la glace, mais un gâteau.

441 La conjonction positive *e*

> **E** est une conjonction dont le contenu très général est précisé par le contenu des éléments qu'elle relie.

> **E** indique simplement la **simultanéité** ou l'**équivalence**.

> Mi piacciono i gialli **e** i libri di storia.
> J'aime les romans policiers et les livres d'histoire.

> Elle soutient, plus qu'elle n'indique, la **consécution** ou la **conséquence**, généralement avec une pause orale ou une virgule écrite.

> Ho letto *I Promessi sposi*, **e** la *Gerusalemme liberata*.
> J'ai lu *Les Fiancés*, et [= puis, de plus] *La Jérusalem délivrée*.

> È uscito senza cappotto, **e** si è buscato un raffreddore.
> Il est sorti sans manteau, et [= par conséquent] il a pris froid.

ATTENTION Comme en français, **e** introduisant le dernier terme d'une énumération n'est pas précédé de virgule.

▶ Elle a une valeur **emphatique**, directe ou adversative (avec virgule).

> **E** smettila di piagnucolare!
> *Arrête donc de pleurnicher !*
>
> Non hai messo in ordine la camera? **E** fallo, che cosa aspetti?
> *Tu n'as pas rangé ta chambre? Alors fais-le, qu'est-ce que tu attends ?*

REMARQUE **E** est également emphatique dans des formules semi-figées.

> Venite tutti **e** due. *Venez tous les deux.*
> La seduta è bell'**e** finita. *La séance est bien finie.*

442 Les conjonctions négatives

Elles sont ordinairement redoublées ou coordonnées à une autre conjonction.

né ... né	ni ... ni
neanche	non plus
neppure	
nemmeno	

> Non bevo **né** tè **né** caffè.
> *Je ne bois ni thé ni café.*
>
> Non ha comprato il giornale e **neanche** il pane.
> *Il/Elle n'a pas acheté le journal, et pas le pain non plus.*

443 Les conjonctions alternatives (ou disjonctives)

o	ou
oppure	ou bien

> Stiamo a casa **oppure** facciamo una passeggiata?
> *On reste à la maison ou bien on fait une promenade ?*

444 Les conjonctions adjonctives

▶ Elles **ajoutent une information** à ce qui a été dit précédemment.

anche	aussi
inoltre	en outre
pure	aussi
altresì	également
nonché	ainsi que
per altro	par ailleurs

▶ **Anche** précède le nom ou le pronom.

È andato via presto; **anche noi** siamo partiti quasi subito.
Il s'en est allé tôt ; nous aussi nous sommes partis presque tout de suite.

▶ **Pure** se place avant ou après le nom.

Era arrabbiato; **pure io** ou **io pure** mi sentivo offeso.
Il était en colère; moi aussi je me sentais vexé.

▶ **Altresì** et **nonché** sont d'un registre soutenu (écrit).

Verrà il sindaco, **nonché** il vicesindaco.
Le maire viendra, ainsi que son adjoint.

445 **Les conjonctions adversatives**

ma	mais
tuttavia	toutefois
nondimeno	néanmoins
però	pourtant
eppure	et pourtant
anzi	pour mieux dire

Abito in una casa vecchia, **ma** comoda.
J'habite une maison vieille mais confortable.

Ha dei modi bruschi, **però** è simpatico.
Il a des façons brusques, et pourtant il est sympathique.

Non è venuto, **eppure** era stato invitato.
Il n'est pas venu, et pourtant il avait été invité.

▶ **Ma** a deux valeurs principales :
– adversative-oppositionnelle ;

Mio fratello non ha l'epatite, **ma** la polmonite.
Mon frère n'a pas une hépatite, mais une pneumonie.

– adversative-limitative.

L'attesa è stata lunga, **ma** ne è valsa la pena.
L'attente a été longue, mais cela en valait la peine.

REMARQUE Il peut avoir une fonction de renforcement.

Questo romanzo è bello, **ma** proprio bello.
Ce roman est beau, mais vraiment beau.

Anzi exprime :
- soit une opposition simple ;

> Non è ricco, **anzi** è addirittura povero.
> Il n'est pas riche, au contraire, il est carrément pauvre.

- soit une opposition graduée.

> Paolo s'interessa di musica, **anzi** ne è appassionato.
> Paolo s'intéresse à la musique, bien plus elle le passionne.

446 Les conjonctions explicatives

dunque	donc
quindi	par conséquent
allora	alors
pertanto	partant
perciò	c'est pourquoi
cioè	c'est-à-dire

Ho i soldi, **quindi** posso permettermi questa spesa.
J'ai l'argent, par conséquent je peux me permettre cette dépense.

Non sei d'accordo? **Allora** rinuncio all'idea.
Tu n'es pas d'accord ? Alors je renonce à cette idée.

Si sentiva poco bene, **perciò** è tornato a casa.
Il ne se sentait pas bien, c'est pourquoi il est rentré chez lui.

Il contratto vale per un lustro, **cioè** per cinque anni.
Le contrat est valide pendant un lustre, c'est-à-dire pendant cinq ans.

447 Redoublement de la conjonction de coordination

Le redoublement de la conjonction exprime un **renforcement** ou une **explicitation**.

Le redoublement est **possible** pour o (ou) et né (ni), mais non pour leurs composés oppure et neppure.

> **O** si dimette, **o** lo denunciamo.
> Ou il démissionne, ou nous le dénonçons.

> **Né** tu **né** io andremo a questa conferenza.
> Ni toi ni moi n'irons à cette conférence.

▶ Le redoublement est **obligatoire** dans les liaisons sia... sia.../sia... che... (aussi bien... que.../soit... soit...).

> Per le vacanze mi piacerebbe andare **sia** in montagna, **sia** al mare.
> *Pour les vacances, j'aimerais aller aussi bien à la montagne qu'à la mer.*
> *Pour les vacances, j'aimerais aller soit à la montagne, soit à la mer.*

ATTENTION L'usage, courant dans la langue parlée, de sia... che..., est déconseillé à l'écrit.

REMARQUE **Sia che... sia che...** (soit... soit...) est soutenu et emphatique, et on lui préfère **sia che... o che...**.

> **Sia che** ne fosse stato informato, **o che** lo avesse indovinato, fatto sta che non è rimasto stupito dal risultato delle trattative.
> *Soit qu'on l'en ait informé, soit qu'il l'ait deviné, le fait est qu'il n'a pas été surpris par le résultat des négociations.*

▶ La coordination peut marquer une **opposition** au moyen de deux termes différents.

non solo... ma anche...	non seulement... mais aussi...
non... bensì...	non pas... mais (bien)... [soutenu]

> Le ho mandato **non solo** gli auguri **ma anche** un regalo.
> *Je lui ai envoyé non seulement mes vœux, mais aussi un cadeau.*

> **Non** bisogna indugiare, **bensì** agire.
> *Il ne faut pas attendre, mais agir.*

Cas particuliers de coordination

448 Les incises

▶ Les **incises** sont des propositions, souvent défectives, délimitées par des pauses orales ou marquées graphiquement par des virgules, des parenthèses, des tirets : elles interrompent la phrase principale, qui reprend son cours lorsque l'incise est achevée. L'opération est sans conséquence sur la structure des propositions en cause.

> Allora – **disse Paolo** – io parto.
> *Alors – dit Paolo – moi, je pars.*

> Il sindaco, **si mormora in paese,** sta per dimettersi.
> *Le maire, murmure-t-on au village, est sur le point de démissionner.*

▶ Les incises peuvent être emphatisées par une conjonction de coordination.

> Questa curva **(ma lo capirebbe anche un bambino)** è pericolosa.
> *Ce virage (mais même un enfant le comprendrait) est dangereux.*

▶ Les incises sont souvent des **propositions principales** « **rétrogradées** » : elles ne régissent plus la phrase qui leur est logiquement subordonnée.

... – disse Paolo – ...	**Paolo disse che...**
... – dit Paolo – ...	*Paolo dit que...*
..., si m**o**rmora in paese, ...	**In paese si m**o**rmora che...**
..., murmure-t-on au village, ...	*On murmure au village que...*

▶ Ce sont souvent aussi des **compléments de phrase** (adverbe, groupe préposition + nom ou proposition circonstancielle) déplacés à l'intérieur du noyau propositionnel. Elles peuvent alors qualifier l'énonciation.

> Questa storia, **a dir la verità,** mi piace poco.
> *Cette histoire, pour dire la vérité, ne me plaît pas beaucoup.*

> Il biglietto, **se non sbaglio,** costa due euro.
> *Le billet, si je ne me trompe, coûte deux euros.*

449 Valeurs de coordination de la conjonction *che*

Che est couramment employée dans l'usage parlé comme conjonction de coordination.

▶ **Simultanéité temporelle.**

> È partito **che** nevicava.   = È partito quando nevicava.
> *Il est parti avec la neige. = Il est parti alors qu'il neigeait.*

▶ **Consécution.**

> Corre **che** sembra una lepre.
> *Il/Elle court au point qu'on dirait un lièvre.*

> Era così stanco **che** non stava in piedi.
> *Il était si fatigué qu'il ne tenait plus debout.*

▶ **Cause** ou **explication.** Cette relation peut être graduée.

> Vai a letto **che** ne hai bisogno. [faible]
> *Va te coucher, tu en as besoin.*

> Vai a letto **ché** ne hai bisogno. [moyen]
> *Va te coucher, tu en as bien besoin.*

> Vai a letto, **perché** ne hai bisogno. [fort]
> *Va te coucher, parce que tu en as vraiment besoin.*

LA SUBORDINATION STRICTE :
LES CONJONCTIVES

450 ### Définition de la subordonnée conjonctive

▶ Dans une phrase complexe, la conjonctive est une **proposition introduite par une conjonction** qui remplit la **fonction d'un groupe nominal** sujet ou complément.

▶ Étant un type de complétive, la conjonctive est **nécessaire pour produire un énoncé complet** : dans la phrase complexe dont elle fait partie, il n'y a donc pas à proprement parler de « proposition principale », mais seulement un **verbe principal**.

> Il professore vede **che l'allievo si annoia.**
> *Le professeur voit que l'élève s'ennuie.*

◀ La construction des conjonctives en italien diffère notablement de l'usage français, notamment pour ce qui est de leur place et du mode de leur verbe.

451 ### La conjonction de subordination stricte *che*

Il n'existe qu'une seule conjonction de subordination stricte, **che** (*que*), qui **précède obligatoirement** la subordonnée.

> Pensavo **che** fosse stato lui a chiamare.
> *Je pensais que c'était lui qui avait appelé.*

ATTENTION Elle est quelquefois effacée, mais cet usage est limité et d'un registre soutenu.

> Pensavo fosse stato lui a chiamare.
> *Je pensais que c'était lui qui avait appelé.*

REMARQUE La conjonction *che* peut avoir aussi des valeurs de coordination (➜ 449).

452 ### La place des conjonctives sujet

▶ La conjonctive sujet peut **précéder ou suivre** la proposition principale.

> **Che si sia impegnato a fondo** mi sorprende.
> Mi sorprende **che si sia impegnato a fondo**.
> *Qu'il se soit engagé à fond me surprend.*

▶ Lorsque la conjonctive sujet est placée **après le verbe**, il ne faut pas la confondre avec la conjonctive complément d'objet.

    Mi dispiace **che non abbia mantenuto la promessa.**
    Je regrette qu'il/elle n'ait pas tenu sa promesse.

453 La place des conjonctives objet

▶ La proposition subordonnée conjonctive complément **suit la principale.**

▶ Conjonctives **objet direct.**

    Dici **che la gatta è uscita?**
    Tu dis que la chatte est sortie ?

▶ Conjonctives **objet indirect.** Elles se construisent au moyen d'une tournure analogue à celle du français au fait/par le fait que.

    Alludeva al fatto **che Laura era stata bocciata.**
    Il/Elle faisait allusion au fait que Laura avait été recalée.

    Era rattristato dal fatto **che la gattina era malata.**
    Il était tout attristé par le fait que la petite chatte était malade.

▶ ATTENTION La combinaison **préposition + conjonction**, qui en français exige au moins l'intercalation de *ce*, est directe en italien avec certains verbes qui se construisent avec a, comme badare *(veiller)*, stare attento *(faire attention).*

    Bada ai bambini.
    Surveille les enfants.

    Bada **che i bambini non sporchino il tappeto.**
    Veille à ce que les enfants ne salissent pas le tapis.

Concordance dans les conjonctives sujet

454 La conjonctive sujet de verbes impersonnels

▶ La conjonctive sujet s'emploie avec des **constructions impersonnelles.**

accade, avviene	*il arrive*
capita	*il peut arriver*
bisogna, occore	*il faut*
conviene	*il est bon, il vaut mieux*
sembra	*il semble*
pare	*il paraît*

▶ Le verbe de la subordonnée est au **subjonctif**.

> In questa stagione accade spesso **che piova**.
> *En cette saison, il arrive souvent qu'il pleuve.*

> Capitava di rado **che si facesse viva d'inverno**.
> *Il arrivait rarement qu'elle donne signe de vie l'hiver.*

> Bisognerà **che andiate a visitare questa mostra**.
> *Il faudra que vous alliez visiter cette exposition.*

> Conveniva **che tutti fossero pronti per l'una**.
> *Il valait mieux que tous soient prêts pour treize heures.*

> Sembra **che stia per piovere**.
> *On dirait qu'il va pleuvoir.*

> REMARQUE Convenire, occorrere et bisognare s'emploient aussi suivis de l'**infinitif**.
> Converrà **partire per tempo**. *Il vaudra mieux partir tôt.*

▶ La forme verbale **risulta** (*il s'avère*) s'emploie avec l'**indicatif** ou le **subjonctif**.

> Risulta **che è** ou **sia uscito di casa prima delle otto**.
> *Il s'avère qu'il est ou serait sorti de chez lui avant huit heures.*

<h2>455   La conjonctive sujet de verbes au passif impersonnel</h2>

▶ La conjonctive peut être sujet de **verbes employés au passif impersonnel** (singulier).

si vede	on voit
si dice	on dit
si afferma	on affirme
si racconta	on raconte
si sa	on sait
si crede	on croit
si spera	on espère
si teme	on craint

▶ Le mode de la subordonnée est l'**indicatif** si le verbe exprime un fait réel.

> Si vedeva **che era malato**.
> *On voyait qu'il était malade.*

> Si dice **che è venuto ieri**.
> *On dit qu'il est venu hier.* [j'y crois]

▶ Le mode de la subordonnée est le **subjonctif** si le fait est douteux, supposé, etc.

> Si dice **che stia per rassegnare le dimissioni.**
> On dit qu'il est sur le point de remettre sa démission. [on peut en douter]
>
> Si spera **che non ci siano stati danni irreparabili.**
> On espère qu'il n'y a pas eu de pertes irréparables.

456 ## La conjonctive sujet de locutions

▶ Une conjonctive peut être sujet de locutions formées de **è** + **adverbe ou adjectif**.

▶ Le verbe est au **subjonctif** si la locution exprime une opinion, une éventualité, une évaluation.

è ora	il est temps
è probabile	il est probable
è escluso	il est exclu
è augurabile	il est à souhaiter
è opportuno	il est opportun
è giusto	il est juste

> È ora **che il treno parta.**
> Il est temps que le train parte.
>
> Era escluso **che quella squadra vincesse la gara.**
> Il était exclu que cette équipe remporte la compétition.
>
> Sarà opportuno **che il governo prenda provvedimenti.**
> Il sera opportun que le gouvernement prenne des mesures.

▶ Le verbe est à l'**indicatif** si la locution exprime une constatation ou une certitude.

è ovvio/chiaro	il est évident/clair
è noto/risaputo	il est bien connu/notoire

> Era ovvio **che quell'alunno non voleva impegnarsi.**
> Il était évident que cet élève ne voulait pas s'engager.
>
> È risaputo **che quella famiglia non ha il becco di un quattrino.**
> Il est notoire que cette famille n'a pas un sou vaillant.

Concordance dans les conjonctives objet

L'emploi du subjonctif dans les subordonnées conjonctives objet est plus courant qu'en français.

457 La conjonctive objet et la perception du fait

▶ La perception du fait peut être :
– purement **physique** ;

vedere	voir
udire	entendre
sentire	entendre

– **mentale**.

percepire	percevoir
osservare	observer
sentire	sentir
accorgersi	s'apercevoir
ricordare, ricordarsi	se rappeler
scoprire	découvrir
constatare	constater
notare	remarquer
capire	comprendre
dimenticare, dimenticarsi	oublier

▶ Ces verbes commandent l'**indicatif**.

Il poliziotto vede **che l'autista passa con il rosso.**
L'agent voit que l'automobiliste brûle le feu rouge.

Ho capito subito **che c'era uno sciopero.**
J'ai tout de suite compris qu'il y avait une grève.

Ricordo **che era una bella giornata di sole.**
Je me rappelle que c'était une belle journée ensoleillée.

Hai dimenticato **che ieri pioveva?**
Tu as oublié qu'hier il pleuvait ?

REMARQUE Avec les verbes de perception physique, le **sujet** de la conjonctive objet peut être « avancé » **avant la conjonction**.

Sento **il gatto che miagola.**
J'entends le chat qui miaule.

458 ## La conjonctive objet et l'assertion du fait

▶ Un certain nombre de verbes de **communication** présentent le fait comme **réel** ou **vrai**.

dire	*dire*
affermare	*affirmer*
dichiarare	*déclarer*
informare	*informer*
comunicare	*communiquer*
giurare	*jurer*
annunciare	*annoncer*
segnalare	*signaler*
scrivere	*écrire*
spiegare	*expliquer*
sostenere	*soutenir*
narrare	*narrer*
raccontare	*raconter*
riferire	*rapporter*
confessare	*avouer*
insegnare	*enseigner*
promettere	*promettre*

▶ Ces verbes commandent l'**indicatif**.

Il custode affermò **che non aveva visto il ladro**.
Le gardien affirma qu'il n'avait pas vu le voleur.

Ti prometto **che in futuro sarò più attento**.
Je te promets qu'à l'avenir je ferai plus attention.

REMARQUE **Sostenere** commande ordinairement l'**indicatif**. Mais il peut être employé avec le **subjonctif**, et implique alors que l'on doute de ce que dit celui qui parle.

Il direttore sostiene **che il ragioniere ha/abbia commesso un errore**.
Le directeur soutient que le comptable a commis une erreur.

▶ **Negare** (nier), qui déréalise le fait, et **pretendere** (prétendre), qui implique une erreur ou un mensonge, se construisent avec le subjonctif.

Negava **che avesse voluto offendermi**.
Il/Elle niait qu'il avait voulu me vexer.

Pretende **che la macchina sia sua**.
Il prétend que l'auto est à lui.

L'assertion du fait : le discours indirect

Le discours indirect est un cas particulier de la subordination. Il est utilisé pour transposer un énoncé qui contient une proposition « citée », un énoncé reproduit tel quel. Celui-ci est complément direct d'un verbe comme dire. La transposition consiste à transformer l'énoncé direct en **complétive objet**.

Le passage au discours indirect entraîne des **modifications de pronoms, de démonstratifs** et **d'adverbes**.

> Disse : « La **mia** moto è rotta. » → Disse che la **sua** moto **era** rotta.
> Il dit : « Ma moto est cassée. » → Il dit que sa moto était cassée.

> Mi promise : « **Questo** libro, te lo porterò **qui domani**. »
> → Mi promise che **quel** libro, me l'avrebbe portato **lì l'indomani**.
> Il me promit : « Ce livre, je te l'apporterai ici demain. »
> → Il me promit que ce livre, il me l'apporterait là le lendemain.

ATTENTION Sur le futur du passé → 188.

> Hai detto : « Non lo **farò**. » → Hai detto che non l'**avresti fatto**.
> Tu as dit : « Je ne le ferai pas. » → Tu as dit que tu ne le ferais pas.

Les deux sens de *dire* dans la conjonctive objet

Dire a le sens de **déclarer** et se construit avec une conjonctive objet à **l'indicatif** et un complément indirect (de destination).

> Ti dico **che il gatto ha fame.**
> Je te dis que le chat a faim.

REMARQUE La conjonctive peut être formulée à l'**infinitif**, si le sujet des deux propositions est le même, ou représentée par un **nom abstrait**.

> Il tabaccaio dice **di aver finito i sigari**. Le buraliste dit qu'il n'a plus de cigares.
> Il testimone disse **tutta la storia**. Le témoin dit toute l'histoire.

Dire a le sens d'**ordonner** et se construit avec une conjonctive et un complément indirect (de destination) qui est sujet de la subordonnée. La conjonctive est au **subjonctif**, mais elle est plus couramment formulée à l'**infinitif**.

> Giovanni dice a Maria **che porti il cane a passeggio.**
> Giovanni dit à Maria de promener le chien.

> Il direttore disse alla segretaria **di chiudere la porta.**
> Le directeur dit à sa secrétaire de fermer la porte.

461 La conjonctive objet et la conception du fait : probabilité

▶ Sont concernés tous les **verbes qui expriment une pensée** « pure » (supposition, souhait, etc.) ou son expression verbale (déclaration nuancée). Cette pensée peut être relative à la **réalité effective du fait**, présent, passé ou futur, **accompli ou en cours**.

pensare	*penser*
credere	*croire*
stimare	*estimer*
ritenere	*considérer*
giudicare	*juger*
sostenere	*soutenir*
reputare	*estimer*
dubitare	*douter*
supporre	*supposer*
sospettare	*soupçonner*

▶ Le verbe de la conjonctive objet est **obligatoirement au subjonctif**. Dans certains cas, le **conditionnel**, le **futur** ou l'emploi de **modaux** expriment le futur.

Penso che non **sia arrivato**, ma che **possa** essere qui in tempo.
Je pense qu'il n'est pas arrivé, mais qu'il pourra être ici à temps.

Ritengo che **abbia avuto** torto, e che **se ne pentirà**.
Je considère qu'il a eu tort et qu'il s'en repentira.

Suppongo che lo **farai**.
Je suppose que tu le feras.

REMARQUE Dubitare contient une alternative implicite.
Dubito **che ne sia capace**. *Je doute qu'il en soit capable.*

462 La conjonctive objet et la conception du fait : certitude

▶ Les principaux verbes et locutions exprimant la **certitude** sont :

sapere	*savoir*
essere certo	*être certain*
essere sicuro	*être sûr*
essere convinto	*être convaincu*

▶ Ils se construisent avec l'**indicatif**.

> Sono convinto **che Marco ce l'ha fatta/ce la farà**.
> *Je suis convaincu que Marco s'en est tiré/s'en tirera.*

La conjonctive objet et l'anticipation du fait

▶ La conjecture peut être relative à la **réalisation du fait**, en principe **inaccompli**.

▶ Sont concernés les **verbes « moyens »**, c'est-à-dire qui expriment l'effet de l'événement sur le sujet.

volere	*vouloir*
desiderare	*désirer*
preferire	*préférer*
sperare	*espérer*
temere	*craindre*
pretendere	*exiger*

▶ Ces verbes commandent le **subjonctif**.

> Desidero **che venga anche lui**.
> *Je désire qu'il vienne aussi.*

> Non temo **che mio padre si arrabbi**.
> *Je ne crains pas que mon père se mette en colère.*

> Spero **che lui ce l'abbia fatta**.
> *J'espère qu'il s'en est tiré.*

La conjonctive objet et la prescription du fait

▶ Les verbes concernés **désignent une action ou l'allocution qui la constitue**.

ordinare	*ordonner*
comandare	*commander*
permettere	*permettre*
concedere	*accorder*
vietare	*interdire*
proibire	*interdire*
impedire	*empêcher*

▶ Ces verbes régissent le **subjonctif**.

Il generale ha ordinato **che gli ufficiali si presentino a rapporto**.
Le général a ordonné que les officiers se présentent au rapport.
La legge vietava **che i negozi fossero aperti di domenica**.
La loi interdisait que les magasins ouvrent le dimanche.

▶ Ils décrivent une action qui, dans la principale, porte sur un **patient**, lui-même **agent** de l'action représentée par la proposition subordonnée.

REMARQUE **Concedere**, pris au sens déclaratif (*affirmer*, atténué ou réticent), peut se construire avec l'**indicatif**.

Concedo **che non ha tutti i torti**. *Je reconnais qu'il/qu'elle n'a pas tous les torts.*

465 La conjonctive objet et l'évaluation du fait

▶ Les verbes concernés peuvent exprimer **une évaluation affective du fait** de la part du locuteur ; ce sont pour la plupart des verbes qui s'emploient à la **forme pronominale**.

rallegrarsi	*se réjouir*
meravigliarsi	*s'étonner*
lamentarsi	*se plaindre*
sdegnarsi	*s'indigner*
rammaricarsi	*se désoler*
dolersi	*se désoler, se plaindre*

▶ Ces verbes commandent le **subjonctif**.

Mi rallegro **che l'esame ti sia andato bene**.
Je me réjouis que ton examen se soit bien passé.
Il deputato si sdegnò **che lo avessero interrotto**.
Le député fut indigné qu'on l'ait interrompu.

▶ Certains verbes admettent un **complément de destination** (introduit par con) et ont une **valeur déclarative**.

Giovanni si rallegra **con Maria** che l'esame le sia andato bene.
Giovanni félicite Maria de ce que son examen se soit bien passé.

La négation avec les conjonctives

466 ## La négation avec les conjonctives sujet

Si la négation porte **sur le verbe principal** (dont la conjonctive est sujet) :

– elle est **sans conséquence sur la subordonnée** lorsqu'il s'agit d'une constatation, d'une certitude, d'une affirmation ;

> Non si vedeva **che era malato.**
> *On ne voyait pas qu'il était malade.*
> La radio non riferì **che il maremoto aveva distrutto le dighe.**
> *La radio n'a pas rapporté que le raz-de-marée avait détruit les digues.*

– elle impose le **passage au subjonctif** lorsqu'une alternative est sous-entendue (la subordonnée est alors introduite par **se**) ;

> Si sapeva **che c'erano stati danni.**
> *On savait qu'il y avait eu des dégâts.*
> Non si sapeva **se ci fossero stati danni (o meno).**
> *On ne savait pas s'il y avait eu des dégâts (ou non).*

– avec **risultare** (apparaître), le **subjonctif est obligatoire.**

> Non risulta **che sia uscito prima delle otto.**
> *Il n'apparaît pas qu'il soit sorti avant huit heures.*

467 ## La négation avec les conjonctives objet

Lorsque la négation porte sur la principale et que **le verbe principal commande l'indicatif**, la forme négative est normalement sans effet sur la subordonnée.

> Non ho sentito **che il gatto miagolava.**
> *Je n'ai pas entendu que le chat miaulait.*
> Il guardiano non riferì **che il cancello era stato sforzato.**
> *Le gardien n'a pas signalé que la grille avait été forcée.*
> Non mi ero scordato **che dovevi venire.**
> *Je n'avais pas oublié que tu devais venir.*

ATTENTION Le **subjonctif** dans la conjonctive est **possible** pour souligner une motivation subjective de la négation de la part du locuteur.

> Non dico **che abbia tutti i torti.**
> *Je ne dis pas qu'il a tous les torts.*

REMARQUE Pour **ricordare** et **rammentare**, l'indicatif est la forme normale du verbe de la conjonctive, mais le **subjonctif** est possible, avec une valeur emphatique.

> Non (mi) ricordavo **che era/che fosse così grosso.**
> *Je ne me rappelais pas qu'il était/qu'il pouvait être aussi gros.*

▶ Lorsque la négation porte sur la principale et que **le verbe principal commande le subjonctif**, la négation est sans effet sur le mode de la subordonnée.

> Non penso **che tu sia disposto a vendere la casa.**
> *Je ne pense pas que tu sois disposé à vendre ta maison.*
>
> Non sono sicuro **che sia venuto.**
> *Je ne suis pas sûr qu'il soit venu.*
>
> Il maltempo non impedirà **che l'incontro abbia luogo.**
> *Le mauvais temps n'empêchera pas que le match ait lieu.*

L'interrogation indirecte avec les conjonctives

Ce n'est qu'un cas particulier de proposition conjonctive, où la subordonnée exprime une incertitude (ignorance, doute) portant soit sur l'ensemble du fait, soit sur un des participants.

468 Les verbes d'interrogation et les interrogatifs

▶ L'interrogation indirecte dépend :
– de verbes spécifiques **dubitatifs ou négatifs** ;

domandare	demander
domandarsi	se demander
chiedere	demander
chiedersi	se demander
cercare	chercher
tentare	essayer
dubitare	douter
ignorare	ignorer
indovinare	deviner

– de verbes ou locutions **à la forme** directement ou indirectement **négative**.

non sapere	ne pas savoir
non essere certo/sicuro	ne pas être certain/sûr
essere incerto	hésiter

▶ L'interrogative indirecte est introduite par les mêmes éléments que l'interrogation directe (→ 80,135, → 289) : les pronoms chi (qui), che (quoi), che cosa (quoi) et les conjonctions come (comme), dove (où), quando (quand), perché (pourquoi), ainsi que se (si) qui correspond à une alternative explicite ou implicite.

▶ La subordonnée est obligatoirement au **subjonctif** pour le présent et le passé, au **futur** pour l'avenir.

469 ## L'interrogation indirecte totale

▶ L'interrogation indirecte, comme l'interrogation directe, est totale quand elle porte **sur l'ensemble de la proposition**.

▶ Le **subjonctif est obligatoire**, et la **forme infinitive possible** si le sujet des deux propositions est le même.

Ignorava **se ci fosse una ragione valida**.
Il/Elle ignorait s'il y avait une raison valable.

Non sapevo **come fare**.
Je ne savais pas comment faire.

470 ## L'interrogation indirecte partielle

▶ L'interrogation est partielle quand elle porte **sur un groupe nominal** (sujet ou complément) **de la proposition**.

▶ Le verbe est généralement au **subjonctif** quand la signification ou la construction du verbe sont négatives, mais peut être à l'**indicatif** si la question porte sur un fait réellement advenu.

Non so **chi abbia rotto il piatto**.
Je ne sais pas qui a cassé l'assiette.

Cercava **dove si fosse ficcato il gatto**.
Il/Elle cherchait où avait pu se fourrer le chat.

Indovinerà lui **che libro hai letto**.
C'est lui qui devinera quel livre tu as lu.

La réduction de la proposition conjonctive

471 La réduction de la conjonctive objet à un attribut du complément

▶ Lorsque la conjonctive objet est une proposition à prédicat nominal **essere** + **adjectif** ou **nom**, son sujet peut devenir complément direct du verbe principal, et son attribut, attribut du complément.

Credo **che il poveretto** sia **scoraggiato**.
sujet attribut
Je crois que le pauvre homme est découragé.

→ Credo **il poveretto scoraggiato**.
complément direct + attribut
→ *Je crois le pauvre homme découragé.*

▶ Cette réduction est généralement **possible** :
– pour les verbes de **conception** du fait ;

Non stimava **che il socio fosse capace di una disonestà**.
→ Non stimava **il socio capace di una disonestà**.
Il/Elle n'estimait pas que son associé était capable d'une action malhonnête.
→ *Il/Elle n'estimait pas son associé capable d'une action malhonnête.*

Ritengo **che sia un incompetente**.
→ **Lo** ritengo **un incompetente**.
Je considère que c'est un incapable.
→ *Je le considère comme un incapable.*

ATTENTION Font exception sostenere (soutenir), dubitare (douter), sospettare (soupçonner).

– pour les verbes d'**anticipation-évaluation** du fait.

Il caffè, preferisco **che sia senza zucchero**.
→ Il caffè, **lo** preferisco **senza zucchero**.
Le café, je préfère qu'il soit sans sucre.
→ *Le café, je le préfère sans sucre.*

Spero **che lei sia in buona salute**.
→ **La** spero **in buona salute**.
J'espère qu'elle est en bonne santé.
→ *Je l'espère en bonne santé.*

ATTENTION Fait exception temere (craindre).

▶ Pour les verbes de **perception**, cette réduction peut sous-entendre une acception figurée.

>   La moglie vedeva **che lui era già morto.**
>   → La moglie **lo** vedeva **già morto.**
>   *Sa femme voyait qu'il était déjà mort.* [en esprit]
>   → *Sa femme le voyait déjà mort.*
>
>   Sentivo **che il mio collega era reticente.**
>   → Sentivo **il mio collega reticente.**
>   *Je sentais que mon collègue était réticent.*
>   → *Je sentais mon collègue réticent.*
>
>   Mi ricordavo **che era più vispo.**
>   → Me **lo** ricordavo **più vispo.**
>   *Je me rappelais qu'il était plus éveillé.*
>   → *Je me le rappelais plus éveillé.*

▶ Elle n'est **pas possible** avec les verbes d'**assertion**, sauf dire (mais alors c'est l'acception de doute qui se dégage).

>   Il direttore mi dice **che la cosa è possibile.**
>   → Il direttore mi dice **la cosa possibile.**
>   *Le directeur me dit que la chose est possible.*
>   → *Le directeur me dit la chose possible.* [mais j'ai lieu d'en douter]

472 La réduction de la conjonctive sujet à une infinitive

Lors de la transformation d'une conjonctive sujet en infinitive, pour **sembrare** et **parere**, le sujet de la conjonctive est « avancé » et placé avant le verbe de la principale.

>   Pare ou Sembra **che il gatto voglia uscire.**
>   → Il gatto pare ou sembra **voler uscire.**
>   *Il semble que le chat veuille sortir.*
>   → *Le chat semble vouloir sortir.*

473 La réduction de la conjonctive objet à une infinitive

La réduction de la conjonctive objet à une infinitive est possible dans un certain nombre de cas.

▶ Avec les verbes de **perception mentale et physique**.

>   Sento **che non posso più sopportare il caldo.**
>   → Sento **di non poter più sopportare il caldo.**
>   *Je sens que je ne peux plus supporter la chaleur.*

Col tempo capirai **che avevi avuto torto.**
→ Col tempo capirai **di aver avuto torto.**
Avec le temps, tu comprendras que tu as eu tort.

ATTENTION L'infinitive est **préférable** à la conjonctive avec ricordare, ricordarsi (*se rappeler*), dimenticare, dimenticarsi, scordare, scordarsi (*oublier*).

Non mi scorderò **di trasmettere i tuoi auguri.**
Je n'oublierai pas de transmettre tes vœux.

▶ Avec les verbes d'**assertion** et de **certitude.**

Il sindaco annuncia **che vuole dimettersi.**
→ Il sindaco annuncia **di volersi dimettere.**
Le maire annonce qu'il veut démissionner.

Il giocatore confessò **che aveva perso alla roulette.**
→ Il giocatore confessò **di aver perso alla roulette.**
Le joueur avoua qu'il avait perdu à la roulette.
→ *Le joueur avoua avoir perdu à la roulette.*

Promise **che sarebbe stato più attento in futuro.**
→ Promise **di essere più attento in futuro.**
Il promit qu'il ferait plus attention à l'avenir.
→ *Il promit de faire plus attention à l'avenir.*

Sono convinto **che ho ragione e che devo perseverare.**
→ Sono convinto **di avere ragione e di dover perseverare.**
Je suis convaincu que j'ai raison et que je dois persévérer.
→ *Je suis convaincu d'avoir raison et de devoir persévérer.*

▶ Avec les verbes de **probabilité.**

Dubito **che lo potrò fare.**
→ Dubito **di poterlo fare.**
Je doute que je pourrai le faire.
→ *Je doute de pouvoir le faire.*

Sospettava **che era stato raggirato.**
→ Sospettava **di essere stato raggirato.**
Il soupçonnait qu'il avait été roulé.
→ *Il soupçonnait avoir été roulé.*

ATTENTION L'infinitive n'est **pas possible** avec reputare (*juger*) qui exclut logiquement l'identité des deux sujets. Elle est peu naturelle avec giudicare (*juger*).

▶ Avec les verbes d'**anticipation**, l'infinitive se construit :
- **directement** pour volere (vouloir), desiderare (désirer), preferire (préférer) ;
- avec **di** pour sperare (espérer), temere (craindre), pretendere (exiger).

Avrebbe desiderato **uscire**, ma temeva **che si sarebbe buscato un raffreddore**.
→ Avrebbe desiderato **uscire**, ma temeva **di buscarsi un raffreddore**.
Il aurait aimé sortir, mais il craignait d'attraper froid.

▶ Avec les verbes de **prescription**, la forme infinitive est toujours possible, et plus légère : le sujet de la subordonnée devient complément indirect, introduit par **a**, du verbe principal, et l'infinitive est introduite par **di**.

Il tenente ordina **che la sezione sfili**.
→ Il tenente ordina **alla sezione di sfilare**.
Le lieutenant commande que la section défile.
→ Le lieutenant commande à la section de défiler.

Il babbo ha permesso **che la figlia andasse alla festa**.
→ Il babbo ha permesso **alla figlia di andare alla festa**.
Le père a permis que sa fille aille à la fête.
→ Le père a permis à sa fille d'aller à la fête.

ATTENTION La construction de impedire, à la différence du français empêcher, est la même que pour les autres verbes du groupe.

Il maltempo impedisce **che i pescatori escano**.
→ Il maltempo impedisce **ai pescatori di uscire**.
Le mauvais temps empêche que les pêcheurs sortent.
→ Le mauvais temps empêche les pêcheurs de sortir.

▶ Avec les verbes d'**évaluation affective**, qui pour la plupart s'emploient à la forme pronominale, l'infinitive est plus naturelle que la conjonctive.

Mi rallegro **di poterti aiutare**.
Je suis heureux de pouvoir t'aider.

Si doleva/Si rammaricava **di essere partito**.
Il regrettait/Il était bien désolé d'être parti.

LA SUBORDINATION STRICTE : LES INFINITIVES

474 Définition de la subordonnée infinitive

Dans un phrase complexe, l'infinitive est une proposition complétive caractérisée par un verbe à l'infinitif et remplissant la fonction d'un groupe nominal, sujet ou complément.

> **Fare sport** fa bene alla salute.
> *Faire du sport est bon pour la santé.*
>
> Mi piacerebbe **imparare a sciare**.
> *J'aimerais apprendre à faire du ski.*

475 Les possibilités d'emploi de l'infinitive objet

La subordonnée complément d'objet peut être une infinitive dans deux cas.

▶ Lorsque **l'objet de la principale correspond au sujet de la subordonnée**.

> Il poliziotto vede l'autista **passare con il rosso**.
> *L'agent voit l'automobiliste brûler le feu rouge.*
>
> Sento il gatto **miagolare**.
> *J'entends le chat miauler.*
>
> Mi domando **se partire o restare**.
> *Je me demande si je dois partir ou rester.*

▶ Lorsque **le sujet de la principale et celui de la subordonnée complément d'objet sont identiques** ; le verbe à l'infinitif est alors introduit par **di**.

> Mi ricordo **di averlo incontrato l'anno scorso**.
> *Je me rappelle l'avoir rencontré l'an dernier.*

LA SUBORDINATION STRICTE : LES RELATIVES

476 Définition de la subordonnée relative

Dans une phrase complexe, la relative est une proposition qui remplit la fonction d'une **épithète**.

477 Le mécanisme de l'enchâssement

▶ Si deux propositions ont **un nom en commun** (quelle que soit sa fonction dans chacune), n'importe laquelle peut être transformée en épithète de ce nom et intercalée (enchâssée) dans l'autre.

> **Il signore** indossa un cappotto nero. + **Il signore** esce dal bar.
> *L'homme porte un manteau noir. + L'homme sort du bar.*
>
> → Il signore <u>che indossa il cappotto nero</u> esce dal bar.
>   épithète
> *L'homme qui porte un manteau noir sort du bar.*
>
> → Il signore <u>che esce dal bar</u> indossa un cappotto nero.
>   épithète
> *L'homme qui sort du bar porte un manteau noir.*

▶ Dans la proposition subordonnée, **un pronom remplace le nom commun et en même temps établit la relation entre les deux propositions**, d'où les termes de pronom relatif et de proposition subordonnée relative.

▶ La forme du **pronom relatif** (sujet, complément direct ou indirect) correspond à la fonction du nom qu'il remplace dans la proposition enchâssée.

● **Sujet**.

> Il gatto ha fame. + Il gatto miagola.
> → Il gatto **che ha fame** miagola.
> *Le chat a faim. + Le chat miaule.*
> → *Le chat qui a faim miaule.*

● **Complément direct**.

> Ho chiamato l'elettricista. + L'elettricista non è venuto.
> → L'elettricista **che ho chiamato** non è venuto.
> *J'ai appelé l'électricien. + L'électricien n'est pas venu.*
> → *L'électricien que j'ai appelé n'est pas venu.*

- **Complément indirect.**

  Mi hai parlato del pugile. + Il pugile ha vinto.
  → Il pugile **di cui mi hai parlato** ha vinto.
  Tu m'as parlé du boxeur. + Le boxeur a gagné.
  → *Le boxeur dont tu m'as parlé a gagné.*

- **Complément de phrase.**

  L'incidente è avvenuto in autostrada. + L'autostrada è chiusa.
  → L'autostrada **dove è avvenuto l'incidente** è chiusa.
  L'accident est arrivé sur l'autoroute. + L'autoroute est fermée.
  → *L'autoroute où est arrivé l'accident est fermée.*

478 La relation principale-subordonnée relative

▶ Le **choix de la principale** dépend des fonctions respectives des noms identiques dans les deux propositions, ou de l'intention de communication.

▶ Si le groupe nominal commun est **sujet d'une seule des propositions**, c'est normalement celle-ci qui devient principale.

  Hai comprato la macchina. + La macchina è veramente bella.
  → La macchina **che hai comprato** è veramente bella.
  Tu as acheté une voiture. + La voiture est vraiment belle.
  → *La voiture que tu as achetée est vraiment belle.*

▶ Si le groupe nominal est **sujet dans les deux propositions**, ce sont des priorités logiques qui décident du choix de la principale. L'enchâssement peut reproduire l'ordre chronologique des événements, ou indiquer sur quoi porte l'attention ou l'information.

  Il deputato è stato insultato. + Il deputato protesterà presso il presidente della Camera.
  → Il deputato **che è stato insultato** protesterà presso il presidente della Camera.
  Le député a été insulté. + Le député protestera auprès du président de la Chambre.
  → *Le député qui a été insulté protestera auprès du président de la Chambre.*
  [Les informations suivent un ordre chronologique.]

L'uomo portava un cappotto nero. + L'uomo è venuto.
→ L'uomo **che portava un cappotto nero** è venuto.
L'homme portait un manteau noir. + L'homme est venu.
→ L'homme qui portait un manteau noir est venu.
[L'attention porte sur sa venue.]
→ L'uomo **che è venuto** portava un cappotto nero.
→ L'homme qui est venu portait un manteau noir.
[L'attention porte sur sa tenue.]

479 ## Relative déterminative et relative appositive

▶ La relative **déterminative** restreint l'extension du terme qu'elle accompagne, et sa suppression modifierait l'information apportée par l'énoncé. Il n'y a ni pause à l'oral, ni virgule à l'écrit entre l'antécédent et le pronom relatif.

L'uomo **di cui ti ho parlato** è tornato ad importunarmi.
L'homme dont je t'ai parlé a recommencé à m'importuner.

Prenderò il tram **che sta arrivando**.
Je vais prendre le tram qui est en train d'arriver.

Gli studenti **che sono assidui** saranno probabilmente promossi.
Les étudiants qui sont assidus seront probablement reçus.

▶ La relative **appositive** (ou explicative) est juxtaposée à l'antécédent et séparée de lui à l'oral par une pause, à l'écrit par une virgule. Elle n'en restreint pas le sens ; sa suppression ne modifie pas la portée du message : seule une information accessoire est passée sous silence.

Questo cavallo, **che è un crack**, vincerà di sicuro.
Ce cheval, qui est un crack, gagnera à coup sûr.

480 ## La relative sans antécédent

▶ La relative sans antécédent est **introduite par un pronom**.

chi   qui, celui qui, tel qui
chiunque   quiconque [commande le subjonctif]

Chi ha scritto questa lettera non era bene informato.
Celui qui a écrit cette lettre n'était pas bien informé.

Ho individuato **chi mi ha rubato la borsa**.
J'ai identifié celui qui m'a volé mon sac.

Chiunque abbia scritto questa lettera non era bene informato.
Qui que ce soit qui ait écrit cette lettre, il n'était pas bien informé.

Darò il mio aiuto **a chiunque ne avrà bisogno.**
J'apporterai mon aide à quiconque en aura besoin.

Ce type de relative est d'un emploi plus courant qu'en français, où il est d'un registre plutôt soutenu.

La relative sans antécédent figure dans des **formules figées sentencieuses**, des **dictons**, des **maximes**.

Chi rompe paga.
Qui casse les verres les paie.

Chi tace acconsente.
Qui ne dit mot consent.

Chi non risica non rosica.
Qui ne risque rien n'a rien.

Chi semina vento raccoglie tempesta.
Qui sème le vent récolte la tempête.

Lorsque la relative sans antécédent est employée pour formuler une hypothèse ou une condition, à la différence de l'usage du français qui emploie l'indicatif présent ou le conditionnel, l'italien utilise **obligatoirement le subjonctif**, présent ou imparfait selon la probabilité.

Chi/Chiunque **voglia** saperlo deve solo chiedere.
Celui qui/Quiconque veut le savoir n'a qu'à demander.

Chi/Chiunque **volesse** accusarmi dovrebbe portare prove.
Celui qui/Quiconque voudrait m'accuser devrait apporter des preuves.

481 Indicatif et subjonctif dans la relative

Le mode de la relative est **généralement l'indicatif**.

Outre le cas de la relative sans antécédent hypothétique, la relative est au **subjonctif** lorsque la relation entre la proposition enchâssée et la principale n'est pas de simple juxtaposition, mais exprime :

– le **but** ou la **finalité** ;

Cercavo un professore che mi **spiegasse** la concordanza dei tempi.
Je cherchais un professeur qui pût m'expliquer la concordance des temps.

– la **condition**.

Se troverò un avvocato che **sia** onesto, gli affiderò il mio caso.
Si je trouve un avocat qui soit honnête, je lui confierai mon affaire.

Se trovassi un avvocato che **fosse** onesto, gli affiderei il mio caso.
Si je trouvais un avocat qui soit honnête, je lui confierais mon affaire.

▶ La relative est aussi au **subjonctif après un tour négatif ou interrogatif**.

Non trovo ragioni che lo **possano** convincere.
Je ne trouve pas de raisons qui puissent le convaincre.

Può esserci qualcosa che **valga** una coscienza pura?
Y a-t-il quelque chose qui vaille une conscience pure ?

482 La coordination des relatives

▶ Si deux relatives coordonnées ont le même antécédent, et **si la fonction des pronoms relatifs** (sujet ou complément direct) **est la même**, le deuxième peut ne pas être répété.

L'uomo **che è venuto e (che) mi ha parlato** era un cliente.
     sujet   sujet
L'homme qui est venu et (qui) m'a parlé était un client.

Le persone **che incontrammo e (che) io salutai** sono miei vecchi amici.
       objet   objet
Les gens que nous avons rencontrés et que j'ai salués sont de vieux amis à moi.

▶ **Si les pronoms relatifs ont des fonctions différentes** ou représentent des compléments indirects, la répétition est obligatoire.

Il giovane **che hai visto, e che mi ha salutato**, è un mio studente.
      objet   sujet
Le jeune homme que tu as vu, et qui m'a salué, est un de mes étudiants.

Le persone **che incontrammo e con cui ho parlato** sono vecchi amici miei.
     objet direct   objet indirect
Les gens que nous avons rencontrés et avec qui j'ai parlé sont de vieux amis à moi.

LA COORDINATION-SUBORDINATION : LES CIRCONSTANCIELLES

483 Définition de la subordonnée circonstancielle

▶ On appelle ordinairement circonstancielle une subordonnée facultative qui joue le rôle d'un **complément de phrase de la principale** ayant un sens accompli. Les propositions (principale et subordonnée) sont hiérarchisées, mais sans que leur autonomie soit profondément atteinte.

> Accarezzo il gatto. + Il gatto fa le fusa.
> → Il gatto fa le fusa **quando lo accarezzo**.
> Je caresse le chat. + Le chat ronronne.
> → Le chat ronronne quand je le caresse.

▶ Les **connecteurs** utilisés dans ces cas sont spécialisés (conjonctions de subordination) et, selon leur sens, commandent ou non des modifications de la proposition subordonnée (mode, temps).

> Quel seccatore arrivò **mentre** stavo riposando.
> Ce raseur est arrivé alors que j'étais en train de me reposer.
>
> Devi leggere questo libro **prima** che io riparta.
> Tu dois lire ce livre avant que je (ne) reparte.
>
> Mi arrabbierei **se** il gatto mi graffiasse.
> Je me fâcherais si le chat me griffait.

▶ Le **choix de la principale** et de la subordonnée dépend de priorités logiques (temporelles, causales) et **l'ordre linéaire** peut varier pour renforcer ou atténuer l'expression de celles-ci.

> Chiamami **prima di partire**. Appelle-moi avant de partir.
>
> **Prima di partire**, chiamami. Avant de partir, appelle-moi.

484 Les conjonctions de subordination des circonstancielles

▶ Les conjonctions de subordination des circonstancielles (ou subjonctions) sont **intermédiaires** entre les conjonctions de coordination et la conjonction de subordination stricte (che).

● Comme les conjonctions de coordination, elles régissent une proposition subordonnée complète.

● Comme la conjonction che, certaines commandent des modifications de mode et de temps dans celle-ci.

▶ Du point de vue de la forme, on distingue :
— les **conjonctions simples**, qui consistent en un seul mot, comme quando (*quand*), come (*comme*), se (*si*) ;
— les **conjonctions agglutinées**, formées de plusieurs mots attachés (généralement préposition + conjonction), comme perché (*parce que, pourquoi*), finché (*jusqu'à ce que*) ;
— les **locutions conjonctives**, formées de plusieurs mots séparés, comme fino a che (*jusqu'à ce que, tant que*), dal momento che (*du moment que*).

▶ Du point de vue de la construction, on distingue :
— les conjonctions qui régissent, dans la subordonnée circonstancielle, le mode **indicatif** ;
— les conjonctions qui régissent, dans la subordonnée circonstancielle, le mode **subjonctif**.

REMARQUE Outre ces constructions développées, d'autres sont possibles (notamment avec l'**infinitif**).

Les circonstancielles à l'indicatif

485 Les circonstancielles de lieu

C'est la plus libre des relations.

▶ Le **temps de la subordonnée est indépendant** de celui de la principale.

dove	où
laddove	là où
donde	d'où [littéraire]

Si recò **dove si raccoglieva la folla**.
Il/Elle se rendit où la foule se concentrait.

Non voleva andare **laddove si sarebbe sentito a disagio**.
Il ne voulait pas aller là où il se sentirait mal à l'aise.

▶ L'**infinitif** est possible, mais soutenu, avec dove et donde.

Voleva trovare un posto **dove potersi riposare**.
Il/Elle voulait trouver un endroit où pouvoir se reposer.

Cercava un libro **donde trarre informazioni**.
Il/Elle cherchait un livre d'où tirer des informations.

486 Les circonstancielles de temps

▶ Seule la conjonction **prima che** (*avant que*), référant à un événement non advenu, exige le **subjonctif** et admet l'**infinitif** si le sujet de la principale et celui de la subordonnée sont identiques.

> Avevo finito **prima che tornasse la mamma.**
> *J'avais fini avant que ma mère (ne) revienne.*

> Partirò **prima che faccia buio.**
> *Je partirai avant qu'il (ne) fasse noir.*

> Mi scrisse **prima di partire.**
> *Il/Elle m'a écrit avant de partir.*

▶ Les autres conjonctions temporelles régissent l'**indicatif**.

(non) appena	aussitôt que
quando	quand
mentre	tandis que
come	au moment où, (aus)sitôt que
allorché	alors que
dopo che	après que

> Stava a leggere il giornale **mentre il conferenziere parlava.**
> *Il/Elle lisait le journal tandis que le conférencier parlait.*

▶ **(Non) appena** indique une quasi-simultanéité, une succession qui exclut tout événement intermédiaire, et le temps de la subordonnée peut donc être le même que celui de la principale, ou le temps composé correspondant.

> (Non) appena lo **vide**, corse ad abbracciarlo.
> *Sitôt qu'il le vit, il courut l'embrasser.*

> (Non) appena **avrò consegnato** il lavoro, andrò in vacanza.
> *Aussitôt que j'aurai remis mon travail, je partirai en vacances.*

▶ **Come** est recherché ou régional.

> Come lo **vide**, corse ad abbracciarlo.
> *Sitôt qu'il le vit, il courut l'embrasser.*

▶ **Dopo che** requiert le **temps composé** correspondant au temps simple de la principale.

> Dopo che lo **avrai visto**, mi riferirai.
> *Après que tu l'auras vu, tu me mettras au courant.*

▶ **Finché/Fino a che** (*jusqu'à ce que*) régit l'**indicatif** et, avec une nuance d'éventualité, le **subjonctif**. Il est ordinairement renforcé par **non**.

> Dovr<u>a</u>i ascoltarmi **finché non avrò detto tutto.**
> *Tu devras m'écouter jusqu'à ce que j'aie tout dit.*

ATTENTION Finché a aussi le sens de *tant que, aussi longtemps que*, et s'emploie alors sans non et suivi d'un verbe à l'**indicatif**.

> Lotterò **finché avrò un soffio di vita.**
> *Je lutterai aussi longtemps que j'aurai un souffle de vie.*

> Protestino **finché vogliono**, io non mi dimetto.
> *Qu'ils protestent autant qu'ils veulent, je ne démissionne pas.*

REMARQUE La simultanéité peut aussi être exprimée dans la subordonnée (sans conjonction) par le verbe au gérondif.

> **Tornando dall'ufficio**, passerò in banca.
> *En revenant du bureau, je passerai à la banque.*

487 Les circonstancielles de cause

▶ Le fait étant par définition avéré, le mode requis est l'**indicatif**. La subordonnée représente un fait antérieur à celui qu'exprime la principale.

▶ Les conjonctions sont pour la plupart des composés, agglutinés ou non, de che.

perché	*parce que*
poiché	*puisque*
giacché	*vu que*
visto che	
dato che	*étant donné que*
dal momento che	*du moment que*
in quanto	*dans la mesure où*
siccome	*comme*

> Verrò, **poiché me lo chiedi/me lo hai chiesto.**
> *Je viendrai puisque tu me le demandes/me l'as demandé.*

> Concesse il pr<u>e</u>stito **in quanto aveva ricevuto garanz<u>i</u>e.**
> *Il/Elle accorda le prêt dans la mesure où il avait reçu des garanties.*

▶ La cause peut aussi être exprimée par **per + infinitif passé**, par le **gérondif**, le **participe passé**, ou la simple **juxtaposition** des propositions.

> Me la pagherà **per avermi giocato questo tiro mancino.**
> *Il/Elle me le paiera pour m'avoir joué ce tour de cochon.*

Facendo caldo, mi tolsi la giacca.
Comme il faisait chaud, j'ai enlevé ma veste.

Offeso dal suo atteggiamento, non lo salutai.
Vexé par son attitude, je ne l'ai pas salué.

Mi sono messa sotto l'ombrellone: **il sole picchiava forte**.
Je me suis mise sous le parasol : le soleil tapait fort.

488 Les circonstancielles de conséquence

▶ C'est une variante de la relation temporelle : la subordonnée exprime un fait qui suit nécessairement celui qu'exprime la principale ; elle est à l'**indicatif**.

▶ Les conjonctions sont des composés, agglutinés ou non, de che.

sì che, sicché	si bien que
così che, cosicché	
di modo che	de sorte que
in modo tale che	de telle sorte que
a tal punto che	à tel point que
tanto che	

Parlava a voce bassa, **così che nessuno lo sentì**.
Il parlait à voix basse, si bien que personne ne l'a entendu.

Tornerò presto, **di modo che potremo parlare**.
Je reviendrai tôt, de sorte que nous pourrons discuter.

▶ Si la conséquence est hypothétique, la subordonnée peut être au **subjonctif** ou au **conditionnel**.

Gli parlerò **in modo che non si faccia troppe illusioni**.
Je lui parlerai de façon qu'il ne se fasse pas trop d'illusions.

Era così buono **che non avrebbe fatto male a una mosca**.
Il était si gentil qu'il n'aurait pas fait de mal à une mouche.

▶ La subordonnée peut être à l'**infinitif** si le sujet des deux propositions est le même. Elle est introduite par **da**.

Gli parlerò **in modo da non dargli troppe speranze**.
Je lui parlerai de façon à ne pas lui donner trop d'espoir.

Les circonstancielles au subjonctif

489 Les circonstancielles de but

▶ Le fait étant par définition seulement conçu, le mode requis est le **subjonctif** ; la subordonnée exprime un fait nécessairement postérieur à celui qu'exprime la principale, ce qui exclut l'emploi de temps passés, sauf en cas d'enchaînements complexes.

▶ Les conjonctions sont des composés agglutinés de che.

perché	*pour que*
affinché	*afin que*
accioché	*afin que* [soutenu]
così che, cosicché	*de sorte que*

Gli affidò la macchina **perché aggiustasse il motore.**
Il lui confia sa voiture pour qu'il répare le moteur.

Ti lascio questo libro **perché tu lo abbia letto quando sarò tornato.**
Je te laisse ce livre pour que tu l'aies lu quand je serai revenu.

ATTENTION **Così che** et **cosicché**, mais non sì che, sicché, ont, comme en français de (telle) sorte que, soit valeur de consécution (constatation, indicatif), soit valeur finale (but, subjonctif). Il convient donc d'être attentif à leur usage, afin d'éviter des malentendus.

Semplificherò al massimo, **cosicché tutti possano capire.**
Je simplifierai au maximum de sorte que tous puissent comprendre. [but]

Pioveva forte, **cosicché abbiamo rinunciato alla passeggiata.**
Il pleuvait fort, si bien que nous avons renoncé à notre promenade. [conséquence]

▶ Le verbe de la subordonnée est à l'**infinitif** :

– avec **per** (pour) et **pur di** (seulement pour) ;

Darei qualsiasi cosa **per saperlo** ou **pur di saperlo.**
Je donnerais n'importe quoi pour le savoir.

– avec la variante **sì da** (de façon à).

Parlava a voce bassa, **sì da non farsi sentire.**
Il/Elle parlait à voix basse de façon à ne pas se faire entendre.

ATTENTION Il vaut mieux éviter la variante sì da, car d'une part elle est recherchée, et d'autre part la différence entre conséquence et but est effacée, et l'incertitude ne peut être levée que par le contexte.

490 Les circonstancielles de concession

C'est une combinaison logique de condition et de relation adversative. Le **subjonctif** est requis par l'implication négative ou restrictive. Le fait exprimé par la subordonnée est normalement contemporain ou antérieur au fait exprimé par la principale (la postériorité transforme cette relation en condition).

benché	*bien que, même si*
sebbene	
ancorché	*encore que*
malgrado	*malgré, bien que*
nonostante	
quantunque	*pour autant que, encore que*

Benché ou **Sebbene ci sia la neve,** siamo usciti.
Bien qu'il y ait de la neige, nous sommes sortis.
Malgrado non lo meritasse, Enrico ha vinto la gara.
Encore qu'il ne l'ait pas mérité, Enrico a gagné la course.

ATTENTION **Benché** peut s'employer à l'**indicatif** s'il sous-entend *bien qu'il soit vrai que* ; la subordonnée suit alors obligatoirement la principale ou au moins son verbe, notamment après une incise.

Ha cominciato con l'arrabbiarsi, **benché poi,** come si dice, **si è messo l'anima in pace.**
Il a commencé par se fâcher, bien qu'ensuite, comme on dit, il en ait pris son parti.

REMARQUE **Quantunque** est d'un registre soutenu et souligne emphatiquement l'opposition qui sous-tend la concession.

Non era in casa, **quantunque lo avessi avvertito del mio arrivo.**
Il n'était pas chez lui, encore que je l'eusse prévenu de mon arrivée.

Nonostante est neutre en italien (et non affecté ou ironique comme *nonobstant*). Il se construit avec une complétive, qui peut être réduite à un nom abstrait de procès. La construction avec *che* est correcte, mais l'effacement de la conjonction est plus courant.

Si sono sposati **nonostante (che) i genitori si siano opposti.**
Ils se sont mariés bien que leurs parents s'y soient opposés.
Si sono sposati **nonostante l'opposizione dei genitori.**
Ils se sont mariés malgré l'opposition de leurs parents.

Malgrado se rencontre parfois avec **che** ; cette construction est littéraire.

LA PHRASE

▶ **Seppure** (*encore que*), en deux mots **se pure**, se construit avec le subjonctif ou l'indicatif.

Seppure mi renda conto del suo dispiacere, non posso agire diversamente.

Encore que je me rende compte de sa contrariété, je ne peux pas agir autrement.

La scusa, **se pure scusa è**, mi convince poco.

Cette excuse, si c'en est une, ne me convainc guère.

▶ **Anche se** (*même si*), équivalent de benché, requiert l'**indicatif**.

Non ce l'ho con lui, **anche se è stato poco gentile con me**.

Je ne lui en veux pas, même s'il a été peu aimable avec moi.

491 Les circonstancielles de restriction et d'exclusion

L'implication négative impose le **subjonctif** dans la subordonnée ; l'**infinitif** est possible si le sujet des deux propositions est le même.

eccetto che (*sauf si*)	fuorché (*sauf que*)
salvo che (*sauf que*)	a meno che (non) (*à moins que*)
tranne che (*sauf que*)	senza che (*sans que*)

Verrò, **eccetto che piova**.
Je viendrai, sauf s'il pleut.

Sopporta tutto, **salvo che si rida di lui**.
Il tolère tout, sauf qu'on se moque de lui.

Non desideravo nulla, **tranne che tornare a casa**.
Je n'avais envie de rien, sauf de rentrer chez moi.

Immaginavo tutto di lui, **fuorché rubasse**.
J'imaginais tout de lui, sauf qu'il volât.

Non mi disturbate, **a meno che non mi chiami il direttore**.
Ne me dérangez pas, à moins que le directeur ne m'appelle.

Abbiamo fatto tardi, **senza che ce ne rendessimo conto**.
Nous avons veillé tard sans que nous nous en rendions compte.

ATTENTION S'il correspond à *sauf que*, **eccetto che** est suivi de l'**indicatif**.

Va tutto bene, **eccetto che piove**.
Tout va bien, sauf qu'il pleut.

REMARQUE La subordonnée peut être réduite au sujet ou à un complément.

Vennero tutti, **tranne (che) il portiere**. *Tous sont venus, sauf le concierge.*

Ha parlato a tutti, **eccetto che a Luca**. *Il a parlé à tout le monde, sauf à Luca.*

Les circonstancielles à l'indicatif ou au subjonctif

492 Les circonstancielles de manière

▶ **L'indicatif** s'emploie avec **come** (comme) et **quanto** (combien).

Bisogna procedere **come è indicato nelle istruzioni.**
Il faut procéder comme indiqué dans le mode d'emploi.

Avrebbe voluto spiegarle **quanto le voleva bene.**
Il aurait voulu lui expliquer combien il l'aimait.

ATTENTION L'**infinitif** est possible si le sujet des deux propositions est le même.

Non sapeva **come doversi regolare.**
Il/Elle ne savait pas comment régler sa conduite.

Non sapevo **quanta farina mettere nell'impasto.**
Je ne savais pas combien de farine mettre dans la pâte.

▶ Le **subjonctif** (imparfait) est **obligatoire** avec **come se, quasi (che)** (comme si), qui sont en réalité des hypothétiques.

Trattava tutti dall'alto in basso, **come se fosse lui il padrone.**
Il traitait tout le monde de haut, comme si cela avait été lui le maître.

REMARQUE La **comparaison** est une extension de la notion de manière, (➜ **496-497**).

493 Condition et hypothèse : se

La conjonction **se** (si) a plusieurs constructions, selon sa valeur.

▶ **Se exprimant la condition** s'emploie avec l'indicatif futur ou le subjonctif imparfait.

Leggerò questo libro **se me lo presterai.**
Je lirai ce livre si tu me le prêtes. [c'est probable]

Leggerei questo libro **se tu me lo prestassi.**
Je lirais ce livre si tu me le prêtais. [c'est peu probable]

ATTENTION L'infinitif est possible pour exprimer une alternative.

Non so **se partire o restare.**
Je ne sais si je dois partir ou rester.

▶ **Se** peut avoir une **valeur concessive-adversative** et s'emploie avec **l'indicatif**.

> Ma come può dirlo, **se non c'era nemmeno!**
> *Mais comment peut-il dire ça, vu qu'il n'était même pas là !*

▶ **Anche se** (*même si*) et **neanche se, nemmeno se** (*même pas si*) représentent une condition **restrictive ou concessive**. Ils s'emploient avec le subjonctif si l'idée de condition domine, ou l'indicatif si l'idée de concession domine.

> Lo avrei fatto **anche se avessi dovuto rimetterci.**
> *Je l'aurais fait même si j'avais dû y perdre.*

> Non ci andrò **neanche se mi inviteranno ufficialmente.**
> *Je n'irai pas, même s'ils m'invitent officiellement.*

REMARQUE S'il précède la négation, **anche se** peut remplacer **neanche se** et **nemmeno se**.
Anche se mi inviteranno ufficialmente, non ci andrò.
Même s'ils m'invitent officiellement, je n'irai pas.

Condition et hypothèse : autres conjonctions

▶ Les autres conjonctions de condition-hypothèse exigent le **subjonctif**.

purché	pourvu que
a condizione che	à condition que
a patto che	
qualora	si jamais
semmai	
nel caso che	au cas où
caso mai	si par hasard

▶ **Purché, a condizione che** et **a patto che** désignent une action présente ou future ; ils s'emploient surtout avec le **subjonctif présent**.

> Lo farò volentieri, **a patto che me lo chieda.**
> *Je le ferai volontiers, à condition qu'il/elle me le demande.*

ATTENTION L'**infinitif** est possible avec **di** au lieu de **che**.

> Ha accettato l'invito, **a patto di portare lui il vino.**
> *Il a accepté l'invitation, à condition que ce soit lui qui apporte le vin.*

Qualora, **nel caso che, caso mai** s'emploient avec le **subjonctif imparfait.**

> **Qualora lui non ci fosse,** tornerei domani.
> *Si jamais il n'était pas là, je reviendrais demain.*
> **Caso mai arrivasse un pacco per me,** trattienilo.
> *Si par hasard il arrivait un paquet pour moi, garde-le-moi.*

REMARQUE Pour un sens équivalent, qualora est formel, nel caso che neutre, caso mai (écrit aussi casomai) familier.

Cas particuliers de coordination-subordination

495 ## La relation adversative

Comme en français, ce sont des **extensions analogiques de la relation de temps ou de lieu**, qui se comportent comme au sens « propre ».

mentre	tandis que
quando	quand
laddove	alors que [soutenu]

> Io lavoro, **mentre tu ti stai divertendo.**
> *Moi je travaille tandis que toi tu t'amuses.*
>
> Si vantava **laddove altri si sarebbero vergognati.**
> *Il/Elle se vantait là où d'autres auraient eu honte.*

496 ## La proposition comparative : l'égalité

L'égalité s'exprime à l'**indicatif**, par des couples de connecteurs dont le premier peut être effacé.

Così... come... (aussi... que...).

> Il diavolo non è (così) brutto **come lo si dipinge.**
> *Le diable n'est pas aussi noir qu'on le peint.*
>
> L'ho aiutato **come avresti fatto tu.**
> *Je l'ai aidé comme tu l'aurais fait toi-même.*

▶ **Tanto... quanto...** et **altrettanto... quanto...** (*autant... que...*) s'accordent en genre et en nombre à un groupe nominal.

> Non ho letto tanti libri **quanti ne hai scritti.**
> *Je n'ai pas lu autant de livres que tu en as écrit.*
>
> È (tanto) ricco **quanto (è) avaro.**
> *Il est aussi riche qu'avare.*

▶ **Tale e quale** (*tel que*) s'accorde lui aussi.

> I cipressi del giardino sono tali **e quali erano dieci anni fa.**
> *Les cyprès du jardin sont tels qu'ils étaient il y a dix ans.*

497 La proposition comparative : supériorité et infériorité

▶ La comparaison de supériorité et d'infériorité se construit au moyen de couples.

più...	che...		plus...	
meno...	di come...		moins...	
meglio...	+	di quanto...	mieux...	+ que
peggio...	di quello che...		pis (plus mal)...	

Le second terme peut être suivi de **non** intensif.

▶ Le mode de la subordonnée est en principe le **subjonctif** puisqu'elle contient une notion seulement considérée par hypothèse.

> La Juve ha giocato meglio **di quanto io (non) sperassi.**
> *La Juventus a joué mieux que je n'espérais.*

▶ L'**indicatif** est employé lorsqu'il s'agit de souligner la **réalité** du fait appelé en comparaison. Il tend à s'imposer dans la langue parlée.

> Questo televisore costa più **di quanto credevo.**
> *Ce téléviseur coûte plus que je ne croyais.* [effectivement]

▶ Le **conditionnel** est aussi possible.

> L'esame era meno difficile **di quanto (non) avrei pensato.**
> *L'examen était moins difficile que je n'aurais pensé.*

▶ Les **temps** employés dans la subordonnée dépendent de la relation avec la principale (simultanéité, antériorité).

▶ Le second terme **di come** est déréalisant et exige le **subjonctif**.

> La cosa è andata meglio/peggio **di come pensassi.**
> *Les choses se sont passées mieux/plus mal que je ne pensais.*

▶ La comparaison de **supériorité**, seule, admet une forme à l'**infinitif**, introduite par **piuttosto che** (plutôt que).

Preferisco stare in casa **piuttosto che uscire**.
Je préfère rester à la maison plutôt que sortir.

Parlava **piuttosto che agire**.
Il/Elle parlait plutôt que d'agir.

Index

Besch
her
elle

ITALIEN

N

O

P

T

BIBLIOGRAPHIE

Ne sont mentionnés ici que les ouvrages de consultation.

Dictionnaires unilingues

De Mauro, T., *Grande dizionario italiano dell'uso*, Turin, UTET, 2000.
[En huit volumes, avec CD-ROM]

Sabatini, F. et Coletti, V., *DISC, Dizionario Italiano Sabatini Coletti 2008*, Florence, Sansoni, 2007.
[Dictionnaire qui indique systématiquement la construction des verbes et des adjectifs à complément, la valeur des prépositions, des conjonctions et des principaux préfixes et suffixes, les formes altérées des noms et adjectifs et les pluriels des noms composés. Existe en édition électronique sur CD-ROM.].

Dictionnaires bilingues

AA.VV., *DIF, Dizionario Francese-Italiano, Italiano-Francese*, Turin, Hachette-Paravia, 2007.
[Avec CD-ROM]

Boch, R., *Dizionario Francese-Italiano, Italiano-Francese*, Bologne, Zanichelli, 1997.
[Existe en édition électronique sur CD-ROM].

Grammaires en langue italienne

Dardano, M. et Trifone, P., *Grammatica italiana*, Bologne, Zanichelli, 1983.

Sensini, M., *La grammatica della lingua italiana*, Milan, Mondadori, 1988.
[Contient de nombreuses remarques sur les fautes courantes et les évolutions en cours.]

Serianni, L., *Italiano. Grammatica, sintassi, dubbi*, Milan, Garzanti, « Le Garzantine », 1997.
[Très complète ; important index de « doutes ».]

Répertoires

Cappelletti, L., Bescherelle, *Les verbes italiens*, Paris, Hatier, nouvelle édition, 2008.

Ulysse, G. et Zekri, C., Bescherelle, *Le vocabulaire italien*, Paris, Hatier 2009.

Achevé d'imprimer par Rotolito Lombarda - Italie
Dépôt légal: 93314 - 1/02 - Juillet 2010